OBSERVATIONS
SUR L'ITALIE
ET SUR
LES ITALIENS.
TOME SECOND.

OBSERVATIONS SUR L'ITALIE ET SUR LES ITALIENS,

Données en 1764, sous le nom de deux Gentilshommes Suédois.

NOUVELLE ÉDITION.
TOME SECOND.

A LONDRES.

M. DCC. LXX.

OBSERVATIONS
SUR L'ITALIE,
ET SUR
LES ITALIENS.

VENISE.

VENISE est également une énigme & par sa situation, & par sa constitution politique ; mais cette sorte d'énigme est depuis fort long-temps déchiffrée dans une foule d'écrits qui ont ou dévoilé les ressorts très-compliqués du Gouvernement Vénitien, ou développé les singularités dont l'art & la nature ont embelli Venise.

Quelque étude cependant que l'on ait faite de ces écrits, on n'est point à l'abri de la surprise qui naît du premier coup d'œil : spectacle qui surpasse toutes les idées que les relations & les descriptions peuvent donner, ou que l'imagination a pu se former.

Il fit sur nous son effet : sans prétendre à de nouvelles découvertes, notre séjour en cette Ville ne fut employé qu'à suivre & à vérifier les observations des Relateurs & des Voyageurs. Ainsi cet article n'offrira que des choses communes & triviales, dont l'exactitude & la vérité feront tout le mérite. Je vais les présenter sans ordre, sans liaison & comme le hasard nous les a offertes.

Notre auberge de l'Ecu de France fut l'objet & le centre de nos premières observations : elle rassembloit diverses espèces de gens avec qui nous vécûmes, autant que cela nous convint.

Nous y trouvâmes un jeune Officier Espagnol, à qui, par un privilége qui n'avoit que deux exemples, sa Cour avoit permis de s'éloigner de son Corps, & de passer en pays étranger. L'objet de cette permission étoit sans doute quelque commission

SUR L'ITALIE. 3

fort secrette, sur laquelle je me gardai bien de témoigner la moindre curiosité. Cependant la crainte d'être pénétré, le détermina à changer d'auberge, nous priva de sa commensalité, & d'une conversation où je trouvois tous les agrémens qu'y peut mettre un esprit très-délié, très-net & très-éclairé.

L'Avocat * Goldoni, aussi-bien que le Scarlati, Musicien connu dans toute l'Europe, & un jeune Citoyen de Bâle, nous tinrent lieu & des sociétés que nous ne voulions pas lier, & de celle dont nous priva la retraite de l'Officier Espagnol. Le premier joint, à des talens très-connus, un caractère & des moeurs

<small>VENISE.</small>

<small>Le Goldoni.</small>

―――――――――――

* La langue Italienne n'a point la bisarrerie du François dans l'arrangement des qualités avec les noms de ceux à qui elles appartiennent. On dit, par exemple, en François, le Président *N*. le Maréchal *N*. le Cardinal *N*. mais l'Evêque *N*. le Conseiller *N*. l'Avocat *N*. le Colonel *N*. le Capitaine *N*. emportent une note de mépris. En Italien, les titres de toutes les places & de tous les emplois marchent également bien avant les noms de ceux qui en sont revêtus. *Note du Trad.*

A ij

dont la naïveté, la douceur & l'aménité feroient de lui un homme aussi aimable qu'estimable, indépendamment de tout talent. Un Plaute, un Térence, un Molière composent toute sa Bibliothéque. Le monde & les hommes sont les Livres qu'il étudie le plus. De cette mine inépuisable, un coup d'œil actif & exercé transporte sans effort dans ses compositions, des caractères toujours vrais, les nuances les plus délicates que les passions jettent dans chaque caractère, des situations frappantes, quoique très-simples ; enfin ces ridicules qui naissent à chaque instant dans la société, & qui périssent en naissant, faute d'être observés & saisis * : en un mot, le Goldoni est fécond, simple & varié, mais inégal & négligé comme la Nature elle-même. Aucun Auteur n'eut jamais une facilité égale à la sienne.

---

* C'est de ce genre d'esprit que M. Pascal disoit : » A mesure qu'on a plus d'esprit, on » trouve qu'il y a plus d'hommes originaux: » les gens du commun ne voyent point de » différence entre les hommes. « *Not. du Trad.*

VENISE.

Un petit Apothicaire dont s'étoit servi un Étranger, ne pouvant être payé, venoit tous les jours, son mémoire à la main, nous importuner de cette dette. Rencontrant un jour le Goldoni dans notre appartement, il le pria aussi de s'y intéresser. Le Goldoni cédant à ses prières, imagina d'écrire, sous le nom de l'Apothicaire, au Cardinal alors Ministre des affaires étrangères à Versailles ; & ayant demandé de l'encre & du papier, il lui fit sur le champ, dans une lettre de quatre grandes pages, un excellent morceau de Comédie. C'étoit un tissu de plaisanteries aussi fines que naïves, sous le sérieux du plus vif intêret. Le Goldoni est devenu Architecte en maçonnant ; c'est-à-dire, en copiant dans sa jeunesse, & depuis en hasardant de son chef quelques remplissages pour des Troupes de Comédiens Italiens. Il nous fit part du désir très-vif qu'il avoit d'aller à Paris. Il se proposoit d'y étudier les mœurs & le goût François, de retoucher d'après cette étude, de refondre même une partie des Piéces qu'il a données au Public, d'en donner de nouvelles, enfin d'ouvrir sur le théâtre de l'Hôtel de Bourgogne, pour les plaisirs de la France, & pour l'honneur de l'Italie, une carrière plus spacieuse & mieux remplie que celle dans laquelle se traînent les Comédiens Italiens, depuis leur établissement en France. De Venise même, je communiquai ce projet à quelqu'un, que des raisons de dévotion empêchèrent de le saisir & d'y entrer. Nous passions quelquefois des journées entières avec ce Molière Vénitien, qui nous montroit une véritable affection. Ces journées commençoient par le chocolat, que nous allions prendre dans son cabinet, & elles se terminoient par des concerts publics, ou particuliers, où nous étions admis sous ses auspices. Une de ces soirées fut remplie par un Opéra-Comique. Le Goldoni & le Scarlati voulant nous donner une idée de leur théâtre, dans une saison où tous les théâtres étoient fermés, avoient pris la peine de rassembler une Troupe d'élite, qui, dans le sallon du théâtre de Saint Jean-Chryſoſtôme *, nous donna une de leurs meilleures Piéces en ce genre.

Le Goldoni nous procura la connoiſſance de quelques gens que la reſſemblance d'humeur & de goût lioit avec lui. L'un des principaux étoit un Peintre, que le déſir de voyager avoit jetté en Allemagne, preſque encore enfant, & ſçachant à peine barbouiller. Il lui étoit arrivé dans ce pays mille aventures, qu'il racontoit avec un feu & une naïveté toujours nouvelles pour le Goldoni lui-même.

Notre vie au reſte étoit celle que tous les Etrangers menent à Veniſe. Les journées étoient remplies par des courſes, le livre à la main : nous

Vie des Etrangers à Veniſe.

---

* Veniſe a ſept ou huit théâtres appartenans aux premières Maiſons, qui les louent, & qui ſont ſouvent à la tête des Sociétés pour leſquelles jouent les Comédiens. Ces théâtres portent le nom des Egliſes voiſines des lieux où ils ſont ſitués. Ouverts à la même heure, ils ſont quelquefois tous remplis en même temps. L'affluence n'eſt telle, que parce que les théâtres ne ſont ouverts que pendant environ quatre mois chaque année.

8 OBSERVATIONS

VENISE. préparant toujours à l'examen de chaque objet de curiosité, par la lecture de sa description que nous faisions dans notre gondole. La place Saint Marc nous revoyoit tous les soirs.

Raconteurs. Dans cette saison, elle étoit tenue par des *Raconieurs*, espèce de Charlatans qui, à démi-nuds, narrent en termes choisis, *con parole schiette*, & avec l'action, la chaleur & l'emphase tragiques, mille événemens merveilleux. Chaque narré dure autant qu'il plaît à celui qui tient la parole. Le peuple assemblé autour de lui, les bras croisés, les jambes écartées, les yeux baissés, écoute avec la plus grande attention. Entre les jambes des gens les plus avancés dans le cercle, les enfans accroupis prêtent la même attention; la Noblesse & les honnêtes gens grossissent souvent la foule. Il m'arriva deux fois d'être le premier plastron de ces récits. Le Raconteur m'arrêtoit, en me disant : *Signor, che ascolti una gran cosa, una cosa stupenda*; ensuite il s'éloignoit de moi, en parlant, ou plutôt en criant comme un énergumène, & insensiblement le cercle se formoit. Ces Messieurs ne demandent rien aux assistans ; mais, dans les endroits les plus vifs & les plus pathétiques, lors, par exemple, qu'il s'agit d'une Princesse à qui le poignard tombe des mains, ou qui rejette, avec une noble indignation, une lettre où on la prie de son deshonneur, le chapeau du Raconteur prenant la place du poignard ou de la lettre, est jetté au milieu du cercle, de manière qu'il présente toujours le dedans de la forme, où les Auditeurs jettent quelques parpayolles. Sans paroître y prendre garde, & sans interrompre son récit, le Raconteur releve son chapeau, dont il se sert ensuite pour appuyer quelque nouveau *pathos*. Personne ne contrefaisoit mieux que le Goldoni, les airs, le ton & l'emphase de cette espèce de Charlatans : c'est son déguisement favori, lorsqu'il veut prendre part aux fêtes que donne la Noblesse Vénitienne, dans les belles maisons des bords de la Brenta.

Nous avions aussi quelquefois le

Venise. plaisir d'entendre dans la place de Saint Marc, un homme de la lie du peuple, un Cordonnier, un Forgeron, avec les habits de son métier, commencer une *aria* : d'autres gens de sa sorte se joignant à lui, chantent cette *aria* à plusieurs parties, avec une justesse, une précision & un goût qu'à peine rencontre-t-on parmi le plus beau monde de nos pays Septentrionaux.

Libraires. Après avoir pris l'air, & partagé les plaisirs de la place de Saint Marc, nous allions à la boutique de Pasquali, ou de quelque autre Libraire. Ces boutiques sont le rendez-vous ordinaire des Etrangers & des Nobles, qui y viennent *en chenille*. On trouve là des conversations quelquefois intéressantes, quelquefois assaisonnées par le sel Vénitien, qui tient beaucoup de l'atticisme Grec & de la gaieté Françoise, sans être ni l'un ni l'autre. De la boutique de Pasquali, nous allions, suivant l'usage du pays, souper au Caffé.

Caffés. Nous en avions épousé un que tenoit un Grec, sous le portique des nouvelles Procuraties. Ses liqueurs chaudes & froides, également excellentes, étoient administrées par un jeune Grec, dont la tête toujours nue & rafée, étoit, par son exacte rondeur, le symbole de son esprit. Elle portoit sur un col rouge & nud, dont le diamètre, égal à celui de la tête, paroissoit en faire partie. Une chemise flottante au col & aux poignets, & une culotte à la Grecque, étoient tout l'habillement qu'il avoit apporté de son pays. Quelques baïoques dont nous le gratifions de temps en temps, & la certitude que je lui donnois de le faire Dôge, s'il nous servoit bien, lui avoient mis dans l'ame une joie dont il n'étoit plus maître de l'instant où il nous appercevoit : jamais Momus lui-même n'a ri plus naïvement ni d'aussi bon cœur.

Ces soupés me défirent du préjugé où j'étois sur la discrétion imposée aux Vénitiens, relativement aux nouvelles & à toutes matières politiques. Venise est, à cet égard, comme toute l'Italie. Une foule de gens qui se succédoient dans notre Caffé, n'avoient aucun autre objet d'en-

Nouvellistes.

VENISE. tretien. Ils se réjouissoient ou s'affligeoient des nouvelles courantes, les affirmoient ou les nioient, suivant qu'elles se trouvoient favorables ou désavantageuses au parti que chacun avoit épousé. Le gros de ces politiques, partagé entre les deux partis qui divisent actuellement l'Europe, n'étoit dans l'intérêt de chaque Puissance secondaire, que subordinément à l'intérêt général & dominant de l'alliance à laquelle elle étoit attachée. Mais les plus fins politiques, abstraction faite de toute alliance, *syncopoient* l'intérêt particulier de chacune des Puissances belligérantes. L'un étoit *geniale Francese*, sans être Autrichien; l'autre, Autrichien, détestant également le Prussien, le François & le Russe : celui-ci Prussien, sans tenir aux Anglois; celui-là Anglois, sans être Prussien. Les Puissances neutres elles-mêmes avoient là de bons amis & de chauds ennemis. De cette diversité de vûes, de cette contrariété d'intérêts, résultoient un tintamarre & une cacophonie qui nous donnoient le plus grand plaisir, sur-tout lorsque certain

Vénitien, homme très-délié, *gran furbo**, & qui nous marquoit de l'amitié, accoſtant chacun de ces politiques l'un après l'autre, lui faiſoit part d'une nouvelle preſque toujours fabriquée ſur le champ ou au déſavantage de celle des Puiſſances dont il étoit le *geniale*, ou à l'avantage de la Nation contre laquelle il étoit déclaré.

{Venise.}

A l'heure où nous quittions la place de Saint Marc, c'eſt-à-dire, à trois ou quatre heures de nuit, y arrivoient les Dames en tête-à-tête avec leurs ſoupirans. Elles paſſent là toute la nuit en promenades coupées par des courſes en gondole, & ne rentrent chez elles, les jours de fête, qu'après avoir oüi la Meſſe. C'eſt en ce ſeul point que Veniſe ne reſſemble plus aujourd'hui à la Veniſe de Saint-Didier, de la Haye, de Miſſon, d'Amelot de la Houſſaye, & de tous les Voyageurs du dernier ſiécle. La galanterie Vénitienne, affranchie des entraves ſous

{Galanterie.}

---

* Les Italiens uſent de cette expreſſion en bonne part.

lesquelles elle gémissoit, s'est mise au-dessus même des ménagemens que la France a encore conservés. En m'abstenant du détail des faits singuliers que nous apprîmes en ce genre, je me bornerai à un fait public & notoire.

L'état des Courtisanes *, qui fut long-temps une des plus rares singularités de Venise, étoit encore dans une telle splendeur au commencement de ce siécle, qu'une fête donnée alors par les femmes de cet état, au Prince de Dannemarck, effaça, par la magnificence & par l'éclat des habits & des pierreries, celle que les Gentilles-Donnes avoient donnée au même Prince. Or cet état n'existe plus que dans les relations: des palais titrés & d'infâmes galetas

---

* Cet état étoit précisément celui dans lequel les Laïs, les Aspasies, les Léontium ont contribué à l'illustration du beau siécle d'Athènes; celui dans lequel Louise Labbé, Ninon Lenclos, Marion de Lorme, se sont fait en France un nom qui dure encore: état infiniment moins dangereux pour les mœurs publiques, que celui des *filles entretenues*.

le partagent aujourd'hui. L'Inquisition d'Etat ne sévit que contre les excès qui peuvent deshonorer à un certain point des familles illustres : elle a aussi l'œil ouvert sur le commerce que les loix interdisent aux Gentilles-Donnes avec les Ministres Etrangers, ou avec des gens qui tiennent à ces Ministres. Dans ce cas, après des avertissemens réïtérés & de sérieuses monitions, les Dames incorrigibles sont exilées dans leurs terres.

Les révolutions dans la galanterie influent par contre-coup sur la société : or, depuis environ deux siécles, la galanterie, & conséquemment la société, ont à Venise essuyé trois révolutions bien marquées.

Avant l'établissement des Espagnols en Italie, ce beau pays se trouvoit partagé entre une multitude de petits Princes, gens voluptueux, & dont la principale affaire étoit de s'amuser. Les plaisirs de leurs Cours, plaisirs de famille, étoient assaisonnés par cette aisance & cette gaieté qui suivent la confiance bien établie, & par une liberté que rien

Venise.

Société.

ne gênoit, ni le mélange, ni même les regards des Etrangers. Venise environnée de ces petits Etats, en avoit d'autant plus aisément pris le ton, qu'il est dans le génie Vénitien, & que les richesses dont Venise regorgeoit alors, secondoient le vœu de la nature.

Tout ce système de plaisir fut renversé par le voisinage des Espagnols & des Cours de Vienne & d'Inspruck. La gravité Espagnole, l'austérité de l'étiquette des Cours Impériale & Archiducale bannirent des mœurs Italiennes la gaieté, l'aisance & la liberté : la galanterie devint une espèce de jeu de gobelets, & le plaisir ne se montra plus qu'en *golille*. Sous cette triste époque, chacun apportoit dans la société sa grandeur réelle ou imaginaire : on étoit toujours *in fiocchi*, & les assemblées même de plaisir ressembloient à ces combats d'Homère, où les Héros étoient moins occupés à combattre, qu'à conter leur généalogie, & à étaler les prouesses de leurs ayeux.

Au commencement de ce siécle, le séjour du grand Electeur de Bavière à Venise, & l'exemple de quelques Gentilshommes qui avoient vu & goûté Paris, introduisirent parmi les Vénitiens la galanterie Françoise : non celle d'aujourd'hui, mais la galanterie que Madame Royale avoit établie à Turin, & qu'Hamilton a si plaisamment décrite, la galanterie de la minorité de Louis XIV. Tout Venise se réunissoit presque toutes les nuits : les Nobles cherchoient le plaisir dans le Corps de la Noblesse : les fêtes & les cadeaux dont la galanterie faisoit les frais, tournoient au profit de la société : l'amour se montroit d'autant plus librement, que les objets s'en perdoient dans la foule ; enfin la jalousie distraite ou deroutée par le plaisir général, & souvent indemnisée par des plaisirs particuliers, ne pensoit plus à se montrer.

Malheureusement, ce qui endormoit la jalousie des hommes, réveilloit & excitoit celle des femmes ; & cette dernière a renversé, depuis trente ans, un arrangement dont la société réclamoit le maintien. Les attachemens particuliers ont pris la

VENISE.

place de l'arrangement général : chacun concentré dans l'objet d'une passion réelle ou d'un goût passager, s'amuse comme un Gouverneur confiné dans sa place en temps de paix : les plaisirs de société sont proscrits : le deshonneur des femmes, &, si l'on veut, des maris, est notoire & affiché, & la jalousie, lorsqu'elle s'irrite, sçait où adresser ses coups.

En cet état, un Noble Vénitien à qui sa place, son âge ou son goût ne permet pas de jouer le rôle de soupirant, est perdu pour la société. Au moins, sous la première des époques que je viens de parcourir, avoit-il celle des Courtisanes, qui est nulle aujourd'hui. Ce manque total de ressources a enfin influé sur la constitution de l'Etat, en faisant taire la Loi, qui interdisoit aux Nobles tout commerce entr'eux : ils se voyent aujourd'hui. Il est vrai que l'Etat a l'œil ouvert sur leurs liaisons, qu'il ne les tolère qu'entre gens dont il est sûr, & que chaque cotterie est circonscrite dans un cercle qu'elle ne peut aggrandir. Mais toutes ces précautions peuvent-elles suppléer à une Loi dont chaque Noble sentoit à chaque instant la dureté, & que tout le monde respectoit comme essentielle à la constitution de l'Etat ?

La Loi qui interdit aux mêmes personnes tout commerce avec les Etrangers, n'a encore souffert aucun affoiblissement. L'intérêt particulier se joint, pour la maintenir, à la raison d'Etat, sur-tout depuis que, par la diminution des richesses de Venise, l'économie y est de première nécessité pour la plus grande partie des maisons. J'avois pour l'un des deux Avogadors, & pour quelques Sénateurs, les mêmes recommandations qui m'ont ouvert tous les Palais d'Italie & les cœurs de beaucoup d'Italiens : cependant je n'ai pu voir ces Messieurs que dans nos veillées chez le Libraire Pasquali, & quelquefois au Palais. Dans ces entrevues fortuites, ils me combloient d'amitiés & de caresses ; ils satisfaisoient de la meilleure grace à la plûpart de mes questions ; ils m'offroient leurs services pour tout ce

Comment les Nobles en usent avec les Etrangers.

VENISE.

Séance du Prégadi.

qui dépendoit d'eux. Voilà tout ce que me purent procurer les meilleures recommandations.

Je leur dus cependant l'entrée de la salle du *Prégadi*, où nous assistâmes à une séance du Grand-Conseil, c'est-à-dire, de toute la République assemblée. Avant que de nous admettre, on nous retint dans l'avant-salle, pendant un quart-d'heure, qui fut employé, à ce qu'on vint nous dire, à baloter notre admission. Je doutai un peu que cette opération se fît bien sérieusement ; mais c'est un moyen très-sage de se ménager la faculté de ne pas admettre tout Etranger, quoique présenté.

Ayant été admis, on nous plaça, ou plutôt nous fûmes huchés au troisième étage des gradins adossés au mur qui regarde le port. Il n'y avoit sur ce gradin, que nous & un Avocat Romain, avec sa femme, très-belle personne, très-bien mise, & qui n'étoit pas venue à Venise, ainsi que nous l'apprîmes depuis, uniquement pour voir Saint Marc. Élevés sur notre gradin de dix ou douze pieds au-dessus du plein-pied de la salle, nous étions à portée de tout voir, de tout entendre, mais hors de portée d'aucun entretien suivi.

VENISE.

Avant que de m'occuper à rien démêler, je m'abandonnai aux sentimens de vénération qui s'emparent de l'ame à la première vûe de la plus auguste assemblée de l'Univers : sentimens qu'entretiennent & qu'échauffent deux des chefs-d'œuvre du Palme & du Tintoret, que nous avions sous les yeux. Dans le premier, sous un riche baldaquin flottant dans le vague de l'air, Venise pacifique, couronnée d'olivier, & le sceptre à la main, est assise sur un thrône, qui a pour base une proue de galère & des trophées d'armes. Des prisonniers & des esclaves dont les fers sont rompus, représentant les Peuples subjugués & les pays conquis, environnent le thrône, & jouissent des regards bienfaisans de leur Souveraine. Dans l'autre, qui occupe le milieu du plafond, la Reine de la mer Adriatique paroît dans les nuées, appuyée sur Thétis & Cibelle, & environnée de Divinités qui s'empressent à lui faire la cour. Sur le second plan de ce tableau, on voit le Sénat avec le Dôge à sa tête : Venise lui envoie une couronne de laurier par le Lion, qui, à côté d'elle, paroît attendre ses ordres : le premier plan offre une foule d'Ambassadeurs & de Députés, qui, en attitude de suppliants, présentent à la République les clefs de leurs Villes.

Je portai ensuite mon attention sur ce qui se passoit au Conseil, dont les délibérations qui occupoient cette séance, avoient pour objet l'élection d'un *Capitan-Grande*, & d'autres Officiers, pour l'une des principales Villes des États de Terre-Ferme. Ces élections se font par des scrutins multipliés, dont j'admirai la célérité, sans trop en concevoir la manipulation. Je l'avois cependant étudiée dans le Contareni, dans le Gianotti & dans Amelot de la Houssaye, qui sont descendus dans tous les détails de cette espèce de jeu, que l'on ne peut apprendre que par l'usage. Toutes les délibérations de la République passent par cette voie usitée, peut-être d'une manière plus simple, dans les anciennes Républiques Grecques, & sinon au Sénat de Rome, au moins dans les Comices du peuple Romain; quoique le Contareni l'ait regardée, *ut à veterum Romanorum usu longè remotam.* Je compris seulement que, pour les places à remplir, on admettoit d'abord un certain nombre de compétiteurs, que le premier Secrétaire du Conseil appelle à haute voix, en ajoutant simplement au nom de famille leur nom de baptême & celui de leur pere. Chacun de ces compétiteurs est successivement balotté par le ministère de jeunes orphelins ou enfans-trouvés, qui, vêtus de soutannes violettes, & chargés chacun d'une boëte à queue, dont l'intérieur est partagé en deux cases, promenent ces boëtes de banc en banc, en criant à pleine tête le nom qui est sur le tapis. Toutes ces boëtes sont ensuite reportées à l'estrade du thrône, où l'on compte séparément celles de la case verte pour l'exclusion, & celles de la case blanche, pour l'admission. Tant que dure cette énumération, les Nobles quittent leurs places, courent, s'appellent, s'entretiennent, mangent du biscuit, & boivent du vin ou du ratafiat apportés dans leur grand bonnet. On entend ensuite un coup de baguette ; on appelle un nouveau nom, & les *Ballotini* repartent en foule du thrône, en criant ce nouveau nom. Alors chacun ayant repris sa place, cause avec son voisin, badine avec le *Ballotino*, qui lui présente à son tour la boëte, & la balotte ; & en causant, en badinant, sans paroître occupé de l'objet du scrutin, il introduit la main dans la boëte par l'orifice horisontal qu'elle présente, & qui communique aux deux cases, dans l'une desquelles il laisse tomber sa balotte, sans qu'il soit possible à l'œil le plus subtil de démêler ce qui se passe entre les cases & la main. Quelque compliquée que soit cette méthode, l'intérêt & le grand usage en pénétrent tous les replis, de manière que fort souvent le scrutin n'a lieu que pour la forme.

Dans les entr'actes de cette séance qui dura plus de trois heures, un Sénateur,

Sénateur, très-bel homme & beau parleur, entretenoit dans le ton Vénitien, l'Avocate huchée auprès de nous : ce ton Vénitien consiste à dire très-gravement les choses les plus plaisantes. L'Avocate y répondoit en termes choisis & prononcés à la Romaine, mais qui n'avoient pas le même sel.

En sortant de la salle, ce même Noble me demanda si la séance m'avoit fort amusé. Oui, lui répondis-je, & par là nouveauté du spectacle, & parce qu'elle m'a rappellé quantité d'Etats en Europe, dont les meilleures têtes rassemblées, ne pourroient pas soutenir une pareille séance, s'agît-il de l'affaire de la plus grande importance. *E per questo*, répliqua le Noble en s'enfuyant, *quelli Stati non sanno governarsi.*

Le Dôge, Francesco Lorédano, n'avoit point assisté à cette séance : mais quelques jours après me trouvant absolument seul dans la même salle, occupé à l'examen des tableaux dont elle est décorée dans toutes ses parties, j'entendis quelque bruit ; & m'étant retourné prestement, j'apperçus le Dôge qui traversoit cette piéce immense, accompagné seulement de deux ou trois personnes. Imaginez un vieillard octogénaire, mais avec toute la fraîcheur d'un homme de soixante ans, de la grande taille, & bien sur ses jambes. Il portoit le bonnet ducal, *il Corno*. Une chevelure d'une blancheur éblouissante, bien fournie & légèrement frisée par les extrémités, lui accompagnoit le visage & retomboit par-derrière jusqu'au milieu des épaules. Il avoit une grande robe rouge, avec les revers, les paremens & l'étole d'une autre couleur. J'appris depuis, avec le plus grand étonnement, qu'il étoit aveugle : ce que n'annonçoit ni l'état de ses yeux, ni la fermeté de sa démarche. Cette subite apparition fit à-peu-près sur moi l'effet que faisoit sur les hommes des premiers âges, l'apparition inopinée de quelque Divinité : elle me pénétra d'admiration & de respect.

J'avois oublié de dire qu'à la tête des bancs à dos qui garnissent la salle du *Prégadi* dans sa longueur, & non en largeur, comme les bancs d'une

Eglise, on voit une espèce de petite chaire à prêcher, très-simplement construite en sapin, ainsi que les bancs & le thrône même. Cette chaire est la tribune aux harangues. C'est-là que, sur des loix proposées, & sur tout objet de délibération, tout Noble peut déployer l'éloquence qui fait partie du génie Vénitien. Pour donner lieu à cette éloquence, pour réveiller en même temps le peuple & l'attacher à la République, on propose quelquefois de nouveaux impôts, qui, après de longues harangues *pro & contrà*, après des balotations sans fin, sont rejettés à la pluralité des voix.

VENISE.

Tant que durent les séances du *Prégadi*, les Barcaroles des Nobles bordent avec leurs gondoles le canal qui couvre le derrière du Palais & le quai du port, vis-à-vis la place de Saint Marc. Ces gens se regardent comme le second Corps de l'Etat, & les défenseurs nés du premier, dans le cas où il s'éleveroit quelque émeute contre lui, tandis qu'il est renfermé au Palais. C'est sur-tout dans les *Prégadi* d'hyver,

Gondoliers.

B ij

qui souvent percent bien avant dans la nuit, qu'ils font preuve de vigilance. Chacun d'eux, l'œil au guet, garde son poste, sans inquiétude & sans impatience, en se glorifiant de travailler pour l'Etat ou *per il Principe*, comme ils s'expriment. Ministres ou confidens nés des plaisirs de la Noblesse, & espions du Ministère, chacun d'eux se croit dans le secret de l'Etat. Ils traitent cependant de pair avec leurs confrères, qui n'ayant pas le bonheur d'être attachés à aucune Maison, servent le Public; & tous se regardent comme freres. C'est le terme le plus familier entr'eux: ils en usent pour se saluer, lorsqu'ils se rencontrent en voguant; c'est leur cri ordinaire, lorsqu'ils se trouvent à la portée d'un canal où ils vont entrer, *per me, fradel, per me*. Enfin on entend ce terme répété de toutes parts dans les embarras qu'occasionne assez fréquemment le concours fortuit de plusieurs gondoles dans quelque canal où il y en a deja d'arrêtées: *Fradel*, se disent-ils les uns aux autres, *non travagliar, non strascinar i poveri Christiani*. En comparant le ton de ces gens, aux injures qu'en semblables occurrences vomissent les Cochers, les Fiacres & les Charretiers de Paris, on prendroit les Gondoliers de Venise pour de religieux & saints personnages, qui, à l'exemple de Saint Christophe, passent le prochain par charité & par esprit de Religion. Cette différence de langage & de ton a sa principale cause dans la sobriété des derniers : vertu au reste tellement commune à tous les Italiens, que, pendant mon séjour au delà des monts, il ne m'est jamais arrivé de rencontrer un homme yvre, même dans la lie du peuple.

Ces Gondoliers, pour terminer leur article, sont une race d'hommes bien taillés, nerveux, très-dispos, & qui participent de la gaieté Vénitienne. Passant la plus grande partie de leur vie presque en tête-à-tête avec la Noblesse, les plus honnêtes Citadins & les Etrangers de distinction qui tous les jours abordent à Venise, ils fournissent souvent à la conversation, par des plaisanteries : on leur permet même, en ce genre, des libertés dont voici quelques exemples.

Les rues de Venise sont éclairées la nuit par de très-petites lanternes, suspendues comme celles qui éclairent les rues de Paris. Un Noble passant dans une rue où un Gondolier étoit occupé à en suspendre une, lui dit de la tenir plus haute : elle l'est assez, répliqua le Gondolier, pour les cornes de nous autres ; toutefois, si Votre Excellence la juge trop basse, je la releverai. L'Excellence passa, & s'empressa de régaler ses amis du mot du Gondolier.

Le jour de la Saint Roch, la Seigneurie va en Station à l'Eglise du Saint *. Le voyage se fait dans des

---

* Ce jour-là, les Peintres de l'Ecole actuelle de Venise exposent leurs compositions de l'année, dans la *Scuola* de Saint Roch. Cette *Scuola*, l'une des premières de Venise, est remplie de sujets du N. T. de la main du Tintoret, & de la plus grande force de ce Maître. Je fus singulièrement frappé de celui qui représente l'*Annonciation*. Le mur qui ferme la chambre de la Vierge, du côté de la campagne, s'écroule, & l'Ange entre de plein vol par la brêche. L'exposition de l'année 1758 n'étoit ni brillante, ni nombreuse :

péotes, barques couvertes à-peu-près de la forme de ces coches d'eau que l'on voit à Paris au port Saint Paul. Je rencontrai cette marche à un pont sous lequel elle alloit passer, dans un canal assez étroit. De dessus ce pont, deux ou trois Gondoliers, beaux-parleurs, attaquèrent de propos les Gondoliers de l'Etat, qui voituroient la Seigneurie : ceux-ci répondirent, s'arrêtè-

---

le morceau le plus frappant étoit le portrait de l'Ingénieur ou Méchanicien en chef de la République. Cet homme, dit-on, né dans la lie du peuple, ne sçait ni lire, ni écrire. Avec du vin répandu sur une table, il trace ses desseins à des Charpentiers accoutumés à saisir & à exécuter ses idées. Par cette voie très-singulière, ce nouvel Archiméde va jusqu'où les Méchaniques peuvent atteindre. Tels étoient les Ingénieurs de ces siécles barbares, où le service des machines de guerre, ainsi que la construction des bâtimens, épuisoit toutes les ressources des Méchaniques, alors concentrées dans la tête d'Artisans qui ne sçavoient qu'opérer. Le portrait exposé à la porte de la *Scuola* de Saint Roch, représentoit un homme de cette espèce ; c'est-à-dire, une forte tête sous un air sans apprêt, sous des traits communs, sous l'extérieur le plus simple.

VENISE.

rent, & il se lia entre ces Messieurs une conversation qui attira la Seigneurie aux fenêtres des péotes, où je la vis en jouir fort tranquillement. Enfin les Gondoliers ont le privilége exclusif dont jouissoit M. de Roquelaure à la Cour de Louis XIV. On leur fait honneur de tous les bons mots dont des raisons de décence ou de politique ne permettent pas aux véritables pères de se déclarer : tel étoit celui qui couroit pendant notre séjour à Venise, au sujet de l'Exaltation du Pape actuel. Depuis la rupture éclatante entre la République & Benoît XIV. ce Pape n'avoit donné le Chapeau à aucun Vénitien : *Nous avons été long-temps sans chapeau,* faisoit-on dire à un Gondolier, *mà habbiamo adesso il capelliere.*

Démêlés entre la République & Benoît XIV.

Cette rupture avoit les mêmes causes que le fameux démêlé que Paul V. avoit porté si loin*: il n'y a

---

* Ceux qui connoissent les *Mémoires de l'Ambassade de M. Canaye du Fresne,* qui remplissent trois volumes *in-fol.* imprimés à Paris en 1645, sentiront tous les rapports de ce démêlé, quant à son objet, quant à

eu de différence entre leurs effets, que celle qui naissoit de la différence des temps. Par Edit ou Décret du 7 Septembre 1734, Décret affiché à Venise, publié dans tous les Etats de la République, avec les motifs qui y avoient donné lieu, enfin notifié au Patriarche, l'Etat faisoit *défense de recourir à Rome à l'avenir, pour y obtenir aucune espèce des dispenses que l'Ordinaire pouvoit donner, avec injonction aux Ordinaires de les délivrer sans frais: le tout*, portoit le Décret, *conformément à la discipline établie par le Concile de Trente, & sans pouvoir espérer de dispenses des Loix Ecclésiastiques reçues & autorisées, desquelles tout Prince Chrétien est le gardien & le conservateur dans ses Etats.*

La Cour de Rome avoit vû ce Décret avec une indignation qui gagna Benoît XIV. lui-même, malgré son aversion pour les affaires en général & sur-tout pour des discussions aussi sérieuses. Il mit dans celle-ci

---

celui des négociations qu'il occasionna, & quant à l'accommodement qui le termina, avec celui dont il s'agit. *Not. du Trad.*

une chaleur d'autant plus grande, qu'il faisoit violence à son caractère, & qu'il se flattoit de l'emporter plus promptement par cette voie. M. Capello résidoit alors à Rome en qualité d'Ambassadeur ordinaire de la République : le poids de cette négociation & de la colère du Pape tomba sur lui. Il le soutint assez bien d'abord ; mais étant entré dans des propositions, ou en ayant hasardé au-delà de ses instructions, le Sénat l'avoit rappellé & envoyé en exil avec sa famille, sans lui nommer de successeur à l'Ambassade de Rome. Dans les commencemens, ce n'étoit à Rome que Congrégations sur les moyens d'amener la République à retirer son Décret. Toutes les voies amiables inutilement épuisées, on en vint enfin aux expédiens, qui, dans les siécles passés, faisoient toute la force de Rome. La France avoit promis au Pape l'assistance qui dépendroit d'elle, pour terminer cette affaire à l'honneur du Saint-Siége : mais, sur la proposition de déclarer la guerre à la République, il fut répondu qu'on n'avoit promis que de bons offices. L'Ambassadeur ou son Représentant firent en conséquence de très-vives instances au nom du Roi : instances auxquelles le Sénat opposa & les libertés de l'Eglise Gallicane, & la vigueur des Rois de France pour le maintien de ces libertés. Celle du Sénat se roidissant, au lieu de mollir, Benoît XIV. réduit aux ressources de sa place, rompit, comme Prince, tous les traités de commerce entre la République & la Chambre Apostolique, donna des ordres pour la réparation & l'augmentation de ses places situées sur la mer Adriatique, assigna des fonds pour l'aggrandissement & l'amélioration de ses ports sur cette mer, augmenta les franchises de ces ports, chargea de plusieurs droits les marchandises venant des Etats de la République, & comme Pape, n'appella aucun Vénitien à la pourpre Romaine.

Sa mort avoit laissé les choses dans cet état très-critique : le Décret subsistoit & s'exécutoit à Venise, lorsque, le 6 Juillet 1758, le Cardinal Rezzonico, Vénitien, & Evêque de

Padoue, fut donné pour succeſſeur à Benoît XIV. Le nouveau Pape s'empreſſa de faire part au Sénat de ſon Exaltation : dans ſa lettre écrite en entier *proprio pugno*, il montroit le plus vif déſir pour un accommodement, à l'égard duquel ſon élection, diſoit-il, étoit ſans doute entrée dans les vûes de la Providence. Cette lettre & les circonſtances qui l'accompagnoient, remuèrent les eſprits. L'affaire préſentée au Conſeil, y excita les plus vifs débats. M. Tron, Chef des Oppoſans à la révocation du Décret, y remplit long-temps la tribune, & parla avec la plus grande force : enfin il fut réſolu que le Décret ſeroit ſuſpendu pendant quatre mois, qui ſeroient employés à mettre à couvert les droits de l'Etat. Cette délibération qui tint le Grand-Conſeil aſſemblé pendant dix heures, ayant été repriſe le 6 Août, après de nouveaux débats, la révocation du Décret paſſa ſous le terme de *ſuſpenſion prolongée*. Le Sénat en fit part au Pape, par une lettre où l'on prenoit acte de ce que, dans la ſienne, il avoit reconnu, comme Pape, l'autorité législative de la République sur les objets du Décret, par la prière qu'il lui avoit faite de retirer ce Décret. Au moyen de cette tournure, Venise se fit honneur d'avoir tenu ferme si long-temps, & le Pape, de s'être relâché à propos, en conservant ses droits. Tous les Romains cependant n'en pensoient pas ainsi. Plusieurs accusoient le Pape d'avoir été dupe, en cette occasion, des sentimens de son cœur pour sa patrie : ils regardoient la maladie dont il fut attaqué peu de temps après cet accommodement, comme la suite & l'effet des réflexions chagrinantes qu'il n'avoit faites qu'après coup : tout l'avantage, suivant eux, étant du côté des Vénitiens.

Nous étions à Venise dans la dernière crise de cette grande affaire, qui nous donna lieu de nous appercevoir que les secrets de l'Etat n'y sont pas tellement concentrés dans le Sénat & dans le *Prégadi*, qu'il n'en transpire la meilleure partie dans le Public. On trouvera à la fin du dernier Volume de ces *Observations sur* l'Italie, les principales piéces de cette grande affaire.

VENISE.

Les prétentions respectives des Papes & des Vénitiens, & les démêlés qui naissent de leur contrariété, donnent aux bons Romains une mauvaise idée de la Religion de la République ; ils la regardent, sinon comme l'ennemie des Papes, au moins comme l'une de leurs filles les moins dociles à leur voix, & les moins obéissantes à leurs ordres. *Come stà il Papa Marco*, demandent-ils à tout Vénitien qui arrive à Rome. En un mot, les Romains regardent Venise comme toujours animée & dirigée par l'esprit du fameux Frà Paolo Sarpi, à qui la République, qui lui doit tant, n'a pas encore osé ériger un tombeau. La première fois que j'allai aux Servites, je demandai à voir sa sépulture : elle est sans doute magnifique, dis-je au Servite qui me conduisoit. Pour un tel homme, me répondit-il, tout ou rien ; & on s'en est tenu au dernier. Il me montra ensuite le lieu où cet homme célèbre avoit été inhumé, dans le sanctuaire même,

Frà Paolo.

à la gauche de l'autel, sans épitaphe, ni aucune indication. Passant une autre fois devant la même Eglise, j'y entrai. Toute la jeunesse de la Communauté étoit à l'Orgue, qu'elle touchoit alternativement. Comme je leur criois *viva & bravo*, le plus habile se mit au clavier, & me régala de cinq ou six morceaux de différens caractères, tous aussi-bien choisis que bien exécutés. Ayant ensuite apperçu une échelle dressée pour tendre des tapisseries, près du lieu où Frà Paolo a en quelque façon consacré le stilet dont il fut assassiné, & qu'il appelloit *stilum Romanæ Curiæ*, j'avançai l'échelle, & étant monté à une certaine hauteur, je parvins à ce stilet suspendu aux pieds d'un grand Crucifix qui domine l'une des chapelles qui sont appliquées au mur à main droite. Tandis que je le maniois, la jeunesse qui étoit toujours à l'Orgue, me crioit: *Signor, questo non e roba da Francese*.

J'ai oüi dire à Venise que les originaux des écrits qui ont fait la réputation de Frà Paolo, & notam-

VENISE.

ment de sa fameuse Histoire du Concile de Trente, existent encore, & sont très-précieusement conservés dans la famille des Vénieri.

En allant de Venise à Rome, presque tous les Religieux dont nous visitions les Eglises & les Maisons, nous demandoient avec le plus vif empressement des nouvelles de l'affaire de la République de Venise avec le Saint-Siége de Rome. Comment, leur disois-je, vous ne sçavez donc pas la grande nouvelle ? Cette heureuse nouvelle étoit, qu'à la prière de la République, le Pape, pour sceller le raccommodement, alloit faire travailler à la béatification de Frà Paolo Sarpi. A cette grande nouvelle, nous vîmes pleurer de joie un petit Frere Servite ; & elle prit si bien, qu'elle nous devança à Rome.

Etat de la Religion à Venise.

A juger de la Religion de Venise, par d'autres raisons que celles qui fondent le jugement qu'en portent les Romains, peut-on à cet égard mal penser d'une Ville qui a beaucoup d'Eglises très-bien ornées, quantité de Paroisses desservies par un Clergé nombreux, des essains de Moines de toutes les couleurs, & un nombre prodigieux d'hôpitaux ouverts à tous les besoins de l'humanité ? Quant à l'intérieur, il n'appartient d'en juger qu'à Dieu, aux yeux duquel l'amour de la patrie, l'un des premiers devoirs qu'il impose, est sans doute compté pour quelque chose. Le Clergé, il est vrai, n'a aucune part, ni influence même indirecte, dans aucune partie du Gouvernement ; mais c'est l'avoir ramené à l'esprit de son institution primitive. Les Curés sont élus par le peuple de chaque Paroisse : autre reste de la primitive Eglise. Quant aux Maisons Religieuses, l'Etat n'y souffre que des sujets Vénitiens ; & les Jésuites à cet égard ne sont pas traités autrement que tout le Clergé Régulier. Ils avoient réussi à s'en distinguer, en se dispensant d'assister aux Processions générales, sous le prétexte qu'étant en même temps Clercs & Réguliers, ils ne pouvoient marcher, ni avec le Clergé Séculier qui les regardoit comme Religieux, ni avec les Réguliers qui les regardoient comme Clercs de nouvelle date, & ne vouloient point leur donner de rang. Pour faire cesser cette distinction, la République fit dire aux Jésuites, en langage Vénitien, *ò andeve, ò andeve*, qui veut dire en François, *ou allez-y, ou allez-vous-en*. Par composition, ils ont pris rang entre les deux Confréries instituées pour assister les criminels condamnés au dernier supplice, & pour conserver encore quelque distinction, ils y marchent sur trois de front.

Les Offices & cérémonies religieuses, que les Italiens comprennent sous le nom générique de *funzioni*, sont aussi communes & aussi pompeuses à Venise, que dans tout le reste de l'Italie, & la plus exacte décence y préside. J'ai oüi dire à ce sujet, qu'à un grand Salut où assistoit le Sénat, dans l'Eglise Patriarchale de Saint Marc, au milieu de toute l'assistance agenouillée, un Anglois restoit debout. Un Sénateur lui ayant inutilement fait donner avis de se mettre à genoux, vint lui-même le lui réitérer. L'Anglois lui dit qu'il ne croyoit point à la transubstantiation : *Ne anche io, répartit avec feu le Sénateur, però ginocchione, o fuor di chiesa.*

Les Juifs, les Grecs, les Arméniens, les Protestans * même jouissent à Venise de la tolérance que le Pape lui-même accorde aux Juifs dans tous ses Etats. Ces trois Nations y ont des Temples où ils servent Dieu, chacun suivant son Rit. Les Juifs n'y sont gênés qu'à l'égard de la sépulture, qui leur est interdite dans l'enceinte de Venise & de toutes les Isles adjacentes ; ils sont obligés de porter leurs morts *al Lido*, pour y être enterrés hors des lagunes. Revenant un jour de ce *Lido*, où nous allions quelquefois prendre le bain, nous rencontrâmes un convoi Juif, composé d'une vingtaine de personnes, qui, dans une barque découverte, s'en alloient tristement enterrer leur mort dans

---

* On m'a dit que les Protestans qui meurent à Venise, y sont inhumés dans les Eglises Catholiques, sans discussion sur leur croyance.

VENISE.

l'Isle de S. Erasmo. Peut-être, au reste, est-ce par goût, ou d'après quelque point de la Loi ou du Talmud, que les Juifs en usent ainsi. Je ne suis certain que du fait.

Grecs.

Les Grecs ont un Archevêque de leur Nation, qui exerce toutes les fonctions épiscopales : il a même un Séminaire composé de jeunes gens nés dans la Grèce ou dans les Isles de l'Archipel. Cet Archevêque officioit le jour que j'assistai à leur office. Le hasard m'y avoit placé à côté d'un jeune Papas, qui me fut de la plus grande ressource pour l'explication des cérémonies de leur liturgie. Une conversation suivie remplissoit les intervalles de mes questions. Il m'apprit qu'il étoit né sur les anciens confins de l'Epire & de la Thessalie, dans le lieu même où résidoit le fameux Oracle de Dodone, & qu'il avoit un frere aîné, Capitaine dans le Régiment Royal-Macédoine, au service du Roi de Naples. Il m'offrit sa recommandation pour ce frere que je lui promis d'embrasser de sa part ; enfin il m'engagea de la meilleure grace à l'aller voir dans sa maison, dont il me donna l'adresse. Je suivois cependant toutes les cérémonies de l'Office. Chaque Grec, Laïc ou Papas, en entrant à l'Eglise, s'arrêtoit au milieu du chœur: là, légèrement incliné, & regardant la porte du sanctuaire qui renferme l'unique autel qu'ait cette Eglise, il faisoit, en quantité indéterminée, des signes de croix, en portant le pouce à la tête, puis de la droite à la gauche, & de-là le coulant avec beaucoup de grace jusqu'aux genoux; puis de recommencer. Il s'avançoit ensuite vers le sanctuaire, & baisoit, l'un après l'autre, avec les plus grands signes de respect, les tableaux appliqués au mur qui cache au chœur & au peuple tout ce qui se passe dans le sanctuaire: ce baisement fait, il alloit prendre place, en se retirant à reculons. L'Archevêque étant arrivé à la tête de son Séminaire, fit lui-même toutes ces cérémonies, avant que de prendre ses habits pontificaux. Parmi les Séminaristes qui lui faisoient cortége, mon Papas me fit remarquer deux jeunes Athéniens, qu'à leur physionomie j'eusse pris pour de bons & francs Limosins. Pendant toute la Messe, le sanctuaire est exactement fermé: il ne s'ouvre que par intervalles, pour des oraisons sur le peuple, qu'accompagnent des bénédictions, & pour la réception des espèces à consacrer : le chœur & tout le peuple rendant à ces espèces un hommage plus marqué, que lorsqu'elles sont consacrées. L'office est mêlé des chants du chœur, & d'oraisons que chante l'Officiant enfermé dans le sanctuaire, composées par Saint Jean-Chrysostôme, qui y a répandu toute la force & l'onction qu'admet ce genre de composition. Tandis que le chœur chante, des enfans aussi enfermés dans le sanctuaire, chantent à pleine tête une suite de *Kyrie eleison* & d'*Amen*, sans rapport au chant public que cette criaillerie n'interrompt point. Mais l'exacte clôture du sanctuaire, pendant toute la liturgie, m'étonna d'autant plus, qu'en France j'avois ouï dire à quelques personnes, qu'il en étoit tout autrement dans l'Eglise des premiers siécles : Eglise dont

cependant, suivant les mêmes per- VENISE.
sonnes, les Grecs ont le plus fidéle-
ment retenu les Rits. Au reste, les
Grecs de Venise sont de ceux que
l'on appelle à Rome *schismatiques*.
Sur les instances que m'avoit faites mon Papas, d'aller le voir chez
lui, je m'y présentai trois ou quatre fois, mais inutilement ; j'appris
depuis indirectement qu'il avoit une
jeune femme, à laquelle il avoit annoncé ma visite, & que cette femme avoit marqué tant d'empressement pour voir un homme qu'ils
croyoient François, que le Papas
avoit cru devoir se priver du plaisir
de me recevoir.

L'Eglise des Arméniens, moins Arméniens;
grande que celle des Grecs, a deux
autels, l'un dans le sanctuaire aussi
exactement fermé que celui des
Grecs, & un second vers le milieu
de l'Eglise, pour les Messes privées.
J'y assistai un Dimanche à l'Office,
qui dura depuis sept heures du matin jusqu'à midi & au-delà. Tout s'y
passa dans le sanctuaire ; c'est-à-dire
que, peut-être faute de Clergé,
il n'y avoit ni chant, ni psalmodie

dans le chœur. Les cérémonies dont la vûe étoit accordée au peuple, rouloient toutes sur un gars de l'âge & de l'encolure du jeune Grec de notre Caffé des Procuraties. Alternativement en habit ordinaire, en surplis, en dalmatique, il changea vingt fois de décoration. Allumant des cierges & les éteignant, courant par l'Eglise avec une bannière, il saisissoit les instans de repos pour déplacer ses puces, ou se moucher avec la levre inférieure. De temps en temps, on entendoit l'Archevêque Officiant chanter dans le sanctuaire, qui s'ouvroit par intervalles pour se refermer aussi-tôt. Ce Prélat étoit un petit homme, d'une physionomie spirituelle & agréable : ses habits pontificaux étoient de la plus grande richesse ; il portoit pour mître une espèce de toque noire à la Suisse. Vers le milieu de l'Office, un Papas en chasuble, telle que la portent les Latins, vint dire une Messe basse au second autel. Il avoit dans son air, dans tout son extérieur & dans les diverses attitudes qu'exigent les cérémonies de l'autel, cette dignité &
ce

ces graces que les Peintres appellent *du haut style* : sa barbe très-ample & de la plus grande blancheur, me fit appercevoir que cet ornement manquoit encore au Dôge. Je n'eus pour compagnie à ce long Office, que quelques vieilles femmes, qui, suivant la mode des Juives, avoient pour manchettes de vieilles peaux de mouton avec leur poil. Elles ne cesserent de babiller : des querelles de famille, des tracasseries de voisinage, & d'autres propos de cette nature, furent la principale matière de leur conversation.

{VENISE.}

On me dit que les Grecs & les Arméniens n'avoient sur la Religion que des instructions particulières : peut-être en ont-ils de publiques ailleurs qu'à Venise, où l'Etat n'exige d'eux que le silence sur les articles qui les séparent de l'Eglise Romaine. Les Catholiques Romains au contraire ont beaucoup d'instructions, si l'on peut appeler de ce nom, & les espèces de Prônes que l'on fait ici pour le peuple, & les Sermons d'apparat, où, en faveur de la Noblesse & du beau monde, on déploie toutes

{Instructions sur la Religion.}

Tome II. C

les voiles de l'éloquence ultramontaine.

Pour donner une idée des premiers, je me contenterai de dire qu'entraîné un soir par la foule du peuple, j'entrai dans une Eglise où se célébroit une grande fête en l'honneur du Rosaire. Un Jacobin d'un âge & d'une physionomie respectables, Docteur sans doute, (au moins en avoit-il l'encolure), monta en chaire, où, avec le ton, l'emphase & la prolixité des *Raconteurs* de la place de Saint Marc, il débita sur le Saint du jour, une foule d'histoires dont on pourra juger par celle-ci. » Un voleur de grand chemin, dit le Prédicateur, tuant & assassinant, quand l'occasion s'en présentoit, étoit exact à dire tous les jours le Rosaire. Un voyageur, qu'il avoit attaqué, se défendit & le tua : il mourut sans confession, & son corps dont l'ame ne voulut pas se détacher, fut enterré aux pieds d'un chêne, par ses camarades. Quelques mois après, Saint Dominique apparut en cet endroit, & appella ce voleur par son

» nom. A cette voix, le défunt écar-
» te la terre qui le couvroit, fort du
» tombeau, & tombe aux pieds de
» Saint Dominique, qui le confesse,
» l'absout, & emporte son ame en
» Paradis. « Je ne pus voir, sans
douleur un Prêtre, un Religieux d'un
Ordre rempli de gens éclairés &
Théologiens par état, aller ainsi sur
les brisées des Saltimbanques de
place. Dans le cours de mon voyage, cette même douleur s'est renou-
vellée en plus d'une occasion semblable.

Pour donner une idée des Sermons d'apparat, j'en présente un à
la fin du quatriéme & dernier Volume de cet Ouvrage, d'après l'Imprimé dont l'Avocat Goldoni *m'a
regalato*. Ce Sermon, prêché par le
fameux P. *Macédo*, (dont on trouve un article très-détaillé dans la
dernière édition du Dictionnaire de
Moréry), est un triste exemple des
excès où peut entraîner l'abus de l'esprit, & où il avoit conduit les Italiens, lorsque, las des chefs-d'œuvres
& ennuyés de la noble simplicité du
Cinque-cento du quinziéme siécle, qui

fut pour eux ce que le beau siécle de Louis XIV. a été pour la France, ils coururent après l'esprit, & ne connurent plus rien de beau qu'un style découpé & tout épigrammatique. Ce Sermon prêché en 1674 ou 1675, est contemporain des chefs-d'œuvres de Bossuet, de Fléchier & de Bourdaloue. Les Etrangers qui sçavent le mieux l'Italien, peuvent, sans rougir, demeurer courts sur cette piéce singulière, qui, dans sa plus grande partie, étoit une énigme pour Goldoni lui-même. A Venise & dans toute l'Italie, les Prédicateurs font, depuis quelque temps, des efforts pour revenir au ton de la belle Nature : mais qu'ils sont encore loin du but! Les Sermonaires François, sur lesquels ils tâchent de se modéler, ne les y rameneront pas, avec les divisions & subdivisions dont ils sont hérissés. L'Eloquence Françoise ressemble à ces jeunes Athéniennes, que Térence a si bien peintes d'après Ménandre :

Quas matres student esse
Demissis humeris, vincto pectore, ut graciles
sient.

Si quâ habitior paulò, pugilem esse aiunt,
    deducunt cibum :
Tametsi bona est natura, reddunt curaturâ
    junceas.

VENISE.

Les Fêtes & Dimanches, l'Office paroissial du matin n'est suivi à Venise que par quelques bonnes ames dont le Curé possede exclusivement la confiance. Les *Scuole* & les Moines partagent le reste du peuple, dont chaque famille ne connoît de Paroisse, que l'Eglise du Confesseur de son chef. Les *Oratorio* que donnent les *Conservatoires*, tiennent lieu pour tout le monde de l'Office de l'après-dînée. Dans ces Conservatoires administrés avec ferveur par quelques vieux Sénateurs, des orphelines ou filles trouvées, sont élevées, entretenues & dotées des fonds considérables affectés à chacune de ces Maisons, sous la direction des meilleurs Maîtres. La Musique fait la partie capitale d'une éducation qui paroît plus propre à former des Laïs & des Aspasies, que des Religieuses ou des Meres de famille. Quoi qu'il en soit, ces Conservatoires ont tour

Office paroissial & ses équivalens.

à tour de belles Vêpres en Musique, suivies d'un grand Motet, dont les Loueurs de chaises vendent les paroles, qui ne sont autre chose qu'un mauvais assemblage rimé de mots Latins, où les barbarismes & les solécismes sont plus communs que le sens & la raison : aussi est-ce ordinairement l'ouvrage du Sacristain. La plus brillante Musique brode ce mauvais fond : elle est exécutée, & pour la partie vocale, & pour la partie instrumentale, uniquement par les filles de la Maison, que l'on voit à travers la grille garnie d'un crêpe léger, se trémousser, & se donner tous les mouvemens qu'exige l'exécution de la Musique la plus vive : le tout presque toujours à l'Italienne, c'est-à-dire, sans battement de mesure. Un de ces Motets que nous entendîmes, manqua en grande partie, parce que le *Scarlati* la battoit à la Napolitaine ; c'est-à-dire, en employant le *levé* où les autres Italiens emploient le *frappé*.

Les fêtes patronales des Couvens presque innombrables de Venise, sont célébrées par de grands Offices en Muſique, compoſés le plus ſouvent pour chaque fête. Nous ſuivîmes le jour de Saint Laurent un de ces Offices dans l'Egliſe des Religieuſes, dont le Monaſtère porte le nom de ce Saint. Quatre cens voix & inſtrumens choiſis parmi les Virtuoſes d'Italie, qui accourent à Veniſe pour cette fête, rempliſſoient l'orcheſtre, qui étoit conduit par le fameux *Saſſone*, Compoſiteur de la Muſique. Cet orcheſtre appliqué au revers du portail, en face de l'autel, embraſſoit toute la largeur de l'Egliſe qui, dans ſa totalité, forme une eſpèce de grande ſalle plus large que longue : il étoit élevé du ſol à la hauteur de douze pieds ou environ, & diſtribué en compartimens ſymétriques, & enjolivés avec goût, ainſi que les colonnes qui portoient toute la machine, par des rubans, des guirlandes & de la toile bouillonnée. L'Egliſe étoit garnie de pluſieurs rangs de chaiſes qui tournoient le dos à l'autel, & qui conſervèrent cette ſingulière poſition, même pendant la grande Meſſe, dont la durée fut de cinq mortelles heures, aussi chaudes qu'il étoit possible de les avoir à Venise dans le mois d'Août. Les Religieuses, toutes *Gentilles-Donnes*, alloient & venoient à deux grandes grilles que sépare l'autel, y faisoient la conversation, & y distribuoient de rafraîchissemens à des Cavaliers & à des Abbés, qui tous, l'éventail à la main, étoient en cercle à l'une & à l'autre grille. Le Célébrant & ses Assistans presque toujours assis, & ayant pour coup d'œil les dos de toute l'assemblée, suoient & s'essuyoient, paroissant attendre le dîner avec la plus vive impatience. La Musique & la cohue avoient commencé dès les premières Vêpres, qui ne sont pas la partie la moins brillante de ces fêtes.

Le jour de l'Assomption, nous eûmes pareil & encore plus grand spectacle dans l'Eglise plus vaste d'un autre Monastère. Là, la Musique étoit partagée en deux chœurs, qui se réunissoient pour certains morceaux. Toute cette Musique, malgré la variété & la complication de ses parties, s'exécute sans battement de mesure. Le Compositeur de cette Musique n'est occupé qu'à exciter du geste ou de la voix, comme un Général d'armée l'est de ceux qui vont à la charge.

Quant aux *Scuole* dont j'ai parlé, ce sont des Associations ou Confréries de Laïcs qui se réunissent dans des Chapelles particulières, pour y faire entr'eux l'Office canonial, sous la présidence de *Gardiens & Prieurs* Laïcs. Elles ont des fonds considérables, dans lesquels la République puise de temps en temps, ou qu'elle affecte pour sûreté de capitaux empruntés ailleurs, & par ce moyen le Gouvernement en tire quelque utilité. Leurs Chapelles, faites en forme de grandes salles, sont enrichies pour la plûpart de morceaux des Paul Véronèse, des Titien, des Palme, des Tintoret, &c. L'établissement de ces *Scuole* remonte au douziéme siécle, suivant quelques Historiens de Venise. L'Etat a pris les plus grandes précautions, & pour assurer la liberté de ces assemblées, & pour prévenir tous les abus que la République pourroit en redouter,

VENISE.
Censure des Livres.

Le Gouvernement, qui ne néglige aucun objet de police, ne veille pas avec moins d'attention sur les écrits qui se répandent dans le Public par la voie de l'impression. La censure des écrits même théologiques, appartient au Magistrat particulier des *Riformatori dello studio di Padoa:* Magistrat qui correspond à celui *della Besthemia*; c'est-à-dire, si je ne me trompe, au Conseil même des Dix, lequel, sous ce titre, réunit à l'Inquisition d'Etat, la branche la plus importante de l'Inquisition Ecclésiastique. La Librairie trouve dans ce Magistrat toutes les facilités, aisances & commodités qu'exige l'intérêt de ce genre de commerce. On imprime tous les jours, avec approbation & permission, des traductions d'Ouvrages François, qui, à Paris même, n'osent paroître que sous une permission tacite: quantité d'Ouvrages Italiens, très-forts de choses & de faits, y sont imprimés & distribués avec l'attache du Gouvernement. Parmi ces Ouvrages, je ne nommerai que ceux de Muratori. Son Traité *de la meilleure Dévotion,* c'est-à-dire, contre la dévotion la plus usuelle en Italie : celui *des défauts de la Jurisprudence*, critique très-vive de la pratique des Tribunaux, & de l'indolence des Princes sur cet objet, &c. sont sortis des presses de Pasquali, dont ils portent le nom, ainsi que les Dissertations du même Auteur sur *les Antiquités Italiennes du moyen âge*. Dissertations où cet Auteur a suivi à la lettre la première loi de l'Histoire, *ne quid falsi audeat, ne quid veri non audeat*. Le seul tempérament dont Pasquali ait usé à l'égard de ce dernier Ouvrage, s'est réduit à transférer à Milan le lieu de l'impression : *In Milano, à spese di J. B. Pasquali.*

Le même Imprimeur préparant, en l'année 1730, une très-belle édition du Guichardin, lui auroit fait tort dans le pays étranger, s'il n'y eût joint les deux fameux passages qui se trouvent imprimés à la fin du *Thuanus restitutus*, & que Chomedey a fait entrer dans sa vieille Traduction du Guichardin. L'Inquisition de Rome les avoit proscrits, par Décret du 7 Avril 1603, & ils sont prohi-

bés dans toute l'Italie, comme hérétiques au premier chef. Voici comment Pasquali s'arrangea pour les faire passer. Quelques jours avant la distribution des premiers exemplaires, il se presenta, d'un air pénétré de douleur, devant le Magistrat de la Librairie: » Je viens, lui dit-il, im-
» plorer toute l'autorité *del Principe*,
» contre une perfidie sans exemple
» dans notre profession. Vous sçavez
» quelles dépenses j'ai faites pour
» mon Guichardin qui va enfin pa-
» roître. Pour l'annoncer & en hâter
» le débit, j'en avois envoyé quel-
» ques feuilles aux principaux Li-
» braires de l'Europe; & ne voilà-
» t-il pas qu'un hérétique, un scélé-
» rat, un Pierre Gosse de la Haye,
» s'est avisé, sur cet échantillon,
» d'imprimer les *Duoi luoghi*, que
» vous connoissez! Il m'en a en-
» voyé quelques exemplaires, & il
» ne manquera pas d'en fournir tous
» ceux qui acheteront mon édition.
» J'entre dans votre peine, *caro*
» *Gian-Battista*, répliqua le Magis-
» trat d'un ton affligé; mais le mal
» me paroît sans reméde. Consolez-

» vous : le témoignage de votre
» conscience doit vous raſſurer. «
Sur cette pantalonade, également
bien jouée de part & d'autre, les
Duoi luoghi ont paſſé, & Paſquali les
a joints à ſon édition.

Le premier, qui regarde Alexandre VI. ou plutôt le Duc de Valentinois, fils de ce Pape, ne préſente qu'une anecdote à joindre à l'hiſtoire ſcandaleuſe de ce Pontife.

L'autre, qui offre l'échelle, pour ainſi dire, des degrés de l'aggrandiſſement temporel des Papes, eſt un morceau de main de Maître, & l'ouvrage d'une plume exercée à manier les faits, à les développer, à les réduire, & à les mettre dans tout leur jour. Je ne me ſuis pas trouvé bien à portée d'examiner ſi ce morceau eſt ou n'eſt pas de Guichardin. Si c'eſt une *fourrure*, ainſi que le diſent tous les Italiens, elle n'eſt ni de Cælius Secundus Curio, Traducteur Latin de Guichardin, & bon Proteſtant, ni d'aucun Proteſtant du ſeiziéme ſiécle. Ils n'avoient ni la connoiſſance profonde de l'hiſtoire, ni le ton d'impartialité qui

<small>VENISE.</small> caractérisent ce hors-d'œuvre. Or Frà Paolo avoit l'une & l'autre dans un égal degré; & je pense que, sans faire tort ni à sa réputation, ni à ce fragment, on pourroit le lui attribuer. Ses liaisons & ses correspondances le mettoient très-à-portée de jetter à la Cour de Rome cet os à ronger, sans qu'on pût soupçonner qu'il vînt de lui.

<small>Inquisition d'Etat.</small> Telles sont les facilités que l'on trouve à Venise avec cette Inquisition d'Etat, dont les relations nous font de si affreuses peintures. Elle n'est ni plus vigilante, ni plus cruelle que la Police de Paris, établie & fixée par un homme à qui les relations de sa famille avec Venise, n'ont pas été inutiles pour ce grand établissement; & ce fameux *Canal Orfano*, où l'on jette les gens cousus dans un sac, ressemble assez aux *Oubliettes*, où, suivant le peuple de Paris, on fait passer en France les gens suspects au Gouvernement. A la vûe des bouches de Lyon, toujours ouvertes pour recevoir les *denuncie secrete*, je ne pensai qu'à admirer la patience des *Sages-Grands*;

obligés par état à dévorer toutes les sottises dont ces bouches regorgeroient, si les Italiens n'étoient pas encore plus circonspects dans leurs écrits que dans leurs paroles.

Si cette circonspection peut être blâmable, c'est dans les Historiens, dont les écrits ne font la lumière de la vérité & l'école des mœurs, qu'autant qu'ils mettent également en évidence les vertus & les vices, les succès & les revers, avec leurs causes, soit prochaines, soit éloignées. Or c'est par où péche l'Histoire de Venise, qui jusqu'à préfent n'a été écrite que sous les yeux de la République, & comme l'a voulu cette République. Cette attention fut mise en défaut, par le *Squittinio della Libertà Veneta*, que la Cour de Rome lui avoit décoché : elle se sentit blessée au vif, & sa blessure eut besoin du plus violent topique qu'y appliqua Frà Paolo, en publiant son Histoire du Concile de Trente. Ayant eu moi-même occasion de la tâter dans un endroit beaucoup moins chatouilleux, j'y trouvai une sensibilité à laquelle je devois bien

VENISE.

Histoire de Venise.

m'attendre. Voici ce dont il s'agit en peu de mots :

VENISE.

Conjuration de 1618.

J'avois donné en 1756, une Discussion historique & critique sur la fameuse conjuration tramée contre Venise en 1618, par le Marquis de Bédemar, & si bien décrite par l'Abbé de Saint-Réal. D'après des autorités la plûpart contemporaines, releguant la conjuration dans le magasin des machines que la politique a fait jouer dans tous les temps, je n'y trouvois plus, en dernière analyse, qu'un stratagême imaginé par les Vénitiens, pour éloigner de Venise le Marquis de Bédemar, & pour se défaire, par la même commodité, de quelques gens suspects. Des Experts en cette matière, adoptant ce système, après l'avoir réfuté, l'avoient appuyé de nouvelles autorités, qui alloient jusqu'à jetter, sur toute cette affaire, un vernis de noirceur & de scélératesse, que j'en avois bonnement écarté.

Journal de Trévoux du mois d'Août 1756.

J'avois avec moi ces deux écrits ; & pour me fixer définitivement sur le fait qui en est l'objet, j'en parlai, dès la première vûe, à l'Avogador auquel j'étois recommandé. Il me demanda, avec un peu d'embarras, si cela avoit couru en France, comment on l'y avoit pris; si je connoissois l'Auteur qui avoit remué cette matière; s'il n'avoit point à se plaindre de la République, ou de quelque Vénitien? Au reste, ajouta-t-il, j'ai vu, examiné & étudié ces deux écrits: personne n'est plus en état que moi de vous donner les lumières que vous désirez; la garde des Archives de l'Etat est en partie attachée à ma place: je vous obtiendrai du Sénat la permission de les consulter, & vous pourrez vous convaincre, *de visu*, ainsi que je l'ai fait moi-même, de la vérité de tout ce qu'a écrit l'Abbé de Saint-Réal sur notre conjuration de 1618. Des amis de l'Avogador m'en parlèrent d'eux-mêmes sur le même ton, en me félicitant d'avance sur les lumières que j'allois puiser dans l'*Archivio*. L'Avogador me donna, pour ce travail, des rendez-vous, où il manqua. Lorsque je le rencontrois, il s'épuisoit en excuses & en promesses; & c'est tout ce que j'en pus tirer; dans le mois entier que je paſſai à Veniſe. La veille de mon départ, un de ſes amis m'ayant demandé des nouvelles de l'*Archivio*, je lui racontai où j'en étois: *Và fourbao ſto for Angelo*, me dit-il en riant, & en me ſerrant la main.

J'ai depuis trouvé, dans le Cabinet d'un Miniſtre de France, des plus diſtingués par ſes connoiſſances & par ſes talens, une partie des lumières que je n'avois pu trouver à Veniſe ſur cet objet de curioſité. J'y ai vu l'inſtruction même laiſſée par le Marquis de Bédemar à ſon ſucceſſeur dans l'Ambaſſade de Veniſe. Il y parle beaucoup de la conjuration de 1618, qu'il regarde du même œil & ſous le même point de vûe que l'Auteur de la Diſcuſſion : il la combat par toutes les invraiſemblances que cet Auteur a fait valoir ; enfin il n'y voit qu'un ſtratagême qui ne pouvoit en impoſer qu'à la populace de Veniſe, & qu'en effet le Sénat eut ſoin de concentrer dans l'enceinte des lagunes.

Cette inſtruction au reſte juſtifie bien l'idée que les Hiſtoriens nous donnent des talens & de la sagacité du Marquis de Bédemar. On en jugera par ce trait. Il recommande à son successeur à Venise, de faire une étude capitale de l'esprit, du caractère, des mœurs, des inclinations, des goûts, des liaisons, des vûes de fortune ou d'ambition, non-seulement des Chefs de la Noblesse & des Conseils, mais de chacun des Nobles, par les voix desquels passent toutes les délibérations du *Prégadi*. Cette étude m'avoit, dit-il, tellement réussi, que, pour connoître les résolutions, soit du Sénat, soit du Grand-Conseil, il me suffisoit d'être instruit de l'objet des délibérations. Avec la connoissance de cet objet, je m'enfermois dans mon cabinet; & combinant le *votum* de chaque Sénateur ou Noble, avec son caractère, ses vûes particulières, ses liaisons, &c. je formois le Décret, lequel, ajoute-t-il, étoit le même que celui du Sénat ou du Grand-Conseil; ensorte qu'il ne m'est arrivé que deux ou trois fois de ne pas rencontrer juste.

On trouvera parmi les Additions

VENISE. jointes au dernier Volume de ces *Observations*, la Discussion sur la conjuration de Venise, qui a donné lieu à cet article. Je l'ai augmentée des autorités que donnent en faveur de mon sentiment, & les *Memorie recondite* de Vittorio Siri & les Mémoires du Ministère du Cardinal de Richelieu. J'espère même pouvoir y joindre l'instruction du Marquis de Bédemar, dont je viens de parler.

Peur de M. le Président de Montesquieu. J'ignore si dans son voyage de Venise, M. le Président de Montesquieu avoit eu quelque curiosité de l'espèce de celle qui me réussit si mal, ou s'il s'étoit borné à recueillir des observations relatives à son travail sur l'*Esprit des Loix*. Il avoit beaucoup questionné & beaucoup écrit: ses écritures, qu'il tenoit presque en public, avoient inquiété l'Etat, & avant son départ, on lui en fit dire quelque chose: on ajouta même à cet avis, qu'il y avoit peut-être à craindre que dans la traversée de Venise à Fucina, il ne fût arrêté. Il partit avec cet avis & le *Canal Orfano* dans la tête. Vers le milieu de la traversée, il vit venir à lui, & roder autour de sa gondole, d'autres gondoles qui ne paroissoient point faire route. A cette vûe, la peur le saisit, & recourant à l'expédient du Castor poursuivi par les Chasseurs, il tira de son sac de nuit, & jetta à la mer tous les papiers qui contenoient ses observations sur Venise. On m'a assuré qu'on ne vouloit que le tâter, & qu'il auroit passé, s'il eût osé attendre l'abordage, pour lequel il n'y avoit point d'ordre.

Mort de la mere du Pape.

Les Archives que je n'avois pu voir, furent consultées & feuilletées pendant notre séjour à Venise, sur ce que pouvoit faire la République pour honorer les obséques de la mere du Pape. Comme il ne se trouva aucun exemple d'événement semblable, il fut résolu que la République n'y prendroit aucune part. On n'avoit point de conséquences à craindre pour l'avenir: mais ces sages Républicains n'agissent que sur l'autorité des exemples, même dans les choses sans conséquence. La mere du Pape fut donc inhumée, comme si son fils n'eût été qu'Evêque de Padoue. Elle étoit plus qu'octogénaire : elle avoit reçu les félicitations & les complimens sur l'Exaltation de son fils : la joie que lui avoit occasionné ce coup de fortune très-inopiné, avoit, disoit-on, précipité sa mort. Ses obséques se firent aux flambeaux, avec toute la magnificence que permettent les loix somptuaires. Le convoi défila à travers la place de Saint Marc, où nous le vîmes passer.

Il me reste à parler des divers chefs-d'œuvre de l'Art qui embellissent Venise. On en trouve le détail dans tant de livres:

Notior ut non sit canibus jam Delia nostris.

Le plus usuel de tous ces livres pour les Etrangers qui se trouvent à Venise, est certain Recueil imprimé en 1664, sous le titre de *Minere della Pittura* *: Recueil dont le sou-

---

* Voici un échantillon de cet Ouvrage, dans la description qu'il donne des fameuses noces de Cana de Paul Véronèse : *Nel refettorio di S. Giorgio maggiore, si vide quel sostanzioso convitto che in luogo di satollare il gusto di chi si trova presente, sem-*

venir me rappelle l'ennui dont il nous abreuvoit tous les jours.

VENISE.

Antiques.

Venise, aussi riche en tableaux de son Ecole, qu'elle me le parut peu en morceaux de sculpture moderne, posséde quelques Antiques des meilleurs temps & de la plus grande beauté.

Tels sont: 1°. les deux Lions de différente grandeur, qui défendent la porte de l'Arsenal. Ces Lions viennent de la Grèce, & l'on m'a dit que celui qui est d'une proportion colossale, est le même qui, dans le plus beau temps d'Athènes, placé à la pointe du Promontoire, *Sunium*, si célèbre dans l'Histoire d'A-

---

pre più gli accresce l'appetito: cosa così rara, che anche chi la sente à nominare, si rende così voglioso di goderla, che non stimando di partirsi dà paesi più lontani, corre à ossequiarla: talche di continuo vi si vedono Principi, e gran intendenti à pronunciar maraviglie. Non fa dunque di bisogno, nè è lecito, che una lucciola, per così dire, voglia arrogarsi di lumeggiare quel splendente Apollo che abbaglia con suoi splendori ogni altra lucidissima stella. Pag. 570. Tout l'ouvrage est sur ce ton d'apprêt, d'emphase & d'hyperbole.

thènes, lui avoit donné, parmi les Navigateurs des derniers siécles, le nom de *Capo-Leone*. Ce Lion, du plus beau marbre de Paros, accroupi du derrière, & dressé sur ses jambes de devant, a presque la sécheresse & la roideur de ces Lions du vieux Japon que l'on conserve dans quelques Cabinets *. En lui comparant le moindre petit Lion moderne, on voit avec étonnement à quel point nos Artistes se sont éloignés de l'antique simplicité, & combien ils prodiguent l'esprit, où les Grecs croyoient le devoir économiser.

2°. Les chevaux de Néron, transportés de Rome à Constantinople par le premier Empereur Chrétien, & apportés en 1208 de Constantinople à Venise. Ces chevaux très-bien conservés, & placés aujourd'hui au-dessus du frontispice de l'Eglise Patriarchale de Saint Marc, m'ont paru d'une proportion plus grande & plus légère que celui de Marc-Aurele du Capitole de Rome. On apperçoit encore quelques restes

---

* *Non est in toto corpore mica salis.*

de l'or moulu dont la magnificence & le mauvais goût de Constantin les avoit couverts. Seroit-ce par dédain, ou pour aversion pour les chevaux, que les Vénitiens, qui passent pour mauvais écuyers, auroient été loger là ceux de Néron ? Pensons plutôt qu'ils ont voulu les mettre à l'abri des incursions étrangères & des révolutions intestines : mais ce n'est pas posséder, que de posséder avec tant de précaution. Ils avoient un emplacement naturel aux quatre coins de la place de Saint Marc, ou en face de l'Eglise, vis-à-vis ces mâts qui portent les étendards de la République. Au reste, ces quatre chevaux, avec celui qui porte la statue du Général Coglione *, sont les seuls animaux de

* Cette statue, érigée en 1498, avoit été obtenue par ce Général, pour toute récompense de ses services. Il la vouloit dans la place de Saint Marc, vis-à-vis l'Eglise, & la République s'y étoit engagée : mais, par une équivoque peu digne de la majesté du Sénat Vénitien, on l'a placée dans un coin de Venise ; en un endroit, à la vérité, d'où le Général Coglione, dont on voit les armes

cette espèce que l'on pût rassembler dans tout Venise.

3°. La Collection d'Antiques entassée dans le vestibule de la Bibliothéque de Saint Marc. Ce sont tous morceaux Grecs ramassés dans la Morée & dans les Isles de l'Archipel, lorsqu'elles faisoient partie de l'Empire Vénitien. Parmi plusieurs piéces exquises, j'y remarquai une Léda caressée par le Cygne. Sous une attitude aussi simple que celle du Lion de l'Arsenal, on trouve dans cette figure l'expression la plus naïve, mais en même temps la plus vraie & la plus énergique de cette volupté qui fut si long-temps l'ame de toute la Grèce. Cette Collection, amoncelée dans un coin, pourroit meubler très-avantageusement une galerie, où chaque piéce gagneroit à être vûe en tout sens. La famille de

---

sur la base en piéces parlantes, paroît regarder les coupoles de Saint Marc, qui se découvrent de-là. Le Sénat vient d'ériger un monument à la mémoire de M. de Scullembourg, son dernier Général. Ce monument est une simple inscription placée dans la premiére cour de l'Arsenal.

Contarini, qui avoit rassemblé ces richesses dans le courant du seiziéme siécle, les a consacrées à la patrie & au Public, qui n'en jouit que très-imparfaitement, au moyen de cet emplacement peu favorable. Cette famille, la seconde de Venise en ancienneté, & la plus illustre dans les armes & dans les Lettres, est bien déchue de son antique splendeur: au moins à en juger par l'état d'un Noble de ce nom, que l'on me dit être très-peu aisé, & dont en effet tout l'extérieur annonçoit la plus grande pauvreté.

4°. La suite complette d'excellentes copies du *Musæum Capitolinum* & des meilleures antiques de Rome. J'ai parlé, à l'article de BOLOGNE, de cette Collection formée à grands frais par l'Abbé-Comte Farsetti, & des conditions sous lesquelles Benoît XIV. lui avoit permis de faire mouler le *Musæum* du Capitole.

Outre ces antiquités des meilleurs temps, Venise en possede d'autres du bas Empire ou du moyen âge. Le trésor de l'Eglise de Saint Marc, très-riche en ce genre, est formé de la part qui échut aux Vénitiens, dans le pillage du Palais des Empereurs de Constantinople, lorsqu'en 1205 cette Ville fut prise & sacagée par leurs forces combinées avec celles des François. La part qui échut à ces derniers, est aujourd'hui répandue dans diverses Eglises de France. La Cathédrale de Troyes en Champagne, la Collégiale de la même Ville, l'Abbaye de Clairvaux, &c. possédent plusieurs piéces très-précieuses, tirées de la même source, & qui leur ont été données, soit par les Comtes de Champagne, qui, ayant contribué pour beaucoup à cette expédition, eurent bonne part au butin, soit par l'Evêque de Troyes d'alors, qui étant le premier Aumônier de l'armée Françoise, s'étoit lotti ou partagé par ses propres mains.

La même Eglise de Saint Marc est entièrement incrustée de mosaïques presque toutes à fond d'or. Le pavé même, formé d'une mosaïque plus grossière, est partagé en compartimens chargés de figures disposées, dit-on, sur les desseins de l'Abbé

Joachim, fameux Visionnaire de l'onziéme siécle. Un de ces compartimens offre deux Coqs emportant un Renard : emblême prophétique, suivant les Historiens & le Peuple de Venise, des victoires de Charles VIII. & de Louis XII. Rois de France, sur le Duc Ludovic, qui s'étoit emparé du Duché de Milan, & s'y maintenoit moins par la force, que par la souplesse. Dans un autre, sont représentés des Lions très-gras nageant dans l'eau, vis-à-vis de Lions très-maigres, paissant en terre ferme : leçon emblématique & politique, sur laquelle les Vénitiens ont eu à se repentir de n'avoir pas toujours réglé leurs vûes & leurs projets. Au reste, si l'Abbé Joachim avoit le don de prophétie, il n'avoit pas celui du dessein : rien de plus lourdement croqué que toutes ces figures.

Il est inutile d'avertir, que le Lion est le symbole de Venise, parce qu'il l'étoit de Saint Marc, devenu Patron de la République, depuis le neuviéme siécle, date de la translation du corps de cet Evangéliste, de la Ville d'Alexandrie à Venise. Le Lion ailé, tenant un livre entre ses pattes, est venu, par degrés, jusqu'à représenter Saint Marc lui-même aux yeux des Vénitiens, qui communément décorent d'une auréole la tête de cet animal. Outre Saint Marc, Venise se vante de posséder encore le Proto-martyr Saint Etienne, Saint Athanase, & même quelques Saints de l'ancien Testament.

Les antiquités Vénitiennes du moyen âge, me rappellent deux grands tableaux du Vicentino, qui font partie de la décoration de la salle du *Prégadi*.

Dans l'un de ces tableaux, on voit Pepin, Roi d'Italie, & fils de Charlemagne, assiégeant Venise, qu'il ne pouvoit prendre que par famine : les Vénitiens lui jettent, de dessus les remparts, une prodigieuse quantité de pains : ce qui le détermine à lever le siége. Dans le tableau suivant, Pepin attaqué dans sa retraite essuie un combat naval, y succombe, & s'enfuit avec quelques vaisseaux délabrés. Indépendamment du silence des Historiens contemporains sur ces faits, que quelques-uns rapportent même à l'avantage de Pepin, la fiction se trahit par la contrariété qui regne entre les Historiens particuliers de Venise sur ces mêmes faits. Les Peintres enchérissant ensuite sur les Historiens, ont imaginé & ajouté le stratagême des pains jettés de dessus les remparts. Ainsi, pour l'honneur de la Maison de Charlemagne, & encore plus pour celui de la vérité, on peut reléguer ces événemens parmi les chimères dont chaque Nation a soin d'embellir son histoire. De cette étoffe est la fameuse bataille de Roncevaux, où les Espagnols font inhumainement périr Charlemagne, avec tous les compagnons de ses exploits & de ses conquêtes. *Rappellez-vous*, disoit à sa garnison le premier Duc d'Albe, assiégé dans Pampelune par les François, *rappellez-vous que sur ce terrein même, Charlemagne fut vaincu & déconfi, & qu'il y perdit ses douze Pairs* *.

___

*. *Accordad os que en la Tierra que de baxo de vuestros piés hollays, el Rí Carlo-*

VENISE.

A ces mensonges historico-politiques, on peut joindre la fameuse entrevue de Frédéric I. avec le Pape Alexandre III. dont Venise fut le théâtre, & que tous les Historiens, tous les Voyageurs, toutes les Relations s'accordent à rapporter d'une manière aussi désavantageuse au Pontife, par la hauteur indécente qu'il lui prêtent, qu'humiliante pour l'Empereur par la bassesse sous laquelle ils le montrent dans cette grande scène. On en trouve une Relation toute différente dans la Chronique de Romuald, Archevêque de Salerac. Ce Prélat, issu du sang Royal des Princes Normands, témoin oculaire & chef des Plénipotentiaires Napolitains à ce Congrès & au Traité que scella cette entrevûe, en parle ainsi, sous le mois d'Août 1177. » L'Empereur, » dit ce respectable Ecrivain, étant » abordé à la place de Saint Marc, » remplie de peuple qu'avoit attiré » ce grand spectacle, s'avança, avec

—————
Magno, fue vincido e despratiado, con muerte de sos doze Pares. Conquista di Navarra.

» son cortége, vers le portique de
» l'Eglise Patriarchale. Le Pape l'at-
» tendoit sous ce portique, revêtu
» de ses habits pontificaux, & en-
» vironné de Cardinaux & d'une
» foule de Prélats. Arrivé là, Frédé-
» ric quitta son manteau, & se jet-
» tant à terre, il baisa humblement
» les pieds du Pape. Emu & attendri
» à cet aspect, Alexandre s'empressa
» de relever Frédéric, l'embrassa
» tendrement, lui donna sa béné-
» diction, & l'introduisit dans l'Egli-
» se, où, après le *Te Deum* chanté
» en commun, il lui donna de nou-
» veau sa bénédiction. « Ce récit est
plus décent, plus vrai-semblable,
plus dans la nature, que la relation
répandue dans le peuple par les ennemis de Frédéric, qui eussent désiré
que les choses se fussent passées,
suivant leur passion qu'ils prêtoient
au Pape. Au lieu de cette hauteur,
de cette dureté, de cette atrocité
qu'ils mettent dans le procédé d'A-
lexandre, le récit de Romuald y
peint la tendresse & les entrailles
d'un pere commun. Mais alors, à
l'exception de quelques Prélats Na-

VENISE.

politains & Allemands, tout le Clergé de l'Europe, & par intérêt personnel & par esprit de corps, étoit ennemi des Empereurs : toute la science de ces siécles barbares étoit concentrée dans ce Clergé; il écrivoit l'Histoire d'après ses intérêts & ses préjugés, & il l'écrivoit comme le P. d'Orléans & d'autres Auteurs ont écrit les Révolutions d'Angleterre, &c.

Peintures. Les salles & tous les appartemens du Palais ducal, les Tribunaux particuliers répandus dans Venise, les *Scuole*, les Eglises, les Chapelles sont remplies de tableaux, parmi lesquels brillent ceux du Titien, du vieux Palme, de Paul Véronèse & du Tintoret.

Ceux du Titien & du vieux Palme, ou noircis par la fumée des cierges qu'on brûle en abondance dans les Eglises, ou dégradés par l'humidité de l'air de Venise, ne sont plus que l'ombre d'un grand nom : à peine y apperçoit-on quelques linéamens du dessein général & du contour de quelques parties. En plein midi, avec le jour & le soleil le plus favorable, je ne pus démêler autre chose dans l'Assomption, l'un des plus grands morceaux du Titien, placé au maître-autel de l'Eglise des *Frari* ou Cordeliers conventuels. De tous les tableaux de ce Maître, le fameux Saint Pierre Martyr, est le seul dont quelques parties se laissent appercevoir distinctement.

A ces débris du Titien ont survécu, pour ainsi dire, les morceaux très-nombreux de Jean Bellini, son Maître & le Chef de l'Ecole Vénitienne. Ces morceaux très-éloignés des graces & de la force du Titien, ont encore une fraîcheur *, qui ayant résisté à l'humidité de l'air & à la fumée des cierges, donneroient lieu de soupçonner que le Titien n'avoit pas moins abandonné son Maître dans la partie du coloris, que dans celle du dessein.

Paul Véronèse brille principalement dans cette première partie. Presque toutes ses compositions ont

_____
* Dans leur vieux style encore ont des graces nouvelles.

encore leur première fraîcheur. Il suffit de citer à ce sujet sa famille de Darius au Palais Pisani, son tableau de la sacristie de Saint Zacharie, ses noces de Cana au réfectoire de Saint George *, & les divers morceaux de lui répandus dans les plafonds du Palais ducal.

Ce Maître, se bornant à l'imitation des modèles que la Nature lui offroit à Venise, s'est peu occupé de ce beau idéal que se proposoient les Artistes Grecs, & que Cicéron a si bien défini, d'après l'étude de leurs compositions **. La Nature servoit

---

* Cette maison bâtie par le Palladio, ainsi que son Eglise, a une Bibliothéque située aussi avantageusement, que bien composée : on voit sur ses deux portes, deux emblêmes très-ingénieux sur les dispositions que l'on doit apporter à l'étude, & sur le fruit qu'on doit en retirer. Le corps de ces emblêmes est échappé de ma mémoire.

** *Illi artifices*, dit cet Orateur, à qui aucun objet de goût n'étoit étranger, *illi artifices, vel in simulachris, vel in picturis, cùm facerent Jovis formam aut Minervæ, non contemplabantur aliquem à quo similitudinem ducerent; sed ipsorum in mente insidebat species pulchritudinis eximia quædam,*

trop bien Paul Véronèse, pour qu'il pensât à voir au-delà. Le sang de Venise étoit de son temps, comme il l'est encore aujourd'hui, le plus beau sang de l'Italie. Il lui offroit dans l'un & l'autre sexe, les plus beaux modèles de têtes, de bras & de mains. Simple copiste en ces parties, il n'a rien cherché au-delà de ce qu'il avoit sous les yeux pour l'attitude, le caractère & l'habillement de ses figures, qui ont toutes l'air de portraits, mais de portraits animés & vivans. Telle est la Mariée de ses noces de Cana. Les plus habiles Peintres ont essayé de la copier ; mais aucun n'a pu saisir ni rendre cette fleur, cette ame, *questa bella vita*, qui anime tous les traits de sa physionomie. Ce chef d'œuvre est l'ouvrage de l'amour : l'original de cette Mariée étoit une très-belle personne dont Paul Véronèse étoit alors amoureux. La tradition a conservé une autre anecdote sur un

quam intuentes, in eâque defixi, ad illius similitudinem artem & manum dirigebant. Cic. Orat. init.

Moine & une femme qui se font des grimaces, de deux balcons opposés servant de couronnement à l'architecture qui fait le fond de cette admirable composition. Suivant la même tradition, Paul ayant eu quelque démêlé avec le Frere Dépensier, le plaça là jouant de la prunelle avec une femme qu'il entretenoit. Le démêlé, envenimé & aggravé par cette vengeance pittoresque, eut des suites que l'on peut dire funestes, puisqu'il détermina l'Artiste à rompre les engagemens qu'il avoit pris pour peindre le réfectoire dans toutes ses parties, y compris le plafond.

Paul Véronèse, copiste, mais copiste inimitable dans les détails, est l'un des plus grands Peintres dans l'ordonnance générale de ses compositions, & dans la distribution de leurs parties. Il l'est aussi dans quelques morceaux, où la hardiesse & la force des idées sont relevées par l'exactitude & la précision du dessein. Tel est le tableau du plafond que l'on voit dans la salle du Conseil des Dix. Les vices soumis à l'animadversion de ce Tribunal, foudroyés & précipités dans les Enfers, conservent, dans leur chûte, chacun son caractère particulier. Michel-Ange & les Carraches n'ont rien de plus sublime pour l'idée, ni de plus correct dans l'exécution.

Le Tintoret, sans avoir pris ses modèles, ni dans la nature, ni dans le beau idéal, s'étoit fait, d'après son propre génie, une manière fière & terrible, mais qui tombe souvent dans la sécheresse & dans la dureté *. Les édifices publics & particuliers, les rues même de Venise fourmillent, pour ainsi dire, de ses compositions, dont les plus admirables sont celles où il s'est le plus abandonné à l'impétuosité de son génie. Telle est l'Annonciation de l'École de Saint Roch, dont j'ai parlé. Toute la nature en commotion, le mur de la chambre de la Vierge qui s'écroule, l'Ange entrant à plein vol dans cette chambre : quelles plus grandes images l'imagination pou-

---
* C'est le *præcipitatus liber spiritus* de Pétrone.

voit-elle se former pour rendre le *turbata est* de l'Ecriture, & l'instant du plus grand des Mystères? Un pinceau si expéditif, livré à un génie très-fécond, n'étoit pas fait pour les détails qu'exige le coloris. Aussi celui du Tintoret est-il généralement une espèce de camayeu noir sur un fond jaune. Dans son Jugement universel, qui remplit toute la face de la salle du *Prégadi* au-dessus du thrône, (piéce qui, par la place qu'elle occupe, exigeoit les plus grandes attentions pour l'exécution), les grouppes d'Anges répandus sur des nuages, ressemblent, au premier coup d'œil, à des Diables dans des chaudières. Le seul morceau vraiment colorié que j'aie vu de ce Maître, sont de très-belles noces de Cana, conservées dans la sacristie de *la Salute*.

La République posséde avec jalousie ces morceaux des grands Maîtres de son Ecole : jalousie qui se borne à empêcher leur exportation, mais qui ne s'occupe point des soins très-légers auxquels est attachée leur conservation. Or c'est le comble de l'aveuglement de cette passion, que d'interdire à autrui l'usage d'un bien qu'on laisse périr entre les mains. Si la République croit au-dessous d'elle les attentions qui préviendroient & arrêteroient le dépérissement insensible de ces chefs-d'œuvres, au moins devroit-elle empêcher leur destruction formelle. Le trésor de l'Eglise de San-Marcuola offre de tristes monumens en ce dernier genre. On m'y fit voir trois grands morceaux du Titien, du Tintoret & du vieux Palme, qui, après avoir pourri en paquet sur les voûtes de l'Eglise, n'offrent plus que des lambeaux & de tristes débris.

Venise.

Si la Justice n'étoit pas rendue à Venise, ce ne seroit ni faute de Juges, ni faute de Tribunaux. Comme chaque partie du Gouvernement est distribuée entre différens Conseils, chaque partie de la Législation civile & criminelle, de la police de jour & de nuit, &c. a plusieurs Tribunaux & différens dégrés de Jurisdiction. Ces Siéges inférieurs & supérieurs ne sont occupés que par la

Jurisdictions de Venise.

Noblesse, qui a pour Assesseurs des Avocats & Jurisconsultes Citadins. Pour donner une idée du nombre & de la multiplicité des Tribunaux de Venise, il suffit de dire qu'elle excéde celle des Jurisdictions & des Siéges qui forment à Paris ce que l'on y appelle l'état de la Robe, & dont le détail remplit la plus grande partie de l'Almanach Royal. On ne m'accusera peut-être pas d'excéder à cet égard, lorsque l'on sçaura que les différens objets dont le Châtelet connoît en première instance, sont partagés à Venise entre, 1°. le Tribunal de *Propriété*, où se portent les contestations, soit au pétitoire, soit au possessoire, au sujet des maisons renfermées dans la Ville & Isles adjacentes ; 2°. le Tribunal des *petits Procurateurs*, qui connoissent des mêmes contestations, au sujet de biens situés en terre ferme, des comptes de tutelle, & de l'exécution des contrats de mariage ; 3°. celui des *Etrangers*, qui prononce entre les Vénitiens & les Etrangers, pendant leur séjour à Venise, & qui connoît de l'exécution des baux à loyer ; 4°. celui des *Demandes*, où se portent les contestations sur les promesses & billets ; 5°. celui des *Mobili*, établi pour statuer sur les plus petits intérêts ; 6°. les *Cattaveri*, qui connoissent des dépôts & des choses perdues ou trouvés ; 7°. les *Pioveggi*, qui prononcent sur les contrats, les stipulations, les intérêts d'argent, & qui ont l'inspection sur l'alignement des rues ; 8°. celui des *Sopragastaldi*, pardevant qui se poursuivent les saisies & ventes de meubles, les licitations, les décrets, & auprès desquels on se pourvoit pour l'exécution des Sentences des autres Tribunaux ; 9°. les *Examinateurs*, qui font les enquêtes, & qui, mettant le sceau aux adjudications par décret, aux ventes, aux aliénations, aux donations, aux testamens, sont saisis de toutes les contestations relatives à cet objet ; 10°. enfin les *Prefetti della notte*, à qui les taxes de dépens des autres Tribunaux, & les instances entre les Maîtres & les Domestiques, sont attribués.

Je suis entré dans ce détail, tant pour justifier ce que j'ai avancé sur la multiplicité des Tribunaux de Venise, que pour faire remarquer aux Connoisseurs en ce genre, la combinaison politique qui a distribué & croisé la compétence & les pouvoirs de ces différens Tribunaux. La même politique a réparti la connoissance des appels entre plusieurs Tribunaux, où autrefois, ainsi que dans nos pays Septentrionaux, les Intimés avoient pour Avocats sur l'appel, les premiers Juges, obligés de soutenir en leur propre & privé nom, le bien-jugé de leurs Sentences. La proscription universelle de cet usage, a contribué, par bien des raisons, à multiplier les procès, en les éternisant.

Je suivis une cause au Tribunal des *Examinateurs*, qui a son siége au bas du pont de Rialte. Il s'agissoit d'un testament attaqué par les héritiers du Testateur. Les Avocats traitèrent cette affaire sommairement, avec une précision & une netteté qui n'excluoient point la chaleur dans les endroits qui en étoient susceptibles.

Je suivis aussi une cause d'appel

au Tribunal de la Garantie Civile. Les Parties dans cette cauſe étoient les Armateurs & les Aſſureurs d'un bâtiment péri à la vûe du port d'Alexandrie. Les plaidoyers n'étoient autre choſe qu'un commentaire perpétuel que faiſoient les Avocats ſur des Mémoires imprimés, que liſoit une eſpèce de *Raconteur*, avec une prononciation monotone, rauque & aigre. Jamais Comédie Italienne ne m'a autant amuſé que la plaidoierie de l'un de ces Avocats. Dans une ſalle longue & peu large, il occupoit une niche ouverte, ſur une eſtrade élevée dans la largeur de la ſalle, vis-à-vis du Tribunal; & à la même hauteur, à ſa droite, étoit ſon *Raconteur*. A chaque phraſe, à chaque ligne, à chaque mot, il prenoit la parole, répétoit les termes du Mémoire, rappelloit ce qui avoit déja été dit, développoit le fait ou le moyen annoncé par le Mémoire, le tout avec la chaleur, le feu & les cris d'un énergumène. Ce feu animoit toute ſon action. Il battoit les colonnes qui ſoutenoient ſa niche, deſcendoit dans le plein-pied, montoit au Tribunal, portoit les doigts dans les yeux du Préſident, redeſcendoit enſuite, & remontoit à reculons à ſa niche, où, tandis que le *Raconteur*, à qui il crioit *avanti*, paſſoit à une nouvelle phraſe, il s'eſſuyoit & reprenoit des forces pour une nouvelle convulſion. La ſeconde ou troiſiéme ligne de la phraſe repriſe, la déterminoit. Le *Raconteur* nazillard alloit cependant toujours ſon train, formant une eſpèce de baſſe continue aux cris de l'Avocat, qui, dans les endroits les plus déciſifs, lui ſautoit au collet, & lui fermoit la bouche avec la main. Nous étions alors dans les plus grandes chaleurs des premiers jours du mois d'Août; & il eſt aiſé d'imaginer quels flots de ſueur couloient, au milieu de telles convulſions, d'un corps affublé d'une énorme perruque, qui, également diſtribuée par-devant & par-derrière, tomboit juſqu'à la ceinture. Il eſt vrai qu'il n'avoit pour tout habillement, que ſa chemiſe & la ſoutane Vénitienne, qu'il avoit détaché par degrés le collet de la robe & de la chemife; enfin que la chemife, débraillée & flottante, étoit ouverte jufqu'à l'ombilic, ce qui lui donnoit, pour s'effuyer, une aifance dont il ufoit en toute liberté. Cette plaidoirie, ou plutôt cette fcène, dura cinq heures en deux audiences. L'Avocat adverfe, fans mettre autant de frénéfie dans fon plaidoyer, y mit plus de force & de dignité. Je le fuivis avec autant de plaifir que d'attention, malgré la peine que faifoit à mes oreilles la très-défagréable prononciation du *Raconteur*. A peine pouvois-je faifir quelques mots de ce que cet homme lifoit, quoique j'entendiffe très-bien tout ce que difoit l'Avocat. J'euffe été d'autant moins étonné de n'entendre ni l'un ni l'autre, que le dialecte Vénitien eft le feul ufité dans les Mémoires & dans les Plaidoyers, ainfi que dans toutes les délibérations qui concernent l'Etat.

Les Avocats, tous Citadins, jouiffent à Venife de la même confidération qu'à Paris. Le Barreau ouvre à ceux qui ne veulent pas s'y fixer, le chemin aux grandes dignités que

VENISE. la République a réservées au second Ordre des Citoyens; & il est une source assurée de richesses pour ceux qui, après y avoir paru avec éclat, se consacrent aux Consultations. Plusieurs de ces derniers ont de grandes possessions & de belles terres; leur état differe peu de celui de la Noblesse, qui d'ailleurs vit de pair avec eux.

Par ce que je viens de dire du Barreau de Venise, on voit qu'il est aussi voisin des grands mouvemens de l'Eloquence Grecque & Romaine, que les Auditoires de nos pays septentrionaux en sont éloignés. C'est sur-tout dans les affaires criminelles que se déployent ces grands mouvemens. C'est en pleine audience que l'Accusateur, qui est toujours l'un des *Avogadors*, forme sa demande sur l'exposé des faits & des preuves. L'Accusé y répond, par le ministère d'Avocat; & si son état & sa pauvreté ne lui permettent pas d'en payer un, sa cause est plaidée par l'un des Avocats du Collége particulier, que la République gage à cet effet. Les ressources, qui étoient si familières

familières aux Grecs & aux Latins pour les causes de cette espèce, sont épuisées dans ces audiences. Les armes, les poignards, & tous les instrumens du crime, les enfans, la femme, les parens de l'Accusé, sont présentés aux Juges par l'Accusateur & par le Défenseur de l'Accusé : en un mot, ces plaidoyers, ainsi que toute la manière de procéder en matière criminelle, sont les mêmes à Venise qu'ils étoient à Athènes & à Rome. Si cette manière de procéder a été abandonnée dans nos pays Septentrionaux, c'est moins sans doute par un choix réfléchi, que parce que les Ecclésiastiques, longtemps maîtres de tous les Tribunaux, y ont introduit, sur-tout en matière criminelle, les formes du Droit Canonique, qui leur étoit le plus familier; c'est-à-dire, celles que les Papes avoient imaginées pour l'Inquisition.

Deux causes principales ont enlevé à Venise le premier rang qu'elle a long-temps tenu parmi les Villes, ou plutôt parmi les Nations commerçantes de l'Europe : la découverte du Cap de Bonne-Espérance; & l'interdiction du commerce à la Noblesse.

Avant la découverte du Cap de Bonne-Espérance, elle étoit l'entrepôt de l'Europe & de l'Asie, la courtière de toutes les marchandises qui entroient dans le commerce de ces deux parties du Monde, & la banque des richesses qui en formoient le fond : en un mot, n'ayant de concurrens que les Pisans & les Génois, elle fournissoit à tout ce que la Hollande, l'Angleterre & la France font aujourd'hui en ce genre, déduction faite néanmoins de l'augmentation que le luxe y apporte. Ce commerce étoit d'autant plus brillant, qu'il étoit exercé par la Noblesse & par les premières Maisons de l'Etat, qui, gouverné alors par le même esprit que ces Maisons, n'avoit que le commerce pour but & pour objet dans ses guerres, dans ses conquêtes, dans ses traités.

Quelle différence entre cet esprit & celui qui animoit dans les mêmes temps les principaux Etats de l'Europe ! Le commerce livré aux Juifs

& aux Lombards, n'étoit, aux yeux des Souverains & des plus petits Seigneurs de nos pays Septentrionaux, qu'une ressource dont ils usoient journellement, par les avanies réglées dont ils le chargeoient au profit de leur fisc : ressource qu'ils épuisoient souvent par des avanies extraordinaires, dont l'Histoire nous offre plusieurs exemples. Les Lombards & les Juifs réparoient leurs pertes par des usures énormes que leur passoient les Souverains, dans l'espérance d'y avoir part. De-là, l'exécration & le mépris des Peuples pour le commerce & pour ceux qui l'exerçoient : de-là, les principes que les Scholastiques établirent alors sur l'usure : principes * que

---

* Ces principes n'ont jamais eu lieu à Venise, où le commerce a toujours été en honneur. L'argent, qui en est le nerf, regardé comme la première des denrées, produit des intérêts, ou plutôt se vend ou s'engage au prix convenu entre l'acheteur & le vendeur. Les contestations sur ces traités se portent au Tribunal des *Pioveggi*, qui régle les intérêts, ou *ex scripto*, ou *bonâ fide*, *pro ratâ lucri cessantis & damni emergentis*.

VENISE. les révolutions dans l'état du commerce n'ont point encore changés parmi quelques Nations, d'ailleurs très-éclairées. Qu'il y avoit loin des idées de ces siécles ténébreux, à celles que l'Auteur de la *Noblesse Commerçante* a si bien développées ! A mesure que ces dernières se sont répandues & ont gagné en Europe, elles ont perdu à Venise, où l'on met aujourd'hui, entre un Noble & un Négociant, la même différence que voit le peuple de Paris entre un Duc & Pair & un Marchand de la rue Saint Denis*.

Vers le commencement du quinziéme siécle, la chimère de la gloire militaire, prenant la place des vieilles idées roturières, changea le

---

* Je trouve cependant à la tête d'un Ouvrage du quatorziéme siécle, une Dédicace à un Noble Vénitien, qui y est loué de ce que, *con generosa inclinazione di natura, e con giudicioza disposizione di volontà, così maravigliosamente hà congiunto il fastidio e l'obligata circospezione della mercantia, con la signorile e libera condizione della Nobiltà . . . . . e l'esercizio della Mercanzia con la vita e i pensieri di Signor grande.*

système de la République, aspira à des conquêtes indépendantes du commerce, enleva au commerce la Noblesse, dont il avoit fait jusqu'alors la plus solide grandeur, & conduisit la République à deux doigts de sa ruine.

Par des efforts qui l'ont épuisée, elle a conservé une partie de ses conquêtes ambitieuses : mais cette politique inquiette & toujours en action, qui est devenue le grand ressort de son Gouvernement, vaut-elle ces principes simples par lesquels, dans ses temps les plus brillans, l'Etat se gouvernoit comme un comptoir & un magasin ?

Cependant c'est encore ce même commerce qui fournit à la République les plus prompts secours, dans ses plus grands besoins, par l'aggrégation à la Noblesse des plus riches Maisons de commerce, moyennant une contribution proportionnée à la grandeur du bienfait ; c'est aussi ce même commerce qui soutient les Maisons Nobles contre la dérogeance qu'ils craignent d'y rencontrer : la plus grande partie de leurs fonds est dans le commerce ou dans la banque. Qu'en arrive-t-il ? L'intérêt de l'Etat est sacrifié à l'intérêt particulier, d'autant plus hardi, qu'il a plus de soin de se cacher. En voici un exemple. Des sociétés entre de riches Négocians de Terre-Ferme, avoient réussi à établir à Véronne & à Padoue des manufactures très-considérables de soieries. Ces établissemens avoient donné de l'ombrage à la Noblesse intéressée dans les manufactures établies à Venise sous ses yeux. Après les avoir traversés sourdement, mais sans succès, on en vint à doubler sur leurs productions réputées étrangères, les droits d'entrée à Venise & de sortie de l'Etat Vénitien. Enfin ces brillans établissemens, malgré tous leurs droits à la protection de l'Etat, ont été, sous son nom, molestés, vexés, harcelés à un point qui a entraîné & décidé leur ruine.

Dans ses Etats héréditaires d'Italie, l'Impératrice-Reine agit sur des principes bien différens ; une partie du produit de ces établissemens est destiné à alimenter les fabriques qui s'y soutiennent encore au moyen de ce secours.

 L'Imprimerie établie à Venise par un François nommé Nicolas Janson, sans être aujourd'hui dans cet état brillant où l'avoient portée les talens, les travaux & le désintéressement des Manuces, des Giuntes, des Giolito, des Bévilacqua, &c. forme encore une des principales branches du commerce actuel de Venise. Plusieurs Maisons Nobles jettent des fonds dans ce commerce, imitant de loin, clandestinement & par vûe d'intérêt, la *Société Palatine*, composée des premiers Seigneurs de Milan, qui l'ont formée & la soutiennent à visage découvert, pour le bien des Lettres & l'avancement des Sciences : motifs dont aucun visage, quelque noble qu'il soit, n'eut jamais à rougir.

 L'Imprimerie de Jean-Baptiste Pasquali, l'une des meilleures & des plus occupées de Venise, roule, pour la plus grande partie, sur les fonds de M. Joseph Smith, riche Anglois, qui a vieilli dans le Consulat d'Angleterre à Venise, où il a

E iv

formé de nombreuses collections de livres, de tableaux, de desseins, d'antiques, &c. Toute l'Europe connoît les cartons originaux de Sébastiano Ricci & de Carlo Cignani, qu'il possede & qu'il a mis dans le Public, par les gravûres de Jean-Michel Liotard, Génevois, faites chez lui & sous ses yeux, avec autant de dépense que de goût. Il eût pu épargner à ce même Public la longue & pesante description de ces morceaux, qui remplit un Volume *in-*4°. sans rien ajouter au prix des desseins, ni au mérite des gravûres qu'elle annonce. A l'égard de ces collections, ce M. Smith est le pendant d'un Académicien François, duquel M. de Boze disoit dans son éloge : » Content d'une propriété » passagère qui lui donnoit toujours » les premiers & les plus vifs plaisirs » de la possession, il devint habile » dans l'art de prévenir avantageu- » sement les dégoûts, & de multi- » plier ses connoissances par le nom- » bre & le changement de ses acqui- » sitions. «

Au moyen des loix somptuaires,

les manufactures du pays Vénitien suffisent à sa consommation. Conformément à l'esprit du Gouvernement, elles visent moins au brillant qu'à la solidité : aucun pays de l'Europe ne fabrique du velours à la Reine & des bas de soie d'un meilleur usé. Ses glaces & ses galons qui se répandoient autrefois dans toute l'Europe, ne vont plus que dans le Levant. Sa thériaque jouit encore de toute sa réputation, qu'elle doit à l'apareil avec lequel elle est composée sous les yeux de la Seigneurie. Les cires que Venise tire de la Dalmatie, de la Grèce & de tout le Levant, occupent un grand nombre de manufactures, où, après les avoir blanchies, on les convertit en bougies, dont les plus belles ne se vendent qu'environ trente sols de France la livre.

Quant au commerce étranger, il n'y a presque plus de relation ou de correspondance à cet égard entre Venise & l'Europe, que par les toiles fines & les toiles peintes qu'elle tire de la Suisse, & par les cotons du Levant & les drogues propres à la

VENISE.

teinture qu'elle remet en Suisse : commerce qui se fait pour la plus grande partie par des Maisons Suisses établies à Venise. Il n'est aucune Nation qui n'y ait quelques Maisons considérables. Le commerce de ces Maisons commence avec le pays d'où elles sont sorties : mais venant bientôt à tomber, soit faute d'aliment, soit par les difficultés de la communication, ces Maisons alors se jettent dans les spéculations Vénitiennes, & le plus souvent dans la banque.

L'une de ces Maisons que nous avons le plus vues à Venise, étoit celle de M. le Roy, qui, après avoir rempli, pendant la plus grande partie de sa vie, le Consulat de France à Constantinople, étoit venu avec sa famille s'établir à Venise, où il faisoit dans le Levant un commerce fondé sur les relations que son Consulat lui avoit procurées. Avec l'habillement Turc, il a conservé une haute estime pour les mœurs, la franchise & la probité des Turcs. Il a chez lui un appartement complet & entièrement meublé à la Turque.

Nous passâmes très-agréablement une demi-journée dans cet appartement, avec le Maître de la maison, sa famille & quelques Etrangers. Nous étions assis & servis a la Turque; c'est-à-dire, qu'étendus sur une grande estrade, & appuyés sur des carreaux, on nous servoit, de demi-heure en demi-heure, du thé, du caffé, du chocolat, des pipes, de l'eau-de-vie, du pillau. Cette façon de vivre, accommodée au climat du Levant, est très-propre à la méditation & aux idées mélancoliques auxquelles les Lévantins aiment à se livrer. Nous étions très-éloignés de pareilles idées; & les Turcs dont nos jarrets imitoient mal l'attitude, fournirent la principale matière à notre conversation.

 Le Cardinal de Bernis avoit laissé à Venise le nom François dans la plus haute considération. C'est à cette considération personnelle dont ce Ministre jouissoit dans toute l'Italie, qu'il a dû le peu d'attention que fit le Pape actuel à toutes les machinations que des ennemis aussi actifs qu'irréconciliables, opposerent à sa promotion au Cardinalat. C'étoit peu pour eux d'avoir ameuté les Romains, qui, pensant le plus pacifiquement sur les contestations du Clergé de France, voyoient encore avec des yeux ultramontains, la fermeté des Parlemens. Pour lui faire des ennemis plus certains, par une supposition manifeste, on avoit répandu, comme Ouvrages de lui, quelques Collections où ses Poësies les moins sévères étoient mêlées avec les piéces les plus licencieuses des Rousseau, des Grécourt, &c. Le Pape opposa à toutes ces batteries, la connoissance qu'il avoit eue par lui-même, comme Evêque de Padoue, par sa famille & par ses amis, de la conduite de l'Ambassadeur, & l'estime dont les plus grands connoisseurs de Venise étoient pénétrés pour sa personne, ses talens & sa prudente circonspection. Si j'en crois ce que j'ai sçu à Venise de bonne part, l'étonnante révolution arrivée depuis dix ans, dans le systême politique de l'Europe, a son principe dans un vers du *Philosophe de Sans-Souci*, peu obligeant pour le Cardinal de Bernis.

Depuis la chûte du grand commerce de Venife, la population de fes Etats, tant dans les lagunes, qu'en terre-ferme, diminue fenfiblement : les Etrangers que le commerce y fixoit, ne rempliffant plus les bréches que fait à la population le nombre prodigieux de Prêtres & de Monaftères des deux fexes.

Les Ifles de Torcello, de Burano & de Mazorbo, offrent de triftes exemples en ce genre : ces Ifles très-peuplées, avant même que Venife fût formée, n'ont plus qu'un très-petit nombre d'habitans. Prefque tout leur terrein appartient à divers établiffemens Religieux, anciens & modernes, qui, quant à la population, ont mis ces Ifles dans l'état où la mer a mis celles de Conftanziaco & d'Amiano qu'elle a englouties. Pour achever de les épuifer, les Ecoles-Pies & les Sommafques tiennent en concurrence deux Colléges à Burano. La Jeuneffe, formée dans ces Colléges, abandonne le métier de fes peres : elle aime mieux se jetter dans les Monaſtères & dans les Paroiſſes de Veniſe, que de reprendre la bêche ou le filet. Les filles, qui n'ont perſonne à qui ſe marier, vont périr à Veniſe dans la ſervitude ou dans le libertinage. Les Monaſtères engloutiſſent celles qui, avec quelque bien, ont eu une ſorte d'éducation.

L'air de ces Iſles, dont le ſol eſt un limon très-gras, s'épaiſſit & devient dangereux, en proportion de leur dépeuplement. Ce mauvais air a ſervi de prétexte à l'Evêque de Torcello pour transférer ſon habitation à Murano. Les mêmes cauſes agiſſent & ſe font ſentir dans l'Etat de Terre-Ferme*.

---

* Voyez ci-après ce qui eſt dit à l'article de FOLIGNY, ſur les cauſes & ſur les effets du mauvais air de la Campagne de Rome. Voyez auſſi l'article de NAPLES initio.

PADOUE.

De Venise, la *péote* ou galiote ordinaire nous conduisit à Padoue, à travers les lagunes. Après cinq milles de navigation, on les quitte à Lizza-Fucina, pour entrer dans la Brenta, dont les eaux soutenues forment un canal sur lequel on navige avec une égale facilité, soit en montant, soit en descendant. La *péote* étoit remplie de Vénitiens qui alloient en villégiature dans ces belles maisons que la Noblesse & la riche Bourgeoisie de Venise habitent en Eté sur les bords de la Brenta. Ces voyageurs étoient uniformément habillés de camelot musc, sans col ni manchettes, & avec le mouchoir de soie autour du col. Ils observèrent, dans toute la route, le silence le plus exact : ils ne le rompirent même pas pour nous avertir du danger de certaines huîtres que nous offrirent des espions de l'Etat déguisés en pêcheurs, & qui, pour colorer leur espionnage, viennent à différentes hauteurs préſenter ces coquillages aux paſſagers. Mon compagnon de voyage qui les aime beaucoup, en acheta un panier, en offrit à nos Vénitiens, qui les refuſerent d'un ſigne de tête, en mangea beaucoup, m'en fit manger quelques-unes, & abandonna le reſte à nos Domeſtiques. Je dirai tout-à-l'heure comment nous nous en trouvâmes.

PADOUE.

Le territoire qu'arroſe la Brenta, eſt un paradis terreſtre. On ne voit nulle part des campagnes plus fertiles, mieux cultivées, ni terminées plus agréablement : elles ſont preſque couvertes de maiſons ſituées au milieu de vaſtes enclos, bâties, la plus grande partie, par le Palladio ou par ſes Eléves, ſur des deſſeins & des plans dont aucun ne ſe reſſemble, enfin ayant toutes leur face principale & leurs vûes ſur la rivière.

J'ai lu quelque part que tout le terrein que parcourt cette rivière, depuis Lizza-Fucina juſqu'à Padoue, eſt un attériſſement, & que Padoue, dans ſon origine, avoit été bâtie sur le bord de la mer. C'est sans doute une simple conjecture que favorise le coup d'œil du terrein & l'examen du sol, mais qui n'a en sa faveur que l'autorité de Strabon, qui dit vaguement que Padoue fut bâtie dans le voisinage des lagunes. Au moins est-il de fait que les Vénitiens, pour assurer leurs lagunes contre les progrès des attérissemens, ont détourné la plus grande partie des eaux de la Brenta, sur la partie de ces lagunes, où l'eau un peu plus vive qu'à l'embouchure naturelle de cette rivière, permet moins au dépôt de se fixer *.

Je partageai, dans ce voyage, mon attention entre ces belles maisons que nous parcourions, pour ainsi dire, & un Livre imprimé à Venise en 1669, & intitulé, l'*Arcadia in Brenta, overo la Maninconia sbandita*. C'est un recueil assez supportable de bons mots & de propos

---

* Le canal qui débouche à Chiozza, avoit été imaginé & exécuté par les Romains, sous le nom de *fossa Claudia*. V. Plin. L. 3. c. 16.

joyeux que l'on suppose tenus dans la voiture qui nous portoit, par des Vénitiens moins silencieux que les nôtres.

Il ne me fut pas aussi facile qu'il l'avoit été à M. Adisson, de reconnoître dans la Brenta, le Timave, ni son embouchure *.

Léandro Alberti, frappé du peu de convenance de cette magnifique description avec l'état de la Brenta, l'a transportée à une rivière qui porte encore le nom de *Fonte-Timao*. Cette très-petite rivière qui coule

---

* Dans le *Thesaurus* de Burmann, tome 4. Voyez sur cet objet une Dissertation d'un Paul Pincio, qui ne vous apprendra pas grande chose.

Unde per ora novem vasto cum murmure
montis
It mare præruptum, & pelago premit arva
sonanti ;

—Virgile ajoute :

Hic tamen ille urbem Patavi, sedesque lo-
cavit
Teucrorum.

dans le Frioul, fort en effet, par plusieurs embouchures, du pied des monts *del Carso*; & après un cours d'un quart de lieue, elle se jette dans le golfe de Trieste: au moins est-ce ainsi que la représente une carte géographique très-détaillée du Frioul, placée à la tête de l'Histoire qu'a donnée le Moisesso, de la guerre que la République de Venise soutint dans ce pays au commencement du dernier siécle.

Si la description de Virgile paroissoit encore trop magnifique pour un aussi foible ruisseau, je n'avois vu aucun fleuve dans le voisinage de Padoue, à qui elle pût mieux convenir qu'au Pô lui-même & à ses diverses embouchures, dont chacune forme en effet une mer, *mare præruptum*. Il est vrai que le *montis* seroit déplacé, n'y ayant pas même apparence de montagne vers les embouchures du Pô. Ainsi il faut en revenir, avec le torrent des Commentateurs, à voir dans Virgile Anténor acculé dans le fond du golfe de la mer Adriatique, faire une descente dans la Croatie, *Regna Libur-*

norum : de-là, en suivant les côtes, courir le golfe de Trieste, y reconnoître le pays, *frontem superare Timavi*, & ne jugeant pas ce pays montueux & stérile, propre à l'établissement qu'il méditoit, venir enfin le former sur les bords de la Brenta, ce qu'acheveroit de démontrer son tombeau que l'on montre à Padoue, si malheureusement l'inscription latine du tombeau n'étoit pas en caractères d'un gothique bien décidé. Il ne restera plus aux Grammairiens, qu'à disculper Virgile de l'emphase qu'il a mise dans cette description, que Silius Italicus a imitée dans celle du Rubicon que j'ai rapportée en parlant de cette rivière.

Nous arrivâmes d'assez bonne heure à Padoue, sans autre incommodité dans la route, que celle du changement de barque à Oriago, où le canal de la Brenta, moins large & moins profond que vers son embouchure, ne peut plus porter les mêmes barques. Pour transporter notre bagage dans la barque de rechange, vingt coquins nous vinrent offrir leurs services. Sur notre réponse, que nous en userions comme les Vénitiens de notre compagnie, qui employoient leurs Domestiques à ce transport, ils menacèrent les nôtres de les assommer, s'ils osoient mettre le doigt dans cette affaire. Ils se battirent ensuite à qui d'entre eux auroit notre pratique; & les vainqueurs s'étant emparés de nos valises, sans qu'il y eût moyen de faire prix avec eux, nous les payames aussi largement que s'ils les eussent apportées de Venise. Mécontens néanmoins de ce payement, ils nous assaillirent de toutes les injures que fournit l'idiome Vénitien, & nous les eûmes sur les épaules pendant tout le dîné, qui se passa assez tranquillement de notre côté, ayant pris notre parti sur les exécrations qu'ils ne cesserent de vomir.

La première nuit que nous passâmes à Padoue, fut terrible pour mon Compagnon de voyage. Après s'être couché en très-bonne santé, il fut éveillé, vers le minuit, par une fiévre ardente, par les douleurs les plus aigues dans l'estomac & dans les intestins, & par des évacuations

PADOUE.

sans fin par toutes les voies. A la première vûe, le *Signor Magnifico* * prononça qu'il étoit *avvelenato*. Je me rappellai les huîtres qu'il avoit mangées en route ; & le *Magnifico* y reconnoissant la cause du mal, me dit que, dans cette saison, toutes huîtres étoient très-dangereuses, & celles des lagunes, mortelles pour bien des gens. Les douleurs & les évacuations du malade ne se calmèrent qu'à midi. Je n'avois heureusement pris qu'une très-légère dose de ce poison, & je n'en ressentois aucune incommodité : cependant, vers le matin, je m'étois senti le cœur fade, & les évacuations avoient suivi avec de légères douleurs dans les intestins. Nos Domestiques avoient ensuite eu leur tour. En un mot, jamais hôpital n'en eut autant l'air que notre appartement. Rien ne nous parut plus merveilleux dans cet événement, que le sang-froid, l'indifférence stoïque, ou plutôt l'inhumanité avec laquelle nos tris-

---

* C'est le titre qu'on donne aux Médecins en Italie.

tes Compagnons de *péote* * nous avoient vu manger ces huîtres dont ils connoiſſoient le danger.

PADOUE.

Padoue eſt une Ville de la grandeur des Villes de France du ſecond rang. Ses rues ont, comme Bologne, deux files de portiques. Elle eſt arroſée par divers canaux d'une eau très-vive & bien diſtribuée pour la commodité des manufactures. Sa ſituation eſt auſſi admirable par les agrémens, que par la fertilité de ſon terroir : cependant elle eſt ſi mal peuplée, qu'en lui ôtant ſes Monaſtères, ſes prébendes, ſon ſéminaire, & le peu d'Ecoliers qu'attire encore ſon Univerſité, il n'y reſteroit preſque perſonne. *Mantua væ miſeræ nimium vicina Cremonæ!* Le voiſinage de Veniſe, dont Padoue eſt la mere, lui eſt déſavanta-

---

* C'eſt ſans doute après quelque aventure de cette eſpèce, que Joachim du Bellay a affublé les Vénitiens de ce Sonnet, qui eſt le cent vingt-cinquiéme de ſon Recueil, intitulé *Regrets*, & qui commence par ce vers :

Il fait bon voir, Magny, ces coïons magnifiques, &c.

geux & funeste à bien des égards. Venise bat sa nourrice, *filia matrem verberat*, sur-tout depuis que la chûte du commerce des Vénitiens les a réduits à vivre du revenu de leurs terres.

Le premier objet de curiosité, est l'Eglise *del Santo*, c'est-à-dire, de Saint Antoine de Pade, dont on y voit le tombeau. Il est environné de bas-reliefs en marbre blanc, dessinés & terminés avec le plus grand soin. Sous le chevet de ce tombeau, est ménagé un petit réduit, d'où, à travers une fente élargie par la dévotion du peuple, on sent une très-suave exhalaison. *O che odor di Santo!* s'écrioit tout haut une bonne femme que nous vîmes sortir de ce réduit. Y ayant pris sa place, nous sentîmes en effet une odeur d'encens nouvellement concassé. Le parvis de cette Eglise est décoré d'une très-belle statue équestre, érigée par la République de Venise à son Général Gattamelata, & modélée par le Donatello, de la Ville de Florence. Parmi les fastueuses épitaphes dont cette Eglise est remplie, je distinguai celle

celle d'Ottavio Ferrari*, Professeur de Belles-Lettres en l'Université de Padoue, & l'un des Sçavans pensionnés de Louis XIV. Parmi ces différentes épitaphes, nous vîmes à plusieurs autels, quelques tableaux très-brillans de couleur. A l'égard du trésor, nous nous en rapportâmes au Sacristain, qui nous l'annonça comme très-riche.

Mais nous vîmes le P. Martini Valotti, Maître-de-Chapelle de cette Maison, le plus sçavant des Cordeliers, *quot sunt aut aliis erunt in annis :* c'est un grand Musicien, très-habile Compositeur, & intime ami du célèbre Tartini ; il partage ses idées, ses goûts, ses vûes sur la Musique, & il a entrepris d'écrire l'histoire de cet Art. Nous le trouvâmes plein d'estime pour Lully & d'admiration pour Rameau. Il nous fit voir le début d'un grand projet qu'exécutent sous ses yeux & sous

---

* On y dit de ce Sçavant : *Regum opes & munera æquans facundiâ, fide & consilio, invidiam aut vicit, aut gloriæ incitamentum habuit.*

PADOUE. ceux de Tartini, quelques Seigneurs Vénitiens, leurs Élèves. Ce projet embrasse les cent cinquante Pseaumes, mis en vers Italiens le plus littéralement qu'il a été possible, sans préjudice à la Poësie, & ensuite en une Musique aussi simple que celle de Lully, & où l'on n'a cherché que l'harmonie. Nous en vîmes les deux premiers volumes très-bien gravés : cette Musique est aussi peu chargée de notes que le simple plein-chant.

Nous sçumes du P. Martini, que Tartini avoit lu avec d'autant plus d'attention tous les articles sur la Musique, fournis à l'Encyclopédie par M. Rousseau de Genève, que plusieurs parties du système musical qu'il a donné au Public*, y étoient attaquées ; & qu'il désiroit très-fort lier correspondance avec M. Rousseau, pour discuter avec lui les points contentieux, mais qu'il contenoit son désir, ne croyant pas qu'étant l'aîné de M. Rousseau, ce fût à lui à pré-

---

* Dans un *Traité de l'Harmonie*, imprimé en 1745.

venir son cadet. J'ai fait indirectement donner avis de tout cela à M. Rousseau; j'ignore si ma commission a été faite, & quel en aura été le résultat.

La Maison de Sainte Justine, berceau de la Réforme de l'Ordre de Saint Benoît en Europe, est un des plus beaux Monastères d'Italie: il en est aussi l'un des plus riches, s'il est vrai qu'il ait deux cents mille livres de revenu, argent de France. Son Eglise est le chef-d'œuvre du Palladio en ce genre: elle a l'effet de Saint Pierre de Rome, en ce qu'elle est infiniment plus spacieuse qu'elle ne le paroît au premier coup d'œil. Elle a même, si on l'ose dire, un mérite de plus, en ce qu'elle est très-éclairée, quoiqu'en y entrant on ne voye aucune des fenêtres qui lui communiquent la lumière. Les vingt-quatre chapelles qui forment ses bas-côtés, sont ornées de différens morceaux d'une très-riche architecture, mais tous d'un goût différent. Le tableau du martyre de Sainte Justine, placé au fond du chœur, passe pour un des chefs-d'œuvres de Paul Véronèse, mais il est à une hauteur qui en diminue beaucoup l'effet. D'ailleurs, la Gloire, ou plutôt les personnages qui en remplissent la partie supérieure, les nuages qui portent ces personnages, & les Anges répandus dans le peu de vuide laissé entre cette machine & l'action principale, jettent dans l'ordonnance de ce tableau, une confusion étrangère au goût de Paul Véronèse, qui l'a peut-être sacrifié à celui des personnes pour lesquelles il travailloit.

La maison offre, dans ses six cours environnées de portiques ou de colonnades, la magnificence & le goût des bâtimens de Saint Charles *. Elle a une nombreuse bibliothéque, formée avec choix, superbement logée & dirigée par un Bibliothécaire aussi poli que sçavant. Il m'y fit voir une Collection complette des joyaux les plus rares de ce qu'ils appellent *la Collana Italiana*. Ce sont les plus anciennes & les plus rares éditions de leurs meilleurs Auteurs,

---

* Voyez l'article de MILAN.

parfaitement conservées & reliées avec autant d'élégance que de solidité. Cette Collection avoit originairement été formée à Paris, par un Lord Anglois qui l'avoit transportée à Londres, d'où elle étoit passée successivement à Amsterdam, au Caire, à Constantinople & à Venise, où l'Abbé de Sainte Justine en a fait l'acquisition. J'y remarquai toutes les plus belles éditions d'Alde Manuce, le Bandel complet de 1554, avec l'*Aggiunta* de 1573, le *Spaccio della bestia trionfante*, & le Boccace admirable de 1527. Il étoit accompagné de celui que le Rolli a fait imprimer à Londres en 1725 : édition tellement ressemblante à celle de 1527, quant au papier, aux caractères, à la disposition des pages, aux fautes même, qu'on ne les distingue qu'à une très-légère différence dans l'enseigne des Giunti, placée à la fin & dans *la verjure* du papier, horisontale dans la première, & perpendiculaire dans la seconde.

On montre là, avec une sorte de vénération, la chambre qu'occupa

PADOUE. le célèbre P. Mabillon, dans son voyage d'Italie. Pour faire honneur à la Réforme dont cette maison fut le berceau, il voulut en suivre tous les exercices de jour & de nuit; & en conséquence il se présenta aux Matines qui suivirent son arrivée. Les Religieux les chantent debout au milieu du chœur. Le P. Mabillon s'étoit joint à eux ; mais lorsqu'au second Pseaume il vit qu'ils ne s'asséyoient point, ainsi qu'en usent les Bénédictins en France, la fatigue du voyage ne lui permettant pas de soutenir long-temps cet exercice, il se retira.

La Maison de Sainte Justine est gouvernée par un Abbé Régulier, ainsi que toutes les Abbayes d'Italie, à l'exception de celles qui sont tenues en Commande par les Cardinaux. Ces Commandes sont regardées de très-mauvais œil par les Moines, qui, pour s'en venger, définissent ainsi un Cardinal : *Animal rubrum, omnium beneficiorum capax, rapax, vorax*. Ils ne pardonnent qu'au Cardinal des Lances, qui, borné à une seule Abbaye, vit avec ses Moines, & préside à tous leurs exercices de Communauté, comme le pourroit faire un Abbé Régulier. Quant aux Commandes des pays ultramontains à leur égard, ils les regardent comme un renversement de la hiérarchie & de la discipline Ecclésiastique, comme une usurpation, comme une invasion des trésors de l'Eglise. La mître & la crosse que les Commendataires arborent dans leurs armoiries, sont à leurs yeux l'abomination de la désolation ; & pour exprimer que ces signes d'autorité sont sans conséquence, ils ont imaginé ce brocard, adopté par les Canonistes Italiens : *Mitralia & Pedalia in Abbate Commendatario, sicut genitalia in Mulo.* Les Abbayes tenues par les Réguliers, sont triennales ; mais à la fin de chaque triennat, les Abbés ne repassent point au rang de simples Religieux : ils sont toujours Abbés, (*semel Abbas, semper Abbas ;*) chacun d'eux passe à une autre Abbaye, & ils ne peuvent revenir à la même, qu'au troisième triennat.

Nous vîmes à Padoue les tristes débris du fameux sallon du Palais public. Ce sallon de quatre-vingt-dix pieds de largeur, sur deux cens soixante de longueur, & dont le plafond n'avoit que les murs pour appui, étoit une des merveilles de l'Italie par son étendue, par ses peintures emblématiques & astrologiques, dont le fameux Pierre d'Apone * avoit donné les desseins au Giotto, l'un des peres de la peinture en Italie, enfin par les monumens érigés à la mémoire des illustres Padouans & des bienfaiteurs de la Ville & de l'Université de Padoue. La couverture de ce vaste édifice étoit en plomb porté dans sa plus grande partie par des armatures de fer: un ouragan l'avoit renversée depuis deux ou trois ans, & il ne nous parut pas que la République de Venise pensât à la rétablir. Le mur occidental qui formoit un des fonds de ce sallon, n'a point été endommagé; il offre en-

---

* Léandro Alberti, dit de ce personnage distingué dans la classe des Astrologues & des Alchimistes: *Erà eccellente Astrologo e Philosofo, ben chè notato d'aver commercio, e gran familiarità col Diavolo.*

core un prétendu buste de Tite-Live, avec une inscription en son honneur, & l'épitaphe d'un Affranchi de Livie, qu'on a adaptée à cet Historien immortel.

La Cathédrale offre un monument remarquable, dans les bustes réunis de Benoît XIV. & du Cardinal Rezzonico, son successeur, & précédemment Evêque de Padoue. Il avoit obtenu de Benoît XIV. le renouvellement & l'ampliation des priviléges de sa Cathédrale, l'une des mieux rentées de l'Italie ; & par reconnoissance, son Chapitre lui avoit érigé ce monument, du vivant même de Benoît XIV. Il seroit de meilleur goût, si, pour en exprimer le motif, on n'eût pas joint au buste du Cardinal, un vilain petit bras qui présente un papier au buste du Pape : idée mesquine, & qui rappelle la barbarie du bas-Empire, ou l'enfance des Arts.

On voit, dans la sacristie de cette Eglise, le portrait du célèbre Pétrarque, qui en avoit été Chanoine, & qui lui avoit légué une partie de sa bibliothéque. Ce portrait est du temps de Pétrarque même : son visage, qui est singulièrement bridé, offre une physionomie morne, rêveuse & mélancolique, telle que devoit être la figure du Chantre éternel

De tant d'ennuis mieux écrits que pensés *.

L'Université de Padoue étoit en vacances, lorsque nous y passâmes; & nous ne pûmes rien sçavoir par nous-mêmes du fameux *Qui-va-li* dont retentissent toutes les relations. On nous dit pourtant que l'humeur tapageuse des Etudians avoit diminué avec leur nombre, qui est aujourd'hui fort petit. Outre un assez grand nombre de Colléges particuliers, cette Université a un Gymnase ou Collége public, dont l'intérieur

_____

* Vers heureux de Joachim du Bellay, qui se trouve dans une piéce contre les *Pétrarquistes*, & qui fait partie de ses *Jeux rustiques* : vers qui caractérise, avec autant de finesse que de vérité, le genre de Pétrarque, & qui donne le résultat d'un volume de 576 pages *in*-8°. où le Tassoni examine en détail toutes les compositions de l'Amant de la belle Laure.

forme un quarré-long avec des portiques ou péristiles au rez-de-chaussée & au premier étage. Ces portiques décorent les différentes classes destinées à chaque Faculté : ils sont vilainement tapissés de programmes en mauvaise détrempe, consacrés par des Ecoliers de tous les pays de l'Europe, à la mémoire de leurs Professeurs, avec les armoiries des Eleves & des Maîtres.

Nous vîmes-là, avec étonnement, dans un espace très-borné, un amphithéâtre d'anatomie, qui peut contenir commodément sept à huit cents personnes : chacun de ses gradins est fermé d'une balustrade de bois, & il est de forme elliptique. On nous dit que Frà Paolo en avoit donné le trait & les plans. Cet homme célèbre étoit aussi profond Géomètre, aussi sçavant Anatomiste, aussi bon Méchanicien, que grand Théologien : les Vénitiens prétendent même qu'on lui doit la découverte de la circulation du sang. Portant dans tous les genres dont il s'occupa, le coup d'œil & la lumière du génie, il fut à la République de

Venise, ce que Pascal a depuis été à la France.

Ce fut sous ses yeux & sous ses auspices, que Galilée s'ouvrit, dans l'Université de Padoue, cette brillante carrière dont tous les pas furent marqués par des succès & par des découvertes qui tirèrent la Physique des entraves sous lesquelles elle gémissoit encore depuis la renaissance des Lettres & le renouvellement des Etudes. On voit à Padoue ou à Pise des quarts de cercle fabriqués en bois par Galilée lui-même, & au moyen desquels il fit des découvertes dont l'Astronomie s'honore encore aujourd'hui. La considération que ses travaux lui avoient méritée auprès des premières têtes de la République, le soutinrent contre la jalousie, les tracasseries & les mauvais tours des Professeurs, ses confrères. Cependant ces tracasseries, d'une part, & l'amour de la patrie, de l'autre, le déterminèrent enfin à rompre des liens aussi honorables qu'utiles, pour un établissement dans sa patrie, dont le Souverain l'invitoit depuis fort long-temps à venir briller parmi ses amis & ses concitoyens.

J'ai tiré du cabinet de M. Nelli à Florence, la copie d'une Lettre qu'écrivoit à Galilée le Sénateur Jean-François Sagredo, au sujet de ce nouvel établissement. Je vais rapporter ici cette Lettre, à laquelle j'ai joint une Traduction Françoise, comme un monument assez singulier de l'attachement, de l'affection & de la tendresse de ses amis de Venise, & qui contient une prédiction littérale du sort qui l'attendoit à Florence. J'y joins aussi le fragment d'une autre Lettre, traduite pareillement en François, sur une de ses découvertes, qui paroît être le germe de l'invention du Thermomètre.

COPIA

Della Lettera di Giovan-Francesco Sagredo, Nobil Veneto, scritta à Galileo-Galilei, in data du 25 Maggio 1611, trascritta dal suo originale esistente nella Libreria dell' Illustrissimo Signore Gio-Battista Nelli, Patrizio Fiorentino.

Per grazia divina il mio viaggio è riuscito felicemente per via di Marsiglia, di dove mi sono inviato per terra alla Patria; e con questa occasione ho vedute molte Città con mio gran gusto, siccome ancò qui ricevo piacere in vedere, e avvertire tutte le fabbriche e siti, e ancora qualche usanza, à ragione di uomo nuovo è forestiero, in comparazione delle altre Città.

E veramente parmi che Iddio mi abbia concessa molta grazia, facendomi nascere in questo luogo tanto bello, e così dissimile da tutti gli altri, che per mio giudizio, chi avesse veduto tutto il mondo, trasferendosi poi qui, potrebbe esser certo

COPIE

De la Lettre écrite le 25 Mai 1611 à GALILEO-GALILEI, *par le Noble* JEAN-FRANÇOIS SAGREDO : *l'original en existe dans le Cabinet de M.* JEAN-BAPTISTE NELLI, *Gentilhomme Florentin.*

JE suis heureusement de retour. En venant ici de Marseille par terre, j'ai parcouru plusieurs Villes dont j'ai examiné avec autant de plaisir que de fruit, la situation, les édifices, les mœurs & les usages : tous objets frappans pour un Etranger qui sçait en faire la comparaison.

Cet examen a renouvellé ma reconnoissance envers Dieu, pour m'avoir fait naître dans une Ville dont les agrémens & la situation ressemblent si peu à tout ce que l'on voit ailleurs, qu'un homme qui auroit parcouru tout l'Univers, y trouveroit encore de quoi admirer ; mais

di vedere molte cose degne e non più vedute. Qui la libertà e la maniera del vivere in ogni stato di persona, par mi cosa ammiranda, e forse unica al mondo. Perciò mentre che io consunto il tempo in pensare à queste cose, creda pure, Vosignoria Eccellentissima, che io son corso coll' animo subito alla sua persona, considerando che si sia partita di quà; e le mie considerazioni sono tutte fondate sopra il suo e mio interesse.

Quanto al mio, io non vi trovo rimedio sufficiente, perchè dall' assenza alla presenza, vi è troppo gran passaggio; e siccome in alcuni gusti, che ella mi intende, pare che coll' imaginazione, e con qualche lieve da se aiuto, l' uomo gode in assenza quasi tanto come se fosse presente, nondimeno è impossibile aver il gusto del trattenimento e della conversazione, con altri accidenti, i quali sono quasi più essenziali che quell' ultimo diletto che da quasi tutti viene reputato come ultimo fine. Orsù io mi posso bene imaginare di essere con il mio Signore Galileo: posso volgermi nella memoria molti de' suoi dolcissimi ragionamenti; ma come è possibile, che l' imaginazione mi serva per rappresentarmi, e indovinare tante gio-

rien ne l'étonneroit davantage que la liberté & l'aisance communes à tous les Etats. Parmi les raretés de Venise, il en seroit une qui devroit bien faire l'objet de ses regrets, c'est vous-même, qui l'avez quittée : mes regrets particuliers, à cet égard, ont leur fondement dans mon intérêt personnel & dans celui de ma patrie.

En effet, où chercher de la consolation ou du reméde à une absence qui me prive entièrement de vous ? L'imagination peut suppléer à l'absence des objets chéris ; mais comment suppléer aux lumières & aux charmes de votre conversation? Je peux imaginer que je me retrouve avec mon cher Galilée, que je le vois ; mais tous les efforts de mon imagination peuvent-ils me rendre toutes les choses aussi intéressantes qu'agréables qui couloient de sa bouche ? Ce vuide sera-t-il rempli par un mot d'écrit que je pourrai recevoir de lui chaque semaine ? Quelque agréable qu'il me soit, encore aurai-je à gémir de l'in-

condiſſime novità, che nella ſua gentiliſſima converſazione, io ſoleva trarre dalla ſua viva voce! Poſſono forſe queſte eſſere compenſate da una letteruccia alla ſettimana; letta da me ſì con molto guſto, ma ſcritta foſſe da lei con troppo incommodo? In queſto capo adunque, che è fondato ſopra l'intereſſe mio, mi rieſſe la partenza di Voſignoria Eccellentiſſima di inconſolabile, ed incomprenſibile diſpiacere.

Quanto poi à ſuoi intereſſi, io mi ripoſo al ſuo giudizio, anzi al ſuo ſenſo: quì lo ſtipendio, non era per mio credere in tutto ſprezzabile: l'occaſione della ſpeſa, credo, molta poca con aſſai guſto, e il ſuo biſogno certo non tanto, che doveſſe metterlo in penſiere di coſe nuove per avventura incerte, e dubbioſe. La libertà, e la monarchia di ſe ſteſſo dove potrà trovarla come in Venezia? Principalmente avendo gli appoggi che aveva V. S. E. i quali ogni giorno coll' accreſcimento dell'età, e dell'autorità de' ſuoi amici, ſi faceva più conſiderabile.

Voſignoria Eccellentiſſima al preſente è nella ſua nobiliſſima Patria, ma è anco vero che è partita dal luogo dove aveva

commodité qu'il souffrira de cette correspondance. Ainsi, à ne consulter que mon intérêt, votre séparation de nous me fait un tort irréparable, & que rien ne peut adoucir.

Personne ne peut juger plus sainement que vous de ce qui touche votre intérêt personnel. Vos honoraires, assez honnêtes, suffisoient à vos goûts qui ne demandent pas de grandes dépenses. L'état que vous faisoit la République pouvoit vous tranquilliser sur l'avenir. Où trouver mieux qu'à Venise la liberté & la monarchie de soi-même, sur-tout avec les appuis, la considération, & les amis qui chaque jour augmentoient en nombre & en force?

Vous êtes actuellement dans le sein de votre patrie; mais il vous en coûte le sacrifice d'un poste qui suffisoit à vos besoins & à vos désirs. Vous trouvez dans votre Souverain une grande ame, un goût décidé pour les belles choses, un jeune Prince de la plus grande espérance; mais vous êtes à ses ordres. Ici,

il suo bene: serve al presente Principe suo naturale, grande, pieno di virtù, giovane di singolare aspettazione; ma quì ella aveva il commando sopra quelli che commandano, e governano gli altri, e non aveva à servire se non à se stesso, quasi Monarca dell' Universo. La virtù e la magnanimità di quel Principe, da molta buona speranza che la devozione, e il merito di V. S. sia aggradito e premiato; ma chi può nel tempestoso mare della Corte promettersi di non essere dalli furiosi venti della emulazione, non dico sommerso, ma almeno travagliato e inquietato?

Io non considero l'età del Principe, il quale pare che necessariamente con gli anni non abbia da mutare ancora il temperamento, e la inclinazione, col resto de' gusti, poiche già sono informato che la sua virtù ha così buone radici, che si deve anzi sempre sperarne migliori e più abbondanti frutti; ma chi sà ciò che possono fare gl' infiniti e incomprensibili accidenti del mondo, aiutari dalle imposture degli uomini cattivi e invidiosi, i quali seminando e allevando nell' animo del Principe qualche falso e calunnioso concetto, possono valersi appunto della

vous commandiez à ceux qui commandent aux autres, & ne dépendant que de vous-même, vous étiez aussi indépendant que le plus grand Monarque. Tout vous donne lieu d'espérer du Grand Duc des récompenses proportionnées à votre mérite & à sa magnificence ; mais au milieu des tempêtes qui agitent les Cours, qui peut se promettre de n'être pas, sinon submergé, au moins travaillé & harcelé par les vents de l'envie & de la jalousie ?

Je suppose volontiers que l'âge n'apportera aucun changement aux dispositions du jeune Prince : l'éducation a trop profondément enraciné dans son cœur la semence des vertus, pour n'en pas espérer des fruits aussi précieux qu'abondans ; mais qui sçait tout ce que peuvent produire mille accidens envenimés par l'imposture, par l'envie, par la méchanceté ? Quel Prince est à l'abri des machinations calomnieuses qui peuvent armer sa justice même contre un honnête homme sans défense !

giustizia di lui per rovinar un galant' uomo?

Prendono per un pezzo i Principi gusto di alcune curiosità, ma chiamati spesso dall' interesse di cose maggiori, volgono l'animo ad altro: poi credo che il Gran Duca possa compiacersi di andare mirando con uno de gli occhiali di Vosignoria la Città di Firenze, e qualche altro luogo circonvicino; ma per qualche suo bisogno importante, gli sarà di mestiere vedere quello che si fa per tutta Italia, in Francia, in Ispagna, in Allemagna, e in Levante: egli ponerà dà un canto l' occhiale di Vosignoria la quale sebben con il suo valore troverà alcuno altro stromento utile per questo novo accidente, chi sarà colui che possa inventare un' occhiale per distinguere i pazzi da i savii, il buono dal cattivo consiglio, l' architetto intelligente da un prete ostinato e ignorante? Chi non sà che giudice di questo dovera essere la ruota d'un' infinito numero di miglioni di sciocchi, i voti de' quali sono stimati secondo il numero e non à peso?

Non voglio più diffundermi nel suo interesse, perche già dà principio mi obbligai stare al suo giudizio e volere. Gli

Les Princes prennent pour des objets de curiosité, quelque goût passager qu'éclipsent bientôt les grands intérêts dont ils sont occupés. Je veux que le Grand Duc s'amuse à jetter, avec vos télescopes, un regard sur Florence & sur le bassin de l'Arno ; mais tous ses regards se portent sur la France, sur l'Espagne, sur l'Allemagne, sur le Levant. Quand vous auriez assez de ressource dans vos connoissances, pour imaginer un instrument propre aux observations qui l'occupent essentiellement, qui pourra lui en procurer un dont il puisse se servir pour distinguer les fous des sages, un conseil sensé d'un avis imbécille, un Artiste consommé d'un Prêtre suffisant, entêté & ignorant ? Le télescope des Princes est dans un million de sots, dont ils comptent les avis sans les peser.

Mais c'est trop m'étendre sur vos intérêts, après m'en être rapporté à vos lumières & à votre jugement. Vos autres amis n'ont pas la même complaisance. J'en rencontrai der-

altri amici di Vosignoria Eccellentissima parlano molto diversamente; anzi uno che gia era de' suoi più cari, mi ha protestato di rinunziare alla mia amicizia, quando io avessi voluto continuare in quella di Vosignoria; la quale siccome non può ricuperare il perduto, cosi mi persuado che savrà conservare l'acquistato; ma quell' essere in luogo dove l'autorità de' gli amici del Berlinzone* come si ragiona, val molto, molto ancora mi travaglia, &c.

---

* Questo era un Padre Jesuita.

nièrement

SUR L'ITALIE. 145
pièrement un de ceux qui vous étoient le plus attachés : il m'a déclaré qu'il renonçoit à mon amitié, si j'ofois vous aimer encore. Qu'il me refte, au moins, le plaifir d'espérer que ne pouvant recouvrer ce que vous avez voulu perdre, vous sçaurez pour-lors conferver votre nouvel état. Si quelque chofe m'effraye, à cet égard, c'eft de vous voir dans un pays où, dit-on, le Berlinzone * eft tout puiffant par fes amis.

---

* C'étoit un Jéfuite qui, par rivalité de métier & par jaloufie de Corps, s'étoit, à Venife, déclaré l'ennemi de Galilée.

Tome II.   G

COPIA di parte di Lettera scritta da D. BENEDETTO CASTELLI, à Monsignore D. FERDINANDO CESARINI, sopra la cura d' un ferito.

In questo mi sovvene un' esperienza fattami vedere già più di trenta-cinque anni sono, dal Signore nostro Galileo, la quale fù che presa una caraffella di vetro, di grandezza d'-un piccol' uovo del gallina, col collo lungo due palmi in circa, e sottile quanto un' gambo di pianta di grano, e riscaldata bene colle palme delle mani ladetta caraffella, e poi rivoltando la bocca d' essa in vaso sottoposto, nel quale era un poco d' acqua, lasciando libera dal calor delle mani la caraffella, subito l' acqua cominciò à salire nel collo, e sormontò sopra il livello dell' acqua del vaso più d' un palmo : del quale effetto poi il medesimo Signore Galileo si era servito per fabbricare uno strumento da esaminare i gradi del caldo, e del freddo : intorno alquale strumento sarebbe che dire assai.

EXTRAIT d'une Lettre de Dom BENOÎT CASTELLI, *à Monfignor* FERDINAND CÉSARINI.

……Ceci me rappelle une expérience que me communiqua, il y a plus de trente-cinq ans, notre illuftre Galilée. Il prit une petite caraffe de verre de la groffeur d'un œuf de poule. Son col en tube prolongé, de la longueur de deux palmes ou environ, étoit comme un fétu de paille. Après l'avoir échauffée avec les mains, il la renverfa dans un vafe où il y avoit un peu d'eau, fans y appliquer davantage les mains. L'eau monta alors fubitement dans le col de la caraffe, & s'éleva à la hauteur de plus d'une palme au-deffus du niveau de l'eau. D'après cette expérience, Galilée avoit imaginé un inftrument pour mefurer les degrés de la chaleur & du froid; ce qui peut fournir ample matière aux raifonnemens des Phyficiens.

PADOUE.

J'ai parlé des mauvais tours que l'immortel Galilée eut à essuyer de la part des ennemis de ses talens : en voici un qui achevera de manifester les sentimens des premiers hommes de Venise pour lui.

Dans le cours d'une visite de l'Université de Padoue, par les trois Procurateurs de Saint Marc, qui forment un Tribunal spécialement établi *per la Riforma dello Studio di Padoa*, un des Collégues de Galilée, peut-être le P. Berlinzone lui-même, l'accusa, en pleine assemblée, lui présent, d'entretenir une fille à Padoue, une autre à Gambarara, où il alloit passer les jours de congé, & une troisiéme à Venise, où il faisoit de fréquens voyages. Interpellé par le Magistrat de répondre à cette accusation, il dit simplement qu'il avoit des besoins, que ces besoins lui étoient communs avec son Accusateur, & qu'il ne s'étoit jamais occupé de la manière dont son Accusateur les satisfaisoit. Sur cet aveu, les *Riformatori* en ayant conféré, le Président prononça que, vû l'insuffisance des appointemens de l'Accusé pour fournir à ses besoins, la République les doubloit, en l'exhortant à en faire bon usage.

M. l'Abbé Facciolati a renfermé dans un volume *in-8°.* de 240 pages, tout ce que l'Histoire de l'Université de Padoue peut offrir de plus intéressant, soit par l'importance, soit par la singularité. Cet abrégé, très-bien fait, peut tenir un rang distingué dans l'histoire des progrès de l'esprit humain. On y rencontre quelques anecdotes singulières : j'en vais rapporter une dans les termes de l'Auteur, qui en font le principal mérite.

Anno 1722, cum in Romanâ Curiâ quæreretur de virtutibus FRANCISCI-SEBASTIANI ab Apparitio ex Minoritis, cognomento Pyraustæ, ut in cœlitum album referretur; & pro negotii gravitate aliquid incidisset non satis planum atque explicatum, adhibita est in Consilium, præter Sorbonicam & Salmaticensem, Universitas Patavina.

Vixerat Pyrausta usque ad annum sexagesimum, summâ vitæ integritate atque innocentiâ. Id ætatis cùm esset,

Padoue. puellam uxorem duxit; sed ita tamen ut servato, si fieri posset, virginalis continentiæ proposito, custos potiùs & pater, quàm maritus, vitæ sociam atque adjutricem haberet: eâque intrà annum defunctâ, alteram statim eâdem conditione sibi adjunxit. Cum utrâque continentissimè egit; & cùm secundam quoque citò amisisset, religioni se addixit, obiitque sanctitatis famâ & miraculis clarus.

In dubium vocabatur, nùm duo hæc connubia ex Christianæ prudentiæ legibus inita dici possent ad virtutem heroïcam exercendam; & cùm sententiæ variassent, alii quoque Theologi extrà urbem consulti sunt. Scripsere ex nostris de re hâc, jubente Collegio, FRANCISC. HYACINTUS SERRI, Theologus Thomista, FRANC. NICOLAUS BUICO, Theologus Scotista, & Presbyter MICHAEL VERRIUS, Logicæ Professor. Ac primus quidem nihil in iis matrimoniis prudenter actum censuit; alter virtutem agnovit, non tamen heroïcam; tertius matrimonium utrumque summis laudibus extulit, & Ecclesiæ honoribus dignum affirmavit. Collegii Patres, speciosa secuti, secundùm Verrium pronuntiaverunt.

Cet Historien qui, dans un âge avancé, joint à de vastes connoissances, l'enjouement & l'aménité, m'apprit quelques autres anecdotes qui ne paroîtront peut-être point déplacées ici.

Garibaldo *, Professeur en Droit, venoit un soir avec sa femme de souper en ville. Il donna dans le *qui-và-li*. Après s'en être amusé, il se nomma, croyant en imposer par-là; mais inutilement: le *qui-và-li* grossissoit & le serroit de plus près. Il ajouta à son nom, ses qualités de *Doctor & Professor publicus*. Enfin ses titres n'opérant rien, il désarma cette jeunesse indisciplinée, en s'écriant à haute voix: *Ego sum Garibaldus Magister vester, Doctor publicus, cum uxore publicâ.*

Autre exemple du peu de respect de cette jeunesse pour ses Professeurs. Après avoir passé au *qui-và-li*

---

* Il est dit de lui, page 104 de l'Histoire citée ci-dessus, que *turba Studentium, confertissima hunc ex sede suâ sublatum, in capaciorem aliam, ubi posset illum audire commodius, exportavit*, &c.

PADOUE.

une partie de la nuit, ils fondirent, vers les deux heures du matin, chez un vieux Professeur d'Humanités, se firent ouvrir sa porte, & envoyèrent à son lit deux Députés, pour lui représenter toute l'Université prête à se couper la gorge, s'il n'avoit la bonté d'entendre les deux partis, & de donner sa décision sur une question importante qui les avoit divisés. Le Professeur se leva, endossa sa robe doctorale, & vint siéger sur un banc de pierre qui étoit à côté de sa porte. Là, l'Orateur de l'un & de l'autre parti prononça une longue harangue toute en lieux communs sur le bien de la paix, de l'union, de l'harmonie dans les compagnies sçavantes, & sur les maux que portent, dans toute société, la dissension & la discorde; il fut amplement péroré sur la confiance de l'Université dans les lumières & le zèle d'un Professeur qui lui sacrifioit les jours & les nuits; on l'accabla d'éloges, & l'on en vint enfin à la question, qui étoit de sçavoir : si l'un des mots les moins honnêtes de la langue Italienne devoit s'écrire avec un Z seulement, ou avec deux. *Ecrivez-le avec trois mille*, répondit le Professeur furieux, *& que le Diable vous berce, canaille maudite* *.

L'Université de Padoue a une Chaire pour la Théologie Thomistique, de laquelle les Jacobins de France étoient, depuis très-long-temps, en possession. Le célèbre P. Serri l'a tenue avec le plus grand éclat pendant quarante années. A sa mort, les Jacobins de France envoyèrent, pour lui succéder, un sujet qui, ayant malheureusement perdu la tête, n'a point été remplacé. Après lui avoir long-temps & inutilement attendu un successeur, l'Université a disposé de cette Chaire en faveur d'un Dominicain Italien. En entrant dans la maison de ces Pères à Padoue, on voit, au fond du cloître à droite, une grande épitaphe en marbre blanc qui occupe ce fond : c'est celle du P. Serri. La voici copiée fidelement :

---

* *Scrivetelo con terzo mille, e che il canaro vi culli, canaglia maledetta ?*

D. O. M.

FRANCISCO-JACOBO-HYACINTO SERRI,
THELONENSI, E GENTE PERVETUSTA
ET NOBILI ORIUNDO,
ET ORDINE PRÆDICATORUM,
DOCTORI SORBONICO,
PER ANNOS XL. IN PATAV. GYMNASIO
THEOLOGIÆ PROFESSORI.
PLURIBUS SINGULAR. INGEN. ATQUE EXQUISITÆ
DOCTRINÆ OPERIBUS CLARO.
DIVINÆ PRÆSERTIM GRATIÆ, ROMANÆ SEDIS,
AUGUSTINIANÆ AC THOMISTICÆ SCHOLÆ
PROPUGNATORI AC VINDICI ACERRIMO.
SINENS. RITUUM, QUOS CLEMENS XI. PONT. MAX.
APOSTOLICO POSTEA MUCRONE CONFIXIT,
EVERSORI STRENUO ATQUE INVICTO.
VIRO SOLIDÆ AC VERÆ PIETATIS CULTORI.
HUJUS CŒNOBII PP. UT ILLIUS IMITATIONE
POSTERORUM INGENIA
AD LAUDEM EXCITARENTUR. MM. PP.
VIXIT ANN. LXXX. OBIIT ANN. M.DCC.XXXVIII.

L'Université de Padoue est nommée dans ses titres, *Academia dei Bove*. Ce nom devenu ridicule à ses yeux donna lieu à une allusion qui lui a formé une devise très heureuse. *Ex Bove facta Dea est*: paroles d'Ovide sur la métamorphose d'Isis. Cette devise lui fut donnée dans le dernier siécle par Jean Boscager, Jurisconsulte François, qui accompagnoit M. d'Avaux dans son Ambassade à Venise. Par reconnoissance, l'Université l'aggrégea parmi ses Docteurs, & ayant fait graver sa devise sur la porte du lieu où elle tient ses assemblées, elle ajouta à l'inscription : *Posuit Joannes Boscager, ex Galliâ Occitanus, ex Occitaniâ Biterrensis* *.

L'un des plus solides établissemens qu'ait aujourd'hui Padoue, est le Séminaire presque entièrement fondé vers la fin du dernier siécle, par l'illustre Cardinal Barbarigo, à la béatification duquel on travaille aujourd'hui à Rome **, & dont les vertus épiscopales ont arraché au Docteur Burnet qui avoit vu ce Prélat, un éloge aussi étendu que peu suspect d'adulation. Quinze mille ducats de rente ajoutés par le Cardinal aux anciens fonds du Séminaire, le met-

---

* Histoire des Ouvrages des Sçavans, Fév. 1688.

** Voyage d'Italie, page 238. de la seconde édition.

PADOUE.

tent en état de fournir le logement, la nourriture & tous les besoins de la vie à cent jeunes Clercs qui y sont élevés dans l'esprit de Saint Charles & du Fondateur, au moyen d'une pension très-modique, & dont les pauvres sont dispensés.

Le Pape actuel, lorsqu'il étoit Evêque de Padoue, s'est beaucoup occupé de cet établissement, auquel est attachée une Imprimerie bien assortie en caractères latins, grecs, hébraïques & orientaux, très-occupée, & qui roule actuellement au profit de la maison.

Padoue a une autre Imprimerie considérable, & qui a acquis de la célébrité: c'est celle de Joseph Comino, d'où, sous la direction de Messieurs Wolpi, Professeurs de l'Université, est sortie une foule d'éditions aussi recommandables par la correction, que par l'élégance des caractères & le choix du papier: trois choses depuis long-temps fort rares dans les éditions Italiennes. J'ai remarqué une autre singularité dans les anciens Auteurs sortis de cette Imprimerie: c'est que les plus libres de ces Auteurs, tels qu'Horace, Catulle, Martial, &c. quoique destinés *ad usum studiosæ juventutis*, sont donnés sans aucun retranchement, changement ni adoucissement. Ainsi l'esprit des Italiens est aguerri de bonne heure aux libertés de la Poësie, comme leurs yeux le sont à celles de la Peinture & de la Sculpture : ce qui peut-être en diminue l'effet, & produit leur indifférence, leur insensibilité même sur ces objets & sur ces morceaux que nos Catons Septentrionaux ne croyent dignes que du feu, ou de la plus grande obscurité. Les Italiens sont à cet égard comme les Sauvages à l'égard de leur nudité, sur laquelle la force de l'habitude leur ferme les yeux.

C'est sans doute à raison de cette habitude, que l'*Index* du Concile de Trente s'est contenté de supprimer provisionnellement le Décaméron de Boccace, *donec expurgetur*, ainsi qu'il l'a depuis été dans les éditions du Salviati, où, en conservant le fond & la forme des Contes, on s'est contenté de substituer des Ca-

PADOUE.

valiers & des Docteurs, aux Prêtres & aux Moines qui y remplissent les principaux personnages.

Depuis la renaissance des Lettres, l'Université de Paris en usoit avec ses Eléves, à l'égard des Auteurs Classiques, comme on en use encore aujourd'hui en Italie. Les Jésuites sont les premiers qui ayent châtié ces Auteurs, & l'Université a depuis suivi leur exemple. Ces faits sont constatés dans une Lettre du sçavant P. Pithou à son frere, que je vais rapporter ici, & qui se lit à la tête de l'édition de Pétrone que Patisson donna en 1537, dans le format & avec les caractères qu'adoptèrent depuis les Elzévirs. P. Pithou y annonce à son frere l'abus qu'il a fait de sa confiance, en abandonnant à Patisson les notes sur Pétrone qu'il lui avoit communiquées. Voici les termes de cette Lettre:

Remitto ad te Petronium meum, imò tuum, imò jam omnium. Adjeci etiam, ut iracundia tua ingratissimo isto cumulo expleri posset, notulas tuas. Perfide! inquies, & loqueris! Pone tu potiùs su-

percilium atque audi. Non meministi
quæ Magnus Basilius de utilitate ex ejus-
modi Auctoribus capiendâ monet ? Me-
mini, ait, & probo. Sed Petronii obscœ-
nitas, spurcities, &, ut uno verbo dixerim, nequitia ea est, ut ne Lampsaci
quidem publicè ferri posse videatur. At
tu, ô bone vir, & Anacreontem & Ca-
tullum & Val. Martialem, cæterosque
ejus ordinis, etiam à pueris in scholis
decantari audis, nec irasceris. Hós tibi,
credo, communis jam usus tolerabiliores
fecit : faciet quoque hunc cæteris ali-
quandò minùs improbum videri. Quan-
quam ego me spurcitiem istam tam ac-
curatam laudo ; & ut ab hâc religiosè
omnes caveant, sedulò moneo, & quan-
tum possum, magnâ voce denuntio.
Utantur modò fruanturque viri boni
arbitratu, dùm ne quid eorum culpâ de-
terius fiat. Quod ad me attinet, hoc
adfirmo, id mihi potiùs animi fuisse
Latinæ elegantiæ arbitrum quàm aut
Neronis aut Siliæ Petroniu medere. Atque
utinam tam salacem & venereum hominem omnibus post hâs infibulare. * Li-

———————————————

* Les gens qui n'aimoient pas les Jésuites
(MM. Pithou étoient du nombre) les appel-

ceat : *quod forsitan ausuri sunt illi qui, ut* Plauti *verbis dicam*,

Petroni *nomen inducunt verveci sectario.*

Mihi quidem certè castrare non libuit, ne, quod imperitis istis sectoribus & mangonibus plerumque evenit, simul & evirarem & occiderem. Penè vale, atque irasci tandem desine. J'ai tiré cette Lettre & sa Traduction de la Vie de MM. Pithou, Tome I. p. 223.

« Je vous renvoie, lui dit-il, vo-
» tre Pétrone, le mien, celui de tout
» le Public. Pour mettre le comble
» à mes torts & à votre colère, j'ai

___

loient *Insibulatos Patres,* d'une grosse agraffe qui attachoit leurs manteaux sous le collet. Ramirès de Prado, sçavant Espagnol, dans ses notes sur Martial, attaque directement le Jésuite Raderus qui avoit fait main-basse sur les obscénités de cet Epigrammatiste. *Age, vir honestissime,* lui dit-il, *qui sciebas ea esse inhonesta? Quod legeram, inquis. Cur legisti, vir tantæ sanctimoniæ; & si legisti, cur nobis invides eam lectionem? Ego verò pati non possum superciliosos istos censores qui veterum nequitias nobis adimunt, sibi relinquunt.*

» joint vos délicates observations
» au texte de ce jovial Ecrivain.
» Perfide, direz-vous, oses-tu bien
» encore m'adresser la parole ? Tou-
» te humeur à part, écoutez-moi.
» Ne vous souviendroit-il plus de
» tout ce que dit Saint Basile le
» Grand sur l'utilité des Auteurs de
» ce genre ? Oui, dites-vous ; mais
» il s'agit ici d'ordures, d'obscéni-
» tés, d'horreurs qui ne passeroient
» pas à la Police même de Lampsa-
» que ? Qu'entendez-vous donc
» dans la bouche des enfans que
» l'on initie aux Lettres ? Anacréon,
» Catulle, Martial, &c. Vous l'en-
» tendez, & vous l'entendez sans
» colère. Croyez-moi, l'habitude de
» vivre avec Pétrone le rendra in-
» sensiblement plus supportable. Ce-
» pendant, soyez persuadé que sur
» tout cela je pense aussi sévère-
» ment que vous. Les graces du sty-
» le de Pétrone ne me réconcilient
» point avec l'impureté des choses.
» J'avertis, j'exhorte, je crie à tout
» le monde de n'en approcher qu'a-
» vec les plus grandes précautions,
» de n'en user que de l'avis de

» quelque homme éclairé, & de ne
» le pas prendre pour modele de
» conduite. Je veux que l'on cher-
» che dans Pétrone les finesses de
» la langue Latine, & non les dé-
» bauches d'une Cour corrompue.
» Plût à Dieu que cet immodeste
» Auteur fût désormais bouclé par
» tous ceux entre les mains de qui
» il tombera : peut-être essayera-t-on
» sur lui une opération encore plus
» délicate. Je n'oserois la risquer :
» je craindrois de lui arracher la vie,
» en voulant lui donner de la dé-
» cence. Adieu, tâchez de vous cal-
» mer. «

Les Etudes ont encore à Padoue une ample ressource dans deux nombreuses Bibliothéques, dont l'une appartient à la Cathédrale, & l'autre à la Ville. Ces Bibliothéques, enrichies de morceaux rares & singuliers en divers genres, sont ouvertes au Public.

Enfin Padoue a, depuis plus de deux siécles, un jardin de plantes bien fourni & entretenu avec le plus grand soin. Ce qui nous y frappa le plus, ce furent des faules des Indes très-hauts & très-vigoureux, dont les branches inclinées font chargées de touffes de petits rameaux & de feuilles, le tout entrelaffé & traînant jufqu'à terre, en forme de grandes perruques. Depuis la même époque, Padoue a aufli un Cabinet d'Hiftoire Naturelle, dont l'étude aujourd'hui fi à la mode dans nos pays Septentrionaux, & les objets relatifs à cette étude, font depuis long-temps recherchés, connus & même communs en Italie. Ainfi fur ces objets, de même que fur beaucoup d'autres, les Italiens font, finon nos Maîtres, au moins nos aînés.

Parmi les Padouans diftingués dans les Lettres, on compte *Benedetto Burdono*, mort en 1530, & l'un des premiers qui ait cultivé avec quelque fuccès la Géographie & la Cofmographie. Il fut pere du célèbre Jules-Céfar Scaliger, qui préférant ce nom à celui de fa famille, aima mieux defcendre des Princes de Véronne, que d'un honnête Géographe. Son fils foutint la même chi-

PADOUE. mère, avec une hauteur plus ridicule qu'imposante. Nous avons de lui un Manifeste contre les Détracteurs de sa généalogie. Il est imprimé avec ses Lettres, sous le titre de *Confutatio Fabulæ Burdonum.* Jules-Céfar s'étoit, dans cet arrangement, conformé au proverbe Italien : *Paffé la rivière ou la montagne, tout Galant homme est Gentilhomme.*

Chez l'Abbé Facciolati, cet Historien de l'Univerfité de Padoue, dont j'ai parlé ci-deffus, nous vîmes, dans un autre genre, une Collection auffi fçavante que fingulière. C'eft une fuite de tableaux où fe trouve, pour ainfi dire, développée l'hiftoire de la Peinture, depuis fa renaiffance en Europe. Elle s'ouvre par les tableaux grecs, dont l'imitation forma les premiers Peintres d'Italie. Ils repréfentent des Madones fervilement calquées, fans goût de deffein, & d'une exécution dont la féchereffe & la platitude ne differe en rien de celles de ces eftampes en bois & groffièrement enluminées, dont nos payfans parent leurs cabanes. L'art fe développe par degrés dans les Maîtres suivans. L'on arrive à Raphaël & au Titien par le Giotto, le Mantegna, les Bellins, &c. ensuite de Raphaël & du Titien, aux Carraches, par une suite de Peintres, dont les efforts plus ou moins heureux, ont sinon enrichi, au moins conservé l'art. En un mot, on retrouve dans cette Collection, les mêmes nuances observées par Cicéron dans les monumens de la Sculpture Grecque: *Quis non intelligit Canachi signa rigidiora esse, quàm ut imitentur veritatem ? Calamidis dura illa quidem, sed molliora quàm Canachi. Nondùm Myronis satis ad veritatem adducta, sed tamen quæ non dubites pulchra dicere. Pulchriora etiam Policleti & jam penè perfecta, ut mihi quidem videri solent* *. Changez les noms indiqués par Cicéron, vous aurez sous les yeux le Cabinet de M. Facciolati, qui offre un coup d'œil infiniment plus satisfaisant, & infiniment plus intéressant sous ce point de vûe, que tant de riches & somptueuses

---

* Cic. in Bruto. edit. Robert. Steph. tom. I. p. 227.

Collections qu'offre l'Italie, & où, en comparaison de celle-ci, on ne trouve, pour ainsi dire, que *disjecta membra Picturæ.*

Cependant il n'est pas complettement décidé que la Peinture entièrement bannie de l'Italie, n'y ait été ressuscité que par le secours des modèles apportés de la Grèce. Dans le vingt-troisiéme Chapitre du quatriéme Livre de son Histoire des Lombards, Paul Diacre nous apprend que, dès le sixiéme siécle, la Reine Teudelinde, femme d'Autarit & ensuite d'Agilufe, avoit fait peindre les prouesses des premiers Rois Lombards, sur les murs de la Basilique élevée par cette Princesse, à Monza, sous l'invocation de Saint Jean. Ce bel art s'étoit donc perpétué en Italie jusqu'au sixiéme siécle: il osoit même traiter de grands sujets. La manière dont il les traitoit, peut prouver qu'il n'étoit pas exercé par d'habiles mains, mais elle établit son existence.

Sa perpétuité jusques dans le dixiéme siécle, est formellement établie par un passage de Rathérius, dans la seconde partie de son Traité *De contemptu Canonum*. Ce Moine Allemand, que le manége & l'intrigue avoient placé sur le siége de Véronne, d'où il avoit été chassé trois fois, & qui mourut enfin dans son Monastère de Lobes en Flandre, rendoit aux Italiens toute la haine qu'ils avoient pour lui.

Dans le Traité cité ci-dessus, qui est en forme de Dialogue, il se fait demander pourquoi, de toutes les Nations Chrétiennes, les Italiens sont ceux qui marquent le plus de mépris pour les Canons & pour la Cléricature ? *C'est*, répond-il, *parce que l'usage, très-répandu parmi eux, des tableaux voluptueux, l'abus continuel du vin, & le mépris des leçons des Prêtres, les excitent à satisfaire leurs passions* *. Il borne à ces diverses im-

―――――――――――

* *Quoniam quidem libidinosiores eos & pigmentorum Venerem nutrientum frequentior usus, & vini continua potatio & negligentior disciplina Doctorum facit.* Dans la basse Latinité, le mot *pigmentum* étoit employé dans l'acception d'hypocras & de liqueurs composées. Voyez le Dictionnaire de Ducange. Chez Plaute & chez les bons Écri-

PADOUE. putations les causes du mépris dont il se plaint. Ainsi voilà encore, dans le dixiéme siécle, l'Italie en possession de tableaux, dont l'effet sur les mœurs annonce que, quant à l'art, ils n'étoient pas sans mérite. Le goût que l'Italie avoit conservé pour ce genre de peinture, y devoit perpétuer l'art & y former des Artistes. Le *frequentior usus* du passage cité, nous présente d'ailleurs ce goût comme fort répandu.

En passant du siécle où Rathérius écrivoit, à celui où se formèrent en Italie les premières Ecoles de Peinture, on rencontre des temps beaucoup plus favorables à sa perpétuité, que la barbarie des siécles antérieurs. L'Italie, en s'affranchissant par parties, arrivoit insensiblement à cet état brillant où la conduisit la confédération des Villes de Lombardie, *Società de' Lombardi*, formée vers la

---

vains, il signifie *fard*. C'est d'après Muratori que je l'emploie dans le passage de Rathérius, pour signifier *tableaux, peintures*. Voyez sa seiziéme Dissertation sur les usages du Moyen-Age.

fin

fin du douziéme siécle. L'opulence que l'industrie répandit parmi ces Peuples, devenus respectables par leur union, y répandit aussi le goût pour les Arts, sur-tout pour ceux qu'ils avoient toujours chéris, tels que la Peinture.

PADOUE.

Nous vîmes à Padoue plusieurs des premiers efforts de ce bel art. Une chapelle voisine de celle qui renferme le tombeau de Saint Antoine, offre plusieurs morceaux du Giotto. Dans une des chapelles de l'Eglise des Augustins, le Mantegna, l'un des premiers Maîtres de l'Ecole Vénitienne, a peint la vie de Saint Christophe en figures de grandeur naturelle. Dans un couvent de Religieuses, la maîtresse de la Sacristie s'empressa de nous faire voir un grand livre de chœur, dont toutes les grandes lettres sont chargées de miniatures exécutées de la main de ce Maître.

Padoue, long-temps florissante sous l'Empire Romain, fut détruite & renversée par Attila. Suivant la plus commune opinion, les Padouans abandonnant alors leur Ville

PADOUE.

à son malheureux sort, se retirèrent dans les lagunes, où ils jettèrent les fondemens de la Ville & de la République de Venise. Cent années après, cette Ville rebâtie en bois fut livrée aux flammes par Agilulfe, Roi des Lombards. En 960, Narsès l'ayant relevée, elle crût en grandeur & en puissance, sous la protection de Charlemagne & des Empereurs de sa race, qui lui donnèrent des Gouverneurs particuliers. Sous les Othons, elle suivit l'exemple des autres Villes d'Italie, & leva l'étendard de la liberté ; mais son importance attira, en 1237, les forces de l'Empereur Frédéric II. qui lui donna pour Maître le fameux Ezzelin *di Romano*, que les Histoires Vénitiennes représentent comme l'un des plus cruels Tyrans qui ayent jamais régné *.

L'esprit de parti, qui déchiroit alors ces Villes malheureuses, a sans doute conduit une partie des plu-

---

* *Rarum atque difficile est, ut quos Tyrannos aliorum victoria fecerit, bene mittantur in litteris.* Spartian. in Pescen. init.

mes contemporaines, qui ont dénigré Ezzelin. Au moins est-il certain que ce Prince, ou Tyran, si l'on veut, aggrandit Padoue de plus de moitié : aggrandissement que l'on peut aujourd'hui vérifier, par l'enceinte encore subsistante de l'ancienne Cité. Il y distribua les eaux de la Brenta & du Baciglione, pour le service de différentes manufactures qu'il créa, & qui fleurirent sous sa protection. Il bâtit un grand palais, qui subsiste encore en partie. Le pont voisin de ce palais & un moulin de trente ou quarante roues, assez semblable à la fameuse bazacle de Toulouse, sont aussi des monumens de son regne. Aussi formidable à ses voisins, que redoutable aux Guelphes, il étendit le domaine de Padoue par plusieurs conquêtes importantes. Enfin nous avons rapporté, *Tome I.* de cet Ouvrage, dans notre Discussion sur l'ancien état de la Romagne, quelques passages d'Auteurs contemporains, qui peuvent donner une idée du goût, de la magnificence, du luxe & des plaisirs qui régnoient à Padoue sous ce Prince.

PADOUE.

Une croisade qui avoit attiré, en l'an 1256, une partie des habitans de la Romagne sous les étendards du Pape, enleva Padoue à Ezzelin, & lui donna les Carares pour Maîtres. La domination de ces nouveaux Maîtres fut aussi orageuse au-dehors qu'au-dedans. Presque toujours en guerre avec les Seigneurs de Vérone, les Ducs de Milan & les Vénitiens, ils succombèrent enfin sous ces derniers, qui firent étrangler en prison François II. l'an 1403. Ce dernier, assiégé dans la Citadelle de Padoue, s'étoit rendu à discrétion au Général Vénitien, & avoit ensuite passé à Venise pour y implorer en personne la miséricorde du Sénat. Trois autres de ces Princes périrent aussi de la main de leurs plus proches parens & de leurs propres enfans.

Il ne reste à Padoue de son commerce & de ses anciennes manufactures, qu'une seule maison qui trafique au-dehors, & une manufacture de draps que Venise tolère encore pour la consommation du pays.

Avec la chûte du commerce de

Padoue, est tombé un usage aussi ancien que singulier auquel étoit consacré une *pierre d'opprobre*, dont parlent toutes les relations. Sur cette pierre, où on lit ces mots gravés, *lapis vituperii*, les Sergens faisoient asseoir trois fois *à cul nud*, les Banqueroutiers. Là, le Failli déclarant, en présence du peuple, qu'il ne lui restoit de tous ses biens que cinq livres, c'est-à-dire, environ un écu de France, étoit délivré, par cette humiliante cérémonie, de toute poursuite de la part de ses Créanciers. De-là l'expression Italienne, *dar del culo in sul petrone*, qui signifie *faire banqueroute*, consacrée par le Dictionnaire *della Crusca* : de-là peut-être l'expression Françoise, *montrer le cul*, laquelle a la même signification. Les loix de tous les Peuples ont porté les peines les plus sévères contre les Banqueroutiers ; & dans certains pays, les Banqueroutiers, même non frauduleux, étoient obligés d'être munis d'un bonnet verd, dont ils devoient se couvrir en présence ou à la rencontre de quelqu'un de leurs Créanciers. Les pei-

PADOUE. nes contre cette espèce de voleurs, & contre leurs complices, n'ont plus lieu depuis que la poursuite en a été abandonnée aux Créanciers, par le Ministère public. Ce relâchement, que l'on prétend avantageux au commerce en général, date précisément du temps où l'Auteur de Télémaque concluoit à des peines afflictives contre tout Banqueroutier, qu'il regardoit comme coupable envers la Société, soit de malversation dans le maniement de deniers qui ne lui appartenoient pas, soit d'une négligence équivalente, par ses effets, à la malversation.

MONTSÉLICE.

CETTE Ville, que Léandro Alberti croit être l'*Acelum* de Pline & l'*Acedum* de Ptolémée, partagea toutes les révolutions de Padoue, au domaine de laquelle Ezzelin l'avoit réunie. Elle étoit alors protégée par une Citadelle importante, dont il ne reste plus que la place. A l'auberge où nous dînâmes, nous vîmes dans la cour une baignoire antique déterrée depuis deux ans, & qui servoit d'abreuvoir pour les chevaux. C'étoit la première antique de cette espèce que nous eussions vûe en Italie : elle étoit du plus beau marbre grec, de la forme la plus élégante, du travail le plus exquis & de la plus belle conservation, excepté un morceau du bord, qu'un cheval, en bûvant, avoit enlevé avec les dents depuis quelques jours. Je demandai à l'Aubergiste, s'il avoit à Venise quelque Patron, en lui conseillant de lui envoyer cet abreuvoir, qui seroit pour Venise un morceau uni-

MONTSÉ-LICE.

que. Nous avons depuis vû à Rome & ailleurs de pareilles baignoires, que l'on fait servir, à Rome sur-tout, de bassins pour les fontaines publiques ; mais nous n'en avons vû aucune dont le trait fût aussi pur, & la forme d'une simplicité aussi agreable à l'œil.

A l'Ouest de Montsélice, sont *Este* & *Arqua* ou *Arquato*: l'un célèbre par l'origine de la Maison d'Est qui en a pris son nom ; l'autre, par la sépulture de Pétrarque *, qui y avoit passé les dernières années de sa vie. Plus loin dans la même position à l'égard de Ferrare, est *la Stellata*, patrie d'Angelo Manzolli, qui, sous le nom de Palingénius, a donné le Poëme Latin intitulé *Zo-*

---

* A propos de cette sépulture, l'Aretin a conservé une anecdote singulière d'un paysan d'Arquato, qui vouloit partager l'immortalité de Pétrarque. Je vais la rapporter en ses termes : *Un Contadino di Arquato, il quale non sapea cio che fossi memoria, volse lasciar cento ducati al Piovano della chiesa, perche il corpo suo si mettesse nella sepoltura del Petrarca : à onta tua, ô generosità ! à la tua barba, ô gloria !* Lib. II. Ep. al Car. C. del 10 April. 1538.

diacus vitæ. Ce titre bizarre faifoit allufion à *la Stellata*, patrie de l'Auteur : allufion qui annonce peu convenablement un Poëme qui eft peut-être l'une des plus folides & des meilleures compofitions Latines qui ayent paru depuis la renaiffance des Lettres. L'Auteur avoit été Médecin d'Hercule II. Duc de Ferrare, auquel il a dédié cet Ouvrage. La liberté avec laquelle il y parle des Papes, du Clergé & de quelques pratiques religieufes, étoit fans doute une fuite du commerce avec les Proteftans qui trouvoient auprès de la Ducheffe de Ferrare, fille du bon Roi Louis XII. un afyle contre la févérité des Edits de François I. La protection de cette Princeffe n'a pas empêché que le *Zodiacus vitæ* n'ait été mis au Concile de Trente, dans la première claffe des Livres prohibés, & que l'Inquifition n'ait févi contre l'Auteur, à la vérité après fa mort, en faifant exhumer fon cadavre, ainfi que je l'ai appris à Ferrare.

Nous revînmes dans cette dernière Ville, à travers un pays coupé presque à chaque pas par des riviè-res & des canaux que l'on traverse sur des ponts, à gué, ou dans des bacs. A tous ces passages, on paye des droits de péage, dont les Voya-geurs doivent avoir l'attention de charger les Voiturins, lorsqu'ils font marché avec eux : sans cette pré-caution, on ne finit pas de payer à l'arbitrage des Voiturins, qui par-tagent avec les Péagers.

Après avoir essuyé à Ferrare l'ava-nie dont j'ai donné le détail à l'arti-cle de cette Ville, nous nous aban-donnâmes à notre *Procaccio*. Nous ne pouvions tomber en plus mau-vaises mains. Cet homme étoit à la tête de quatre ou cinq voitures dans lesquelles étoit venue la suite du Légat. Sa journée étoit partagée en-tre des Rosaires qu'il récitoit tout haut & faisoit réciter aux Voyageurs, & des juremens exécrables dont il chargeoit ses Postillons, qui annon-çoient, par leur nudité & par leur air exténué, le caractère du Maître qu'ils servoient, & la misere d'un pays qui oblige des malheureux de se donner à des Maîtres de cette es-

pèce. Celui-ci étoit tellement im- MONTSÉ-
pitoyable sur l'article des Rosaires, LICE.
qu'un Jésuite que nous prîmes en
route, ayant refusé de s'y joindre,
en lui disant que ce seroit offenser
Dieu, que de le prier avec un blasphémateur aussi déterminé, le dévot *Procaccio* alla le dénoncer à l'Inquisition dans la Ville où il le déposa, quoique le Jésuite eût la poitrine, l'estomac & presque le ventre plastronés d'un grand Crucifix pendu à son col.

A notre égard, nous en fûmes quittes pour lui entendre répéter souvent entre les dents, le propos familier à la canaille d'Italie au sujet des François : *Questa gente non crede in Dio.* D'ailleurs, comme il nous voyoit lire assez souvent, incertain sur l'objet de nos lectures, il n'osoit employer envers nous la rigueur dont il usoit avec les gens désoeuvrés.

Ces Rosaires me rappellent les convois de Pélerins retournant de Notre-Dame de Lorette, & qui remplissoient les chemins, les uns à pied, les autres en chaise ou en

MONTSÉLICE.

charrette. A notre départ de Bologne, nous en avions rencontré d'autres troupes qui y alloient. Toutes les Villes de la Romagne, auberges, places & rues en étoient couvertes toutes les nuits. Ces troupes font formées de Villages entiers, souvent avec le Curé, le Seigneur & la Dame à leur tête. Elles s'annoncent de loin, par leurs chants, par leurs ris, & par les cris inséparables de pareilles cohues. Lorsqu'elles nous joignoient, pour l'édification publique, chacun s'armoit de son chapelet, & l'on chantoit, ou plutôt on heurloit les Litanies de la Vierge, en jettant sur nous un regard de pitié, comme sur gens abandonnés de Dieu. D'autres troupes nous assailloient de dessus leurs charrettes, de tous les propos usités entre voitures de terre ou d'eau qui se rencontrent : propos que nous recevions d'autant plus gaiement, qu'ils nous apprenoient des mots de la Langue Italienne que nous n'eussions trouvés ni dans les Livres, ni dans la conversation des honnêtes gens. La liberté & la grosse joie qui font l'ame de ces parties, offrent, pour les petites intrigues, des commodités dont les Pélerins & les Pélerines fçavent tirer parti : ils allient tout cela, comme notre *Procaccio* allioit les Rofaires avec fes juremens & fes blafphêmes.

Nous étions convenus avec lui, par écrit, qu'il féjourneroit dans les Villes qui fe rencontreroient fur notre route. Ancône étoit le premier féjour, & il s'arrêta dans une mauvaife auberge, au milieu de la campagne, à une demi-lieue de cette Ville. Nous voulûmes, en vertu du *patto*, l'obliger à nous y conduire : mais n'ayant fous la main ni Juge ni autres chevaux que les fiens; démêlant d'ailleurs que l'objet de cette fpéculation étoit de nous forcer à tenir à l'auberge d'Ancône, les chevaux & le Poftillon qui nous y conduiroient, pour tromper fon calcul, nous prîmes le parti de laiffer un Domeftique à la voiture, & de nous acheminer à Ancône, où nous arrivâmes en nous promenant. Cela foit dit pour l'inftruction des Voyageurs, qui ne peuvent prendre affez de pré-

MONTSÉ-
LICE.

cautions avec ces honnêtes gens. Je n'en négligeois aucune : je tenois note de celles que j'avois manquées; & en formant de nouveaux articles dans les traités suivans, ces traités étoient devenus aussi amples que des contrats de mariage importans. Cela étonnoit d'abord mes gens: ils se soumettoient à tout, mais je lisois dans leurs yeux, qu'ils pensoient à quelque tour que je n'avois pas prévu; & en effet ils me prouvoient, par quelque nouveau stratagême, tel que celui que je viens de rapporter, qu'on ne s'avise jamais de tout. L'amour du gain entre pour beaucoup dans toutes leurs spéculations; mais le plaisir d'impatienter & de lutiner les Etrangers, est tel pour eux, qu'ils ne le négligeroient pas, indépendamment du gain: ils expriment ce plaisir, par le transport avec lequel ils se disent entr'eux: *hò cogl... questo forestiere.* En un mot, traiter avec eux, c'est parier qu'ils ne vous attraperont pas, & ils gagnent toujours.

ANCONE.

Le premier coup d'œil de cette Ville nous étonna, par son peu de ressemblance avec ce que Misson & d'autres Voyageurs en ont écrit. » C'est une chose surprenante, dit » Misson, que la manière dont le » trafic s'est anéanti dans un lieu » qu'il avoit autrefois rendu fameux : » il est vrai, ajoute-t-il, qu'après » l'exemple d'Anvers, rien de sem- » blable ne nous doit étonner. « Ancône nous offrit le spectacle qu'offrent Marseille, Gênes, Livourne, Naples & toutes les Villes qui fleurissent par le commerce maritime. Le détail de l'examen redoubla notre étonnement. Il nous découvrit de nombreux & riches magasins ; des maisons de commerce, liées d'affaires avec les principales places de l'Europe, & avec les Echelles du Levant ; des manufactures la plûpart naissantes, & que le temps augmentera & multipliera ; des Juifs très-riches & bien logés ; enfin des Comtes & des Marquis guéris des anciens préjugés, devenus commerçans & occupés de factures & de bordereaux. Dans le peuple, même activité, même ardeur pour le travail : les hommes occupés au transport des marchandises du port à la Ville, de la Ville au port, & à leur circulation de magasin en magasin : dans des chambres très-étroites où loge toute une famille, les femmes fabriquant des toiles à voile : sur le port, des enfans de sept à huit ans, gagnant déja leur journée à transporter dans des civières proportionnées à leur âge & à leurs forces, du moëlon, de la pouzzolane & du mortier. La renaissance d'Ancône s'annonce enfin par les atteliers que l'on y rencontre à chaque pas, soit pour la construction de nouvelles maisons, soit pour l'aggrandissement ou l'embellissement des anciennes. Les Moines ne s'oublient pas dans ce mouvement général. J'ai parlé, dans l'article de RAVENNE, d'une belle & vaste Eglise que bâtissoient à neuf les Dominicains d'Ancône.

Cette révolution dans l'Etat de

cette Ville, est un tableau vivant de ce que peut tout Souverain, de ce que peut un Pape même pour la splendeur de ses Etats, puisqu'il ne s'agit que d'ouvrir une carrière à l'industrie. Clément XII. a opéré cette révolution, en ouvrant dans cette Ville un port franc, en y élevant à grands frais, sur les desseins & sous la conduite de son Architecte Vitelli, un Lazaret qui est un chef-d'œuvre en ce genre, enfin en y établissant la tolérance pour les Religions que l'Eglise de Rome a séparés de sa Communion.

La rupture de Benoît XIV. avec la République de Venise, a achevé ce que Clément XII. avoit commencé. Ancône, même dans son état de décadence, étoit un objet de jalousie pour les Vénitiens. Depuis la rupture, Benoît XIV. prenant toutes les mesures nécessaires pour relever entièrement le commerce de cette Ville, avoit assigné des fonds, soit pour la solide reconstruction des parties foibles de l'ancien Mole, soit pour le prolonger de manière qu'il offrît un abri sûr contre les

Ancône.

ANCONE.

vents du Nord, auxquels le port est ouvert.

La mort de ce Pontife n'avoit point encore interrompu ces ouvrages, dont l'activité nous rappella les travaux des Tyriens à Carthage: *Instant ardentes Tyrii, &c.* Je doute que, depuis la paix faite avec Venise, ces grandes vûes soient suivies par un Pape Vénitien, qui d'ailleurs croira peut-être les revenus de l'Eglise plus convenablement employés aux besoins continuels d'une Ville dont une partie des habitans ne vit que d'aumône.

Le vieux Mole bâti en marbre par Trajan, est coupé dans son milieu par cet arc de triomphe dont parlent toutes les relations. Avec le pont de Rimini & la maison quarrée de Nîmes, c'est l'un des restes les plus entiers que j'aye vus de la magnificence Romaine. Il est encore, pour ainsi dire, à fleur de coin. Les siécles & les élemens semblent avoir respecté, dans ce monument, la mémoire d'un Prince qui trouva sa gloire & son bonheur dans la félicité du genre humain. On y lit cette inscription:

IMP. CÆSARI DIVI NERVÆ F.
NERVÆ TRAJANO
OPTUMO, AUG. GERMANICO, DACICO,
PONT. MAX.
TRIB. POT. XIX. IMP. IX. COS. V. P. P.
PROVIDENTISSIMO PRINCIPI,
S. P. Q. R. QUOD ADCESSUM ITALIÆ,
HOC ETIAM ADDITO EX PECUNIA SUA PORTU,
TUTIOREM NAVIGANTIBUS REDDIDERIT.

Au-deſſous de cette inſcription, on lit à droite :

PLOTINÆ AUG.
CONJUGI AUG.

Et à gauche :

DIVÆ MARCIANÆ,
SORORI AUG.

L'ouverture ou baye dont cet arc eſt percé, paroît à l'œil d'une hauteur plus que double de ſa largeur : proportion qui lui donne un air étranglé, mais qu'a déterminée le peu de largeur de ſon emplacement. En effet, ſi, ſur cette largeur, on eût aſſervi la baye aux proportions ordinaires ; ou en conſervant à cet édifice ſa hauteur, la baye ſeroit devenue un guichet percé dans une

ANCONE.

masse qui l'eût écrasé; ou, en réduisant proportionnellement l'édifice, ce monument fait pour s'annoncer de loin aux Navigateurs, n'eût plus été qu'un colifichet, que l'on n'auroit apperçu qu'en le touchant, pour ainsi dire, de la main. Enfin, comme son vrai point de vûe est à la mer, l'étranglement de sa baye doit à peine être sensible aux Navigateurs, dont la marche n'est jamais, ou que très-rarement, perpendiculaire à cette baye.

La Cathédrale d'Ancône occupe le sommet d'un promontoire appellé *Cumerum* par les Anciens, & qui fut le premier emplacement d'Ancône. Ce promontoire forme l'extrémité d'une branche qui se détache de l'Appennin. C'est à cette position qu'Ancône doit son nom, qui, dans la Langue des Grecs dont elle la reçu, signifie *coude & pointe,* & non à l'enfoncement de son port, qui n'a rien à cet égard qui le distingue de tous les ports de l'Univers.

Nous gagnâmes le sommet de ce promontoire actuellement inhabité, en luttant contre un vent impétueux, quoique l'air fût fort serein. La fatigue de cette courfe me mit dans la néceffité de goûter le vin de la facriftie de la Cathédrale. Je le trouvai digne de la réputation dont les vins d'Ancône jouiffoient dans l'Antiquité. On l'appelle aujourd'hui vin de *Sirolo*, & on le recueille fur le revers méridional de la montagne dont la Citadelle occupe le fommet.

La Cathédrale dédiée fous l'invocation de Saint Quiriace, a pris la place d'un Temple autrefois confacré à Vénus, & dont parle Juvenal*, Satyre IV. Elle n'offre rien de remarquable, que quelques tableaux de bonne main, & fon portail bâti en marbre, aux dépens fans doute de l'ancien Mole, mais fans goût & fans deffein. Du parvis de cette Eglife, on voit, à vûe d'oifeau, la mer;

---

* Il rapporte en ces termes qu'un poiffon monftrueux a échoué dans le port :

Ante domum Veneris quam Dorica fuftinet Ancon.

ANCONE.

le port, la Ville, ses défenses, & ses dehors qui sont très-rians & bien cultivés. Mais le vent nous permit à peine de jouir de ce coup d'œil. La situation d'Ancône me parut ressembler à celle de Marseille : ressemblance qui devoit être plus exacte avant que les habitans d'Ancône eussent abandonné la montagne, pour étendre leurs habitations dans le plein-pied de la marine. Il n'y a plus aujourd'hui d'habité dans cette partie, que le revers le plus voisin du port. Les maisons qui occupent cette partie, sont d'une solidité à l'épreuve du canon; elles communiquent avec la Ville, & communiquent entr'elles par des rues, qui ne sont autre chose que des escaliers escarpés de cent à cent cinquante marches, assez mal en ordre. Ces escaliers ont de temps en temps des repos ou palliers de distribution pour des rues de traverse. Une Ville ainsi bâtie, telle que l'étoit Ancône avant qu'elle eût abandonné la montagne, n'avoit pas besoin de fortifications pour être une Ville imprenable.

Suivant Procope, *Hist. mêlée, chap.*

23. elle profita de ses avantages dans le long siége qu'elle soutint contre toutes les forces des Goths, qui l'attaquèrent inutilement par mer & par terre : résistance d'autant plus mémorable, qu'elle étoit alors la seule place qui restât aux Romains en Italie. Elle dut à ces avantages & à l'union de ses Citoyens, l'indépendance où elle se maintint au milieu des troubles de l'Italie, environnée de voisins inquiets, jalousée par les Vénitiens, & continuellement harcelée par les Papes qu'elle reconnoissoit pour protecteurs, mais qu'elle ne vouloit point pour Maîtres. Elle seroit peut-être encore indépendante, si elle eût été assez puissante ou assez courageuse pour braver les menaces des Turcs, & s'opposer aux descentes fréquentes qu'ils faisoient à sa côte. Sous prétexte de la rassurer, Clément VII. éleva en 1537, une Citadelle sur la montagne parallèle au promontoire qu'occupoit l'ancienne Ancône, & qui commande la nouvelle. L'artillerie & la garnison dont il se hâta de la pourvoir, aidées de quelques manœu-

ANCONE,

ANCONE. vres Italiennes, donnèrent enfin un Maître à Ancône *.

Léandro Alberti parle avec éloge d'un de ces Citoyens nommé Cyriaque, l'un des premiers Modernes qui se soit occupé des monumens de l'antiquité. Pour satisfaire sa curiosité, il parcourut presque toute l'Europe & une grande partie de l'Asie & de l'Afrique. Théâtres, cirques, temples, statues, tombeaux, obélisques, pyramides, arcs de triomphes, inscriptions, tout cela copié & dessiné de sa main, remplissoit plusieurs volumes d'autant plus précieux, que, depuis le quinziéme siécle où il vivoit, une infinité de ces monumens a péri. Peut-être est-ce la cause du reproche que lui a fait Antonius Augustinus, d'avoir donné d'imagination une partie de ces monumens. J'ignore si ces recueils existent encore, & où ils existent. Alberti nous apprend qu'en 1534 une partie en a été imprimé en Allemagne, par les soins de Pierre Apintio & de Barthelemi Amantio.

---

* *Sensit Dominum, frænumque recepit.*
Lorsque

Lorsque les gens avec qui Cyriaque vivoit, ou avec qui il voyageoit, gens uniquement occupés de vûes de fortune, lui demandoient ce que lui produiroient ses travaux, ses fatigues & ses dépenses, *la gloire de ressusciter les morts,* répondoit-il fièrement.

Nous rencontrâmes dans les rues d'Ancône une jeune & jolie femme, en habit de Pélerine très-galant, demandant l'aumône de porte en porte. Elle avoit pour Ecuyer un homme de bonne mine, aussi vêtu en Pélerin. J'appris avec étonnement, qu'il n'étoit point son mari, & que ces pélerinages sont encore assez communs en Italie. Ils se font en bonne calêche : on demande l'aumône dans les Villes : on distribue aux pauvres l'argent qu'elle produit : le peuple est édifié : les maris n'en conçoivent aucun ombrage : c'est ici *ne pas croire en Dieu,* que d'imaginer qu'une œuvre si sainte, puisse servir de manteau à quelque arrangement.

Tome II. I

LORETTE.

Dans les quinze milles qui font la distance d'Ancône à Lorette, on laisse à la droite les ruines de *Cingulum*, Ville bâtie par Labiénus, l'un des Lieutenans-Généraux de César, lequel l'avoit peuplée de Soldats enrichis des dépouilles des Gaules. La population de ce pays, qui forme entre l'Apennin & la mer un bassin aussi fertile qu'agréable, fut autrefois proportionnée à son abondance & à sa fertilité. Outre le *Cingulum* dont je viens de parler, cette côte avoit la Ville de *Humana* ou *Numana*, celle de *Potentia*, deux autres qui portoient le nom de *Cupra*; & ces Villes dont il n'existe plus que la dénomination qu'en ont faite Pline & Ptolémée, avoient pour Métropole *Auximum*, qui n'a aujourd'hui d'habitans que les Chanoines & les Moines, à qui appartient la plus grande partie de cette riche contrée.

Selon le témoignage de Léandro Alberti, Lorette a pris la place de la *Cupra Montana*, ville célèbre dans l'Antiquité, par un Temple qu'y avoient élevé les anciens Toscans ou Etrusques, lorsqu'ils étoient maîtres de ce pays, c'est-à-dire, avant l'irruption des Gaulois en Italie. Ce Temple étoit dédié à Junon Cupra *. Cette épithete semble indiquer la *Cupra maritima* que Pline & Ptolémée ont aussi placée dans ces parages ; mais les anciens Peuples, fondateurs de ce Temple, choisissoient les montagnes ou promontoires pour ces sortes de monumens. D'ailleurs la montagne qu'occupe aujourd'hui Lorette, jouit de la vûe de la mer, dont elle n'est séparée que par une plage peu étendue : position qui suffisoit à un Poëte non astreint à la précision géographique, pour donner à cette situation l'épithete de *littorea*.

LORETTE.

Les Peres Turselin, Jésuite, & Braglion, de l'Oratoire, ont donné, dans le dernier siécle, l'histoire de la *Santa-Casa*, qui, depuis près de

_____

* *Littorea fumant altaria Cupræ*, dit Silius Italicus, *Lib.* 8.

LORETTE.

trois siécles, attire toute l'Europe à Lorette. On peut voir dans ces histoires, comment elle passa de Nazareth en Dalmatie, & de la Dalmatie au lieu qu'elle occupe enfin irrévocablement, après avoir changé trois fois de station dans la forêt qui environnoit Lorette.

Jules II. la mit en vogue, par le vœu qu'il y fit, lorsqu'au siége de la Mirandole, il fut effleuré d'un boulet de canon; par les indulgences qu'il y attacha; par les établissemens & par les bâtimens qu'il y commença*. Cette dévotion étoit un centre de

---

* Barthelemi de Salignac, dans son *Voyage de la Terre-Sainte*, écrit en Latin & imprimé à Lyon en 1525, l'année même de la bataille de Ravenne, termine son chapitre 7. qui contient la description de Nazareth, par ces mots: *Domuncula illa omnium beatissima domorum, in quâ Incarnationis mysterium & salutatio Angelica sunt consummata, CREDITUR haberi in Provinciâ* d'Anconacy, *loco qui dicitur* Lauretum. C'étoit s'énoncer bien foiblement sur une croyance qui auroit alors été généralement établie: croyance à laquelle la suite du récit de l'Auteur, joint ci-après à celui de Cotowik, ne laisse aucun fondement.

réunion entre les Peuples de ses Etats & ceux des Villes de la Romagne & de la Lombardie, qu'il avoit soustraits à la domination de leurs Princes particuliers, pour les réunir au Domaine de l'Eglise. Lorette devenoit pour les Romains & les Romagnoles modernes, ce que le Mont Albano fut aux anciens Romains & aux Peuples du *Latium*.

Les Carmes desservirent cette Chapelle, tant qu'elle ne fut connue & révérée que par les Peuples des environs. La dévotion s'étant accrue, le Fondateur des Jésuites y alla lui-même établir quatorze de ses Disciples. Jules III. pourvut à leur logement & à leur subsistance. A ces quatorze Jésuites, Paul IV. en ajouta six, & il abandonna à cette nombreuse Communauté, le Palais pontifical bâti par ses prédécesseurs *.

───────────

* Dans le Recueil des Lettres *di XIII. Uomini Illustri*, voyez-en une de Gibert, Evêque de Vérone, à J. B. Mentebuona, sur le besoin qu'avoit Notre-Dame de Lorette, de Prêtres recommandables, *e per la*

LORETTE.

Les Communions diſſidentes de la Romaine ſe ſont épuiſées en raiſonnemens & en ſarcaſmes contre cette dévotion. Un nommé Matthieu Bernegger, Allemand, a donné *ex profeſſo*, un Traité *de Idololatriâ Lauretanâ* * : l'amertume qui y regne, pourroit induire à penſer que ce qui ſe donne à Notre-Dame de Lorette, eſt autant de retranché ſur la pitance des Miniſtres Luthériens d'Allemagne. L'Auteur Anglois du *Mundus alter & idem*, lui a conſacré la troiſiéme Section de ſon troiſiéme Livre, ſous le titre de *Moroniæ felicis Paradiſus*. Miſſon ne l'a

───────────────

bontà della vita, e per la dottrina : le quali ambedue parti erano, à punto à punto, dello eſtremo contrario. Toute cette Lettre paroît dictée par un zèle auſſi ardent qu'éclairé. *Hoc Collegium*, dit le P. Turſelin, *non mortalibus ſolùm, ſed etiam Beatæ Mariæ cordi fuiſſe, major in dies progreſſus oſtendit. . . . . Conſtat enim vel advenarum frequentiam, vel donorum copiam ſolito fuiſſe longè majorem*. Lib. III. cap. 12. & 21.

* Ce Traité a échappé à l'*Index*, qui a cependant proſcrit, par Décret du 10 Juin 1659, un Ouvrage du même Auteur, ſous le titre d'*Obſervationes hiſtorico-politicæ*.

pas mieux traitée; mais elle n'a rien perdu de son crédit en Italie.

Nous rencontrâmes dans l'Eglise même un vieux Prêtre Provençal, venu en Italie à la suite du Cardinal de la Trimouille, établi, à ce qu'il nous dit, à Lorette depuis quarante ans. Il nous assura qu'il croyoit au transport de la *Santa-Casa*, comme à la Trinité & à l'Incarnation. Les motifs capitaux de sa croyance, étoient: 1°. l'incorruptibilité d'une poûtre du faîte, enterrée dans le sol de la Chapelle, & continuellement foulée aux pieds, sans que sa substance en soit ni altérée, ni diminuée; 2°. la conservation de l'émail de la *Sainte Ecuelle*, dans laquelle on passe sans cesse des chapelets, dont le frottement continu semble consolider cet émail, loin de le détériorer. Nous dîmes à ce Prêtre, que, lorsque nous aurions passé quarante ans à Lorette, nous pourrions penser comme lui.

Les motifs de crédibilité entassés par le P. Turselin, sont plus raisonnés que ceux que nous offroit ce Provençal. Mais comment les allier

LORETTE

avec le récit du Chevalier Cotowik, homme très-pieux, très-catholique, & bon Flamand, qui, par motif de dévotion, avoit fait, en 1598, le voyage de Jérusalem, dont il donna, en 1619, une Relation aussi intéressante, par quantité de choses bien vues, qu'élégamment écrite en Latin*?

Dans la description des ruines respectables qu'offre la Ville de Nazareth, il dit: » Au pied de la mon-
» tagne, vis-à-vis de cabanes habi-
» tées par des Maures, à l'entrée de
» la Ville, dans le lieu même où la
» Vierge fut saluée par l'Ange, on
» voit une Eglise consacrée à l'An-
» nonciation. Bâtie de pierres d'é-
» chantillon, ornée de colonnes
» de marbre & de porphyre, elle
» répondoit par sa grandeur & par
» la magnificence dont elle conser-
» ve des vestiges, à l'honneur dont
» elle a joui d'être le siége d'un Ar-
» chevêché. Les parties de murs qui
» existent encore, sont d'une pro-
» digieuse hauteur, & l'intérieur est

_____

* *Antuerpia, apud Verdussium, in-4°.*

» couvert de colonnes de la plus
» grande proportion, caſſées pour
» la plûpart ou enſevelies ſous ſes
» ruines *. «

Il donne enſuite la deſcription
de la Cripte ou Chapelle ſouterraine que dominoit le chœur de cette Cathédrale, & il en détaille la conſtruction en ces termes : » On deſ-
» cend par douze degrés de pierre
» dans une Cripte taillée dans le
» roc même. C'eſt, dit-on, dans ce
» ſouterrain que la Vierge fut ſaluée
» par l'Ange : placé ſous le chœur
» même de la grande Egliſe, il eſt
» partagé en trois petites chambres
» qui ſe communiquent. La première
» porte dix pieds de longueur, ſur

---

* Ad radicem montis, juxtà Maurorum Tuguriola, in ipſo oppidi ingreſſu, ubi Deipara Virgo ab Angelo ſalutata fuit, inclytum religione templum extitit, Annunciationi Virginis ſacrum, Archiepiſcopali olim ſede præcellens, ex quadrato conſtructum ſaxo, columnis marmoreis porphyreticiſque ſublime, peramplum, ſumptu & magnificentiâ inſigne : uti ex ingentibus columnis, partim confractis, partim ſepultis, altiſſimiſque parietibus etiam nunc exſtantibus colligitur.

LORETTE.

» six de largeur, & elle est ornée
» d'un autel de pierre, ainsi que
» celle du milieu; elle n'a que six
» pieds en quarré, & la dernière,
» quatre seulement. La chambre du
» milieu a, dans sa partie qui regar-
» de l'Occident, deux grandes co-
» lonnes d'un granit brun, chargé
» de petites taches transparentes:
» elles sont entr'elles à la distance
» de quatre pieds; celle du côté du
» Midi occupe, dit-on, précisément
» la place qu'occupoit l'Ange lors-
» qu'il salua la Vierge qui étoit en
» prières, dans la place où est l'au-
» tre colonne, au moment qu'elle
» reçut cette salutation *. «

---

* *Descenditur per gradus lapideos duodecim ad locum subterraneum rupi incisum, ubi Virgo Maria ab Angelo salutata dicitur. Is sub ipso choro superioris Ecclesiæ in tres dividitur cellulas sibi cohærentes, quarum prima longitudine pedes decem continet, latitudine sex; estque altari decorata lapideo, sicut & media, sed sex tantùm per quadrum habet pedes, ut postrema quatuor. In mediâ ab Occidentali latere, duas ingentes videre est columnas marmoreas, fusci coloris, candidis intermittentibus maculis, distantes inter se pedes quatuor, quarum una*

LORETTE.

Si notre Voyageur eût connu la description de Lorette, donnée en 1665 par le Capitaine Seragli, il y auroit appris (*Part. I. ch. 21.*), que la *Santa-Casa* étoit sous la voûte de la Chapelle souterraine de Nazareth, qu'elle passoit à travers cette voûte, & que l'on voit encore dans la Chapelle les vestiges de la saisine qu'elle y occupoit *.

Le plan & le dessein de ce monument faisoit sans doute partie des desseins de tous les monumens de la Grèce & de la Terre-Sainte, que M. de Nointel, Ambassadeur de France à Constantinople, avoit fait lever sous ses yeux, par M. Carrey,

---

Meridiem respiciens, eò fertur posita loci quo Angelus Beatissimam salutavit Virginem, opposita illi ubi precibus intenta sedebat, dum ab Angelo salutaretur. Barthelemi de Salignac, dans l'Ouvrage ci-dessus cité, disoit aussi : *Hic (in Nazareth) Christus conceptus est, & locus Conceptionis Virgineæ & salutationis Angelicæ* HODIE PERMANET.

* *Cio che affermava con giuramento nel ann. 1663. Frà Hiacinto di Cinque-foglie, già stato quindici mesi Guardiano di Nazarette.*

LORETTE. Eléve de le Brun. La collection de ses desseins, qui est d'autant plus précieuse, que les morceaux qui en font l'objet ont depuis souffert de grandes altérations, a passé du Cabinet de M. Foucault, en Angleterre, à ce que présument les personnes de Paris qui s'intéressent le plus aux objets de cette espèce.

Je laisse aux Turselins futurs le soin d'accorder l'Eglise de Jérusalem avec celle de Rome ; de concilier Constantin, qui, en élevant l'Eglise de Nazareth, s'étoit réglé sur une tradition dès-lors établie, avec Boniface VIII. sous le pontificat duquel la *Santa-Casa* arriva en Italie ; enfin d'allier un monument aussi fixe & aussi peu amovible que celui que décrit Cotowik, avec une chambre aussi ambulatoire que celle de Lorette.

Quoi qu'il en soit, les bâtimens de Lorette ont toute la magnificence qui accompagnoit les projets de Jules II : projets qui ont trouvé des exécuteurs dignes d'eux dans Léon X, Clément VII, & Sixte V. Les deux premiers étoient sans doute animés par les mêmes vues que Jules II. Quant à Sixte V, l'amour de la patrie étoit, pour une ame telle que la sienne, un assez puissant aiguillon.

La statue de ce Pontife, de grandeur plus que naturelle, bien exécutée en bronze *, décore le parvis de l'Eglise élevée sur les desseins & sous la conduite du Bramante. Les portes du plus beau bronze & dans la proportion des portes antiques du Panthéon, sont distribuées en panneaux d'inégale grandeur, mélangés de cartouches de différentes formes. Chacun de ces panneaux & des cartouches est chargé en bas-relief d'une histoire de l'ancien ou du nouveau Testament, les événemens les plus marqués occupant les plus grands espaces : le tout du dessein le plus correct & du fini le plus précieux. Les bas-reliefs inférieurs sont usés par les baisers continus des Péle-

---

* On y voit aussi une très-belle fontaine : ouvrage de Paul V. à qui Rome doit ses plus beaux établissemens en ce genre, d'où lui est resté le titre de *Pontifex Maximus*.

LORETTE. rins qui affluent à Lorette. Du point où l'on apperçoit l'Eglife, ces Pélerins tombent à genoux, & ils font, en cette attitude, le refte du chemin. Comme l'Eglife fe ferme à midi pour le refte de la journée, ceux qui arrivent depuis midi, font réduits à rendre leur hommage aux portes. Le panneau d'en-bas d'un des battans, précifément dans un endroit qui fe trouve à la portée de gens à genoux, repréfente le meurtre d'Abel, qui, étendu & abfolument nud, préfente en faillie de deux tiers, toute la partie antérieure de fon corps. Or toute cette partie eft prefque effacée, à force de baifers, quoique de bronze maffif & du même jet que la porte même.

Le beau Chrift de Michel-Ange que l'on voit à Rome dans l'Eglife de la Minerve, a effuyé le même fort, quoique de marbre blanc. On a été obligé de garnir d'un brodequin la jambe la plus expofée aux baifers. Ce morceau eft un de ceux de Michel-Ange que les Romains eftiment le plus; & l'on peut lui appliquer ce que difoit autrefois

Quintilien du Jupiter Olympien de Phidias: *Sa beauté semble ajouter au respect qu'inspire un Dieu, dont l'Artiste a saisi toute la majesté* *.

Ainsi en usoient les Anciens, à l'égard des statues de leurs Dieux les plus belles, & le plus en réputation. Cicéron parle d'un Hercule de bronze qui faisoit partie des déprédations de Verrès: » Cette sta-
» tue est, dit-il, l'ouvrage le plus
» admirable que j'aie vû en ce gen-
» re. La bouche & le menton du
» Dieu sont usés par les baisers de
» ses adorateurs, ce qui semble ajou-
» ter au prix de ce morceau **. «

L'Eglise bâtie en croix latine, a une vaste nef accompagnée de collatéraux assez étroits, & d'une

---

* *Ejus pulchritudo etiam adjecisse aliquid religioni videtur: adeò majestas operis Deum æquavit.*

** *Ibi ex ære simulacrum ipsius Herculis quo non facile dixerim me quidquam vidisse pulchrius: usque eò, Judices, ut rictum ejus ac mentum paulò sit attritius; quod in precibus ac gratulationibus, non solùm id venerari, sed etiam osculari solent.* In Verrem, Act. 5.

LORETTE. hauteur presque égale à celle de la nef. Ces collatéraux sont lambrissés, pour ainsi dire, par une continuité de chapelles appliquées au mur qu'elles débordent inégalement. L'architecture de ces chapelles n'est point uniforme; mais tous leurs ornemens sont aussi précieux par le choix des marbres, que par celui des tableaux qui les décorent. Parmi ces tableaux, j'en remarquai un du Barocci, à la chapelle des Ducs d'Urbin. C'est une répétition de sa belle Annonciation que j'avois vue à Pézaro : il y a de plus, dans celui-ci, une chaise de paille sur laquelle est ramassé un gros chat, dormant profondément, sans que l'arrivée de l'Ange ait dérangé son sommeil. A l'autel de la chapelle parallèle, on voit une Cène de Simon Vouet : tableau qui, par la correction du dessein, par la noblesse de la composition, par la force de l'expression & par l'éclat du coloris, peut soutenir la comparaison avec les beaux morceaux d'Italie. Je n'ai rien vu en France de ce Maître, qui réunisse toutes ces parties dans un aussi haut degré.

L'aîle gauche de l'Eglise est occupée par les confessionaux des Jésuites Pénitenciers. Il y en a un pour chaque langue qui est dirigée dans le choix par un étiquette que porte chaque confessional. Les Penitenciers passent-là la matinée en faction, chacun ayant à la porte de sa guérite une grande houssine noire, dont ils frappent la tête de ceux qui, n'ayant point de péchés mortels, expient les véniels par cet acte d'humilité, pour lequel ils se présentent à genoux vis-à-vis le premier confessional, à la portée de la houssine. Le Pénitencier François nous appercevant, quitta sa guérite, vint à nous, & nous dit que, quoiqu'il eût tous les jours affaire à des Pélerins François, il n'en étoit que plus affamé de bonne compagnie. Il nous fit promener quelque temps, nous offrit ses services de la meilleure grace, & nous parut de meilleure composition que le Prêtre Provençal. Je vis depuis à Rome une fort jolie Provençale qui couroit seule l'Italie sous l'habit de Pélerine: elle se louoit beaucoup des attentions de ce Pénitencier.

LORETTE.

Dans l'aîle droite est pratiqué le chœur des Chanoines attachés à la desserte de cette Eglise, qui a un Evêque depuis que Sixte V. y a transféré le siége de Récanati. Ce chœur & toutes les parties qui en dépendent, sont ornés de tableaux de plusieurs Maîtres célèbres.

Sous la croisée est la *Santa-Casa*, enveloppée d'une espèce de surtout qui a coûté environ cinquante mille écus d'or, & sur lequel on a répandu, ou plutôt entassé toutes les richesses de la sculpture. On en trouve dans Misson le plan, les élévations, & tous les détails rendus avec une exactitude à laquelle on ne peut rien ajouter. Les ornemens de ce morceau suffiroient pour la décoration d'une Eglise entière. Il a été élevé sur les desseins de Sansovin, & non du Bramante, qui, plein de l'antique, en eût sans doute emprunté & adapté à ce monument quelque idée pareille à celle d'après laquelle il a construit la petite chapelle que l'on voit à Rome dans le cloître de Saint Pierre *in Montorio*. Léon X. & ensuite Clément VII.

y employèrent en concurrence les plus habiles Sculpteurs qu'eut alors Florence, c'est-à-dire, *Baccio Bandinelli*, que le P. Turselin nomme *Raphaël Coutacii, Nicolas Tribolo, Raphaël de Monte-Lupo*, & *Antoine de San-Gallo*. Les portes de bronze dont j'ai parlé, sont de ce dernier. Tous ces Maîtres contemporains, rivaux ou éleves de Michel-Ange *, essayant à l'envi de se surpasser dans l'éxécution des ornemens, des bas-reliefs & des figures des Prophètes & des Sybilles, ont érigé, dans ce grand ouvrage, un monument à l'honneur

---

* Ils joignoient, comme lui, à tous les Arts subordonnés au dessein, celui de la Poësie, & une connoissance réfléchie des chefs-d'œuvres de l'Antiquité dans tous les genres. Aussi étoient-ils en société avec tous les Beaux-Esprits du *Cinque-cento*. Les Lettres d'Annibal Caro offrent plusieurs monumens du commerce qui étoit établi entre lui & ces Artistes. Raphaël de Monte-Lupo ayant fait à son égard quelque *sproposito*, il lui dit sur cette bévue : *Quando avreste fatto ogni grande errore in questo genere di cerimonie, l'esser voi Scultore porta seco un privilegio che vi rende salvo da ogni stravaganza.*

LORETTE. de l'Ecole de Florence, dont le goût s'y fait sentir, par un ton plus sçavant que gracieux, plus fier qu'attrayant.

Au-dessus de la *Santa-Casa*, s'éleve un dôme aussi élevé au-dessus de la voûte de l'Eglise, que l'Eglise l'est au-dessus du sol*. Ce dôme a été peint par le Pomérancio, qui a représenté dans la calotte, le triomphe de la Vierge, & les quatre Evangélistes dans les pendentifs. La vivacité du coloris de ce Maître n'a pu tenir contre la vapeur du luminaire qui brûle continuellement dans la *Santa-Casa*: à peine les quatre Evangélistes se laissent-ils appercevoir.

L'Eglise étoit déja remplie de troupes de Pélerins attirés par la fête de la Nativité, qui est la grande solemnité de Lorette. Une de leurs grandes dévotions, est de faire, à genoux, le tour de la *Santa-Casa*, & de multiplier ces tours en raison de leurs forces ou de leur dévotion. Ce

---

* *Tantùm se à templi fastigio attollit, quantùm fastigium à terrâ.* Turselin, L. 2. c. 14.

pélérinage singulier est accompagné
de battemens de poitrine, d'élans,
de soupirs & de larmes qui ne coû-
tent rien aux Italiens. Il survient
quelquefois des difficultés pour le
pas : car c'est à qui serrera de plus
près la *Santa-Casa*. J'ignore l'étiquette sur laquelle cela se régle : je
sçai seulement que le pavé sur lequel on se traîne ainsi, s'use prodigieusement, par le frottement continu des genoux & des pieds ; & que
tous les quinze ans, on est obligé
de le renouveller.

Je ne rendrai pas un compte bien
exact de l'intérieur de la *Santa-Casa*:
on y est ébloui par l'or & les pierreries qui y brillent de toutes parts ;
on y est étouffé par la vapeur des
cierges & des bougies perpétuelle-
ment allumés ; on y est écrasé par la
foule empressée à jouir du spectacle
de ce lieu célèbre. Je n'y vis bien
distinctement que la *Santa-Scudella*:
écuelle de terre très-commune,
cassée en bien des endroits, couverte d'un même émail que la fayance ordinaire. Elle est encastrée dans
un vase dont le calice & le pied sont

de la plus grande richesse. Il n'est point de Pélerin qui ne promene son chapelet dans cette écuelle, où l'on passe aussi de l'eau pour les malades qui en demandent.

Je ne rendrai pas meilleur compte du trésor. J'y fus ébloui par l'énorme quantité d'ornemens de la plus grande richesse, de vases, de reliquaires, de perles & de pierreries qui lassent la vûe sans la satisfaire. Elle se repose agréablement sur une Sainte-Famille de Raphaël, l'un des morceaux les plus gracieux de ce grand Maître; & sur une Nativité de la Vierge, d'Annibal Carrache, laquelle a été transportée là de l'Eglise où elle faisoit l'ornement d'une chapelle. On y voit aussi la plume du célèbre Juste-Lipse, qui la consacra à Notre-Dame de Lorette. Plusieurs mauvais Poëtes ont suivi cet exemple: leurs plumes sont accrochées à des Acrostiches qui ne donnent pas une haute idée de l'hommage qu'ils en ont fait à la Vierge. Parmi toutes ces mauvaises piéces, on en voit une très-dévote du célèbre Marc-Antoine Muret:

elle est terminée par ces vers, qui sont précédés du détail de plusieurs miracles de Notre-Dame de Lorette, en faveur de malades & de naufragés.

O ego nunc morbis multò gravioribus æger,
Naufragiumque timens longè exitiosius illo,
Et jampridem animum peccati compede vinc-
   tus,
Si possim, morbis liber, vinclisque solutus,
Fluctibus & ventis laceram subducere puppim,
Quas tibi lætus agam grates, dum vita ma-
   nebit !
Te, cùm luce novâ sparget Sol aureus orbem,
Te recinam, quoties abscondet opaca diem
   nox ;
Et tua præcipuo venerabor numina cultu.

Le trésor qui renferme toutes ces richesses, est un salon oblong de la plus grande beauté dans ses proportions, & dans la menuiserie des armoires dont il est lambrissé, & dans les compartimens correspondans de la voûte & du pavé. Outre ces richesses, Notre-Dame de Lorette en possède d'immenses, en fonds de terre, en contrats & en argent monnoyé. Cet argent doit être actuellement innombrable, puisque, suivant le P. Turſelin, dès avant Léon X. il entroit chaque année dans le tréſor, dix mille, douze mille, quatorze mille, ſeize mille & juſqu'à vingt mille écus d'or *. M. Adiſſon paroît étonné qu'un tréſor auſſi riche n'ait point tenté l'avidité des Turcs & de quelques Forbans. S'il eût lu le P. Turſelin, il y auroit vu le peu de ſuccès de diverſes tentatives de cette eſpèce, & les malheurs qui, s'attachant à ceux qui avoient ſouſtrait non-ſeulement des piéces du tréſor, mais de ſimples pierres de la *Santa-Caſa*, les ont forcés à les réintégrer. Ce Pere rapporte à ce ſujet une Lettre de Jean Suarès, Archevêque de Coimbre, qui ſe crut obligé, par une punition marquée, à renvoyer à Lorette une pierre qu'il avoit ainſi détachée, & qu'il ne lui fut pas poſſible de conſerver, quoiqu'il ſe fût fait relever par le Pape de l'excommunication

---

* *Dena, duodena, quaterdena, ſenadena, uſque ad vicena aureorum millia in arcam quotannis ingeruntur.*

prononcée *ipso facto* contre les auteurs de pareils attentats.

Si l'on en croit le même P. Turselin, les Papes & leurs neveux n'ont jamais mis la main à ce tréfor, que dans deux circonstances où ils n'avoient absolument point d'autre ressource: Léon X. pressé par les Troupes du Duc d'Urbin, en tira six mille écus d'or, qu'il rendit dans l'année même. Clément VII. enfermé dans le château Saint-Ange, par l'armée du Connétable de Bourbon, en tira la moitié de cette somme, qu'il rendit avec la même exactitude.

Toutes les relations parlent des vases de l'Apothicairerie, exécutés en fayance sur les desseins, dit-on, de Raphaël. Je crois avoir trouvé dans les Lettres d'Annibal Caro, la véritable histoire de ces vases qui avoient originairement appartenu à la Maison d'Urbin. Dans une Lettre du 15 Janvier 1563, le Caro dit à la Duchesse d'Urbin (*Victoire Farnèse*): » Je saisis cette occasion que » m'offre la Peinture, pour supplier » Votre Excellence de m'accorder » une grâce aussi aisée pour-elle,

Tome II.   K

218 OBSERVATIONS

LORETTE.

» qu'agréable pour moi. Le Duc son
» époux avoit fait faire ici des des-
» seins pour un service de fayance
» qu'il fit exécuter à la manufacture
» d'Urbin ; & ces desseins sont de-
» puis demeurés entre les mains des
» Directeurs de la manufacture qui
» n'y ont aucun droit. Si Votre Ex-
» cellence vouloit bien les faire re-
» tirer, sous prétexte qu'elle en a
» besoin, en me faisant une faveur
» singulière, elle obligeroit infini-
» ment *le Peintre qui les a faits ici*. Il
» est d'autant plus fondé à en espé-
» rer la restitution, qu'ils ne lui ont
» point été payés. J'attens cette fa-
» veur avec le plus vif empresse-
» ment *. « Ce passage ne nous ap-

---

* *Con questa occasione che mi ramenta della Pittura, voglio supplicare V. E. à farmi un favore molto desiderato, e à lei molto facile. Il Signor Duca, suo consorte, fece fare qui molti disegni di varie storiette per dipingere una credenza di Majolica in Urbino, la quale e stata finita, e gli disegni sono restati in mano di quei Maestri i quali ordinariamente non gli hanno ad avere. Se V. E. si volesse degnate di ricuperargli da loro, con monstrare di voler servirse ne essi,*

prend pas précisément de qui étoient ces desseins ; mais au moins y voit-on qu'ils étoient d'un Maître de l'Ecole Romaine, vivant en l'an 1563, & d'un Maître pour lequel le Caro s'intéressoit vivement. Peut-être étoit-ce le célèbre Thadeo Zuccari, qui peignoit alors, pour le Cardinal Farnèse, le palais de Caprarole, d'après les idées que le Caro lui avoit détaillées dans une grande Lettre du 2 Novembre de l'année précédente.

Par une autre Lettre du 20 Octobre de l'année suivante, le Caro propose ce Maître au Prince *Orsino*, comme celui qu'il connoissoit le plus *à proposito* pour un grand morceau de peinture, dont ce Prince vouloit orner sa maison de Bomarzo. Tout cela se trouve sans doute éclairci & fixé dans l'histoire donnée depuis

---

farebbe à me una grazia singolare e un gran beneficio al Pittor che gli fece qui. Al quale si dovrebbono restituire, poi che senza chiederne premio, v'a così volontieri durata fatica. E di questa grazia la prego quanto più posso.

LORETTE. peu, par M. Passeri, de l'origine & des divers états de la manufacture de Majolica établie à Urbin.

L'Eglise de Lorette est en même temps & la Cathédrale & la Paroisse de toute la Ville. Dans une des matinées que nous passâmes à la visiter, le corps d'une vieille servante de Chanoine fut continuellement exposé, à visage découvert. Il étoit environné d'enfans sans cesse occupés à chasser les mouches qui s'attachoient à son visage & à ses pieds, qui étoient aussi découverts. Si l'intérêt & la plus grande commodité des Prêtres s'accordoient moins avec l'usage d'enterrer dans les Eglises, ce seroit sur-tout d'une Eglise si vénérable pour eux à tant d'égards, que devroient être bannis les cadavres.

Le commerce de Lorette est comme celui de toutes les Villes qui sont l'abord de Pélerins, c'est-à-dire, un commerce de consommation en denrées, & un commerce de débit en madones, chapelets, médailles, &c. tel que celui dont subsistoient ces gens qui soulevèrent la Ville d'Éphèse contre Saint Paul & Saint Barnabé. Je vis des boutiques entières de chapelets & de rosaires de différentes espèces & de différens prix : on m'en fit voir d'agathe, de lapis & autres pierres précieuses montées en or, dont quelques-uns, à ce qu'on me dit, étoient de vingt, trente & même de cinquante sequins. Je le crus d'autant plus aisément, que je ne m'étois pas annoncé comme un acheteur bien déterminé, & que toutes mes emplettes se réduisirent en effet à une médaille de quatre baïoques.

Terminons cet article, en indiquant les mesures que prit l'Architecte San-Gallo pour assurer & affermir le dôme, qui s'entr'ouvrit & menaça ruine peu de temps après que l'enveloppe de la *Santa-Casa* eût été achevée. Les Artistes en trouveront le détail au sixiéme Chapitre du troisiéme Livre de l'Histoire de Lorette par le P. Turselin.

MACERATA.

Le pays que l'on traverse dans cette route, toujours riant, toujours fertile, mais peu cultivé, malgré le voisinage de Lorette, est coupé par des rivières & des ruisseaux qui tombent de l'Apennin, que l'on a toujours à droite, & par des branches de ce mont inclinées vers la mer que l'on ne perd presque point de vûe. Si les vallées sont des attérissemens formés insensiblement par le cours des rivières qui les arrosent, on l'ignore dans le pays qui n'a aucune tradition à cet égard.

A une lieue ou trois milles de Lorette, on traverse Récanati, qui a passé, pour ainsi dire, à Lorette, ou n'est plus aujourd'hui habité que par les gens de mer qu'y fixe un mauvais port, & par des Laboureurs plus à portée là, qu'à Lorette, des terres qu'ils font valoir.

Cette Ville avoit été bâtie des débris de celle de Récina, détruite par les Goths; colonie qui avoit été fondée par Pertinax, & dont nous côtoyâmes les ruines. A deux lieues au-delà, on distingue encore parmi ces ruines les restes d'un amphithéâtre. Car, depuis l'établissement de l'Empire, les spectacles étoient de première nécessité pour le peuple dont on formoit les colonies: l'amphithéâtre étoit le premier édifice qui intéressât les Colons, & qui les pût fixer dans le lieu de leur transmigration.

Macérata n'est éloignée de ces ruines, que d'une lieue. Elle est la capitale de la Marche d'Ancône, le siége d'un Evêque, & la résidence du Gouverneur ou Légat de la Province, de sa Chancellerie & d'une *Rote* ou espèce de Parlement. Au premier coup d'œil, cette Ville nous parut d'autant plus peuplée, que nous arrivâmes comme finissoit une course de chevaux, c'est-à-dire, une des grandes fêtes, & le seul spectacle qu'ayent aujourd'hui la plûpart des Villes d'Italie. Cette fête avoit attiré chez le Légat toute la Noblesse de la Ville & des Châteaux voisins. Nous vîmes encore aux fenêtres de son palais, une partie de cette bonne compagnie, & au principal balcon, le *Palio* ou prix qui étoit une piéce de taffetas abandonnée au gré des zéphyrs. Nous eussions pu prendre part au reste de la fête ; mais nous aimâmes mieux ne point déranger nos valises, & nous contenter de la partager avec le peuple de tout sexe & de tout état qu'elle avoit attiré dans les rues. Les Prêtres & les Moines faisoient une grande partie de la foule, que nous suivîmes à la place suffisamment garnie de Bateleurs.

Un de ces Bateleurs vendoit de petites Madones, enchâssées sous verre ; &, pour en faciliter le débit, il racontoit mille histoires où sa Madone, qui n'étoit pas celle de Lorette, avoit signalé sa protection. Il avoit, pour Interlocuteur, un Singe qui jouoit le rôle de tous les malheureux que le Maître guettoit, assassinoit & voloit dans ses récits. Car tous ces Saltinbanques, d'après les idées poltronnes du peuple, aux dépens duquel ils vivent, représentent tous les chemins d'Italie comme couverts de voleurs & d'embûches.

A ces récits lamentables, il en joignit un d'un homme qui ne vouloit pas pardonner, à un de ses voisins, l'assassinat de son pere. Toutes les maximes sur le pardon des ennemis y furent étalées : le Singe interrogé sur la vérité de ces maximes, répondoit par une grimace, & tout le tort fut du côté de celui qui vouloit venger son pere. Enfin la Sainte Vierge arrangea tout, par un miracle dont j'ai perdu le souvenir. Mais je me souviens qu'à ces sortes de récits étoient mêlés de fréquens éloges des Prêtres & des Moines, de leur zèle pour le salut des ames, de leur austérité pour eux-mêmes, de leur condescendance pour les foiblesses d'autrui, de leurs travaux pour le bien du prochain, de leur sollicitude pour la conversion des pécheurs, pour la réconciliation des ennemis, & pour le maintien de la paix dans les Villes & dans les familles : éloges qui servent de passe-port aux *spropositi*, aux impertinences & à toutes les absurdités que se permettent ces Saltinbanques, sur la Morale & sur le Dogme *.

La Marche d'Ancône court, en suivant la mer, jusqu'au Tronto, rivière de l'Abbruzze. Tolentin en fait encore partie. En quittant cette Ville, la voie Flaminia s'engage dans l'Apennin, & conduit dans la partie de l'ancienne Umbrie, qui forme aujourd'hui le Duché de Spolette. Tout ce pays est une suite de bassins & de vallées arrosées de petites rivières. Si toutes ces vallées ressemblent à celle de Foligni, ce sont autant de paradis terrestres **.

Nous étions alors à-peu-près dans cette saison que l'on nomme *Intempérie*, & nous trouvâmes dans le bassin de Foligni, cette température que célébroit Horace. Les revers, par où nous y abordâmes, sont cou-

---

* *Utraque poscit opem res & conjurat amicè.*

** *Est ubi plus tepeant hyemes ? ubi gratior aura*
Leniat & rabiem Canis & momenta Leonis,
Cum semel accepit Solem furibundus acutum !

verts d'oliviers, dont l'antiquité rend témoignage à l'excellence du climat: nous n'avons vu nulle part des arbres de cette espèce aussi anciens, & en même temps aussi vigoureux. Ils sont la plûpart des démembremens d'anciennes tiges qui ont formé de nouveaux arbres adhérans à la racine primitive.

FOLIGNI.

Au milieu de ce beau bassin, est assis Foligni, où nous trouvâmes de riches Négocians, des Artisans laborieux, & des Cultivateurs dont l'intelligence & l'activité devroient servir d'exemple au reste de l'Italie. La fertilité du sol, la facilité qu'offrent d'immenses prairies pour l'engrais des bestiaux, l'entrepôt de manufactures considérables de papier, une foire très-fréquentée: tels sont, dans ce beau pays, les aiguillons & les ressources de l'industrie. Sous les anciens Romains, les prairies arrosées par le *Clitumnus*, nourrissoient les victimes d'élite, *grandes victimas**.

---

* *Hic albi*, Clitumne, *greges & maxima Taurus*
Victima, sæpè tuo perfusi flumine sacro,
Romanos ad templa Deûm duxêre triumphos.
                    Virgil. Georg. II.

Lata sed ostendens Clitumni *pascua sanguis*
Iret, & à grandi cervix ferienda Ministro.
                    Juven. Sat. XII.

Cette rivière qui coule dans la vallée de Foligni, paroît en effet chargée d'un principe pierreux qu'elle dépose sur les bords de son canal, ainsi que le Chiento que nous avions côtoyé dans la Marche. C'est sur cette dernière que sont établies les manufactures de papier les plus considérables. Cependant ce papier est très-beau, très-uni, & le moins cassant de tous les papiers.

La Cathédrale de Foligni est un bâtiment gothique: espèce de construction que nous avions depuis bien long-temps perdue de vûe. Dans une grande armoire pratiquée à la droite du sanctuaire, est en argent, de grandeur un peu plus que naturelle, la statue de Saint Félicien, l'un des premiers Evêques, & Patron du Diocèse: cette statue qui représente cet Evêque assis, est un des beaux morceaux de le Gros, Sculpteur François, que des jalousies de métier avoient fixé à Rome, où il mourut en 1719. L'attention prévenante d'un jeune Choriste nous procura la vûe de ce monument de la piété & du bon goût des gens de Foligni. Il nous conduisit ensuite au Monastère où est conservé ce beau tableau de Raphaël dont parlent toutes les relations. Cette prévenance ne nous étoit pas nouvelle ; mais nous trouvâmes très-nouveau & sans exemple, le refus que fit ce jeune homme de la *bonne manche* que nous lui donnâmes : tant le climat de Foligni ressemble peu à celui du reste de l'Italie ! Ce rare désintéressement ne seroit-il pas l'effet du goût pour le travail, qui bannit de Foligni toute espèce de mendicité ?

Parmi plusieurs corps saints que posséde la Cathédrale, nous vîmes celui d'une Sainte, venue de Rome, à laquelle on a imposé un nom qui annonce mal la sainteté : c'est le nom de *Messaline*. Nous eussions aussi pu voir celui de la Bienheureuse Angela, Religieuse du Tiers-Ordre ; les Cordeliers le conservent en chair & en os. Ces corps, ainsi conservés, sont très-communs dans cette partie de l'Italie, depuis Bologne : mais notre curiosité, à cet égard, avoit été plus que satisfaite, par la vûe de la Bienheureuſe Catherine de Bologne. Toutes ces Bienheureuſes, ainſi conſervées, & preſque toutes Religieuſes Tierçaires de Saint François ou de Saint Dominique, vivoient dans le temps où les Ordres Mendians tenoient le haut bout du Clergé Régulier de l'Italie.

Ces corps incorruptibles me rappellent ceux que j'ai vus depuis à Toulouſe, dans le veſtibule de l'Egliſe de Saint Nicolas, au fauxbourg de Saint Cyprien. Ces derniers, bien conſervés, bordent une corniche très-élevée, qui regne dans l'intérieur de ce veſtibule. La peau des joues, retirée par le deſſéchement, découvre leurs dents, & leur fait faire une grimace aſſez ſemblable à celle que produit le rire. Au ſujet de ces morts & de leur grimace, on me raconta à Toulouſe, que M. de Maupertuis, déja attaqué de la maladie dont il eſt mort, contemploit les corps du veſtibule de Saint Nicolas. Les triſtes réflexions que cette vûe lui inſpiroit, furent interrompues par un payſan, qui, le tirant par le bras, lui demanda si ce n'étoit pas lui qui faisoit les Almanachs de Paris; & si en conséquence il ne lui pourroit pas dire de quoi rioient ces morts? *Ils rient, mon ami, ils rient de ceux qui vivent,* répondit M. de Maupertuis d'un ton tragique. Comme les Bienheureuses d'Italie ont été préparées avec plus de soin que ces rieurs de Toulouse, leurs joues ne font point la grimace qui donna lieu à la question du paysan Toulousain.

<small>FOLIGNI.</small>

Nous vîmes à Foligni des monumens du zèle des Curés d'Italie pour l'exécution du Canon du Concile de Latran: *omnis utriusque sexûs, &c.* Le dernier Dimanche de la quinzaine de Pâques, ils avertissent que, dans la revue des billets qu'ils donnent aux Communians, & dont ils gardent des doubles, ils se sont apperçus avec douleur que tous leurs Paroissiens n'ont pas fait leur Pâque, & ils exhortent ceux qui y ont manqué, à satisfaire à ce devoir. Dans les quatre ou cinq Dimanches suivans, ces exhortations sont réitérés en forme de monition & avec menace d'excommunication. On excommunie ensuite ceux qui sont en retard, mais sans les nommer; puis on les excommunie nommément; enfin on affiche l'excommunication aux portes de l'Eglise. Nous vîmes à la porte de la principale Paroisse de Foligni, un placard de cette espèce, qui étoit chargé des noms d'une vingtaine d'excommuniés, avec leurs surnoms, qualités, âge & demeure. Quatre ou cinq s'étoient fait relever depuis l'apposition du placard, & leurs noms étoient biffés, mais de manière qu'on pouvoit encore les lire.

Les Italiens redoutent beaucoup moins l'excommunication, que les fléaux qu'elle attire sur ceux qui en sont chargés. On me raconta des événemens des plus tragiques en ce genre; entr'autres, l'aventure d'un excommunié que sa femme avoit poignardé dans son lit. Ces excommunications n'ont lieu que dans les petites Villes. Dans les grandes, à Rome, par exemple, comme on peut satisfaire chez les Moines à tous les devoirs de la Paroisse, le Curé n'a droit sur les Paroissiens, & les

Paroissiens n'ont besoin que pour le Baptême & les derniers Sacremens, du ministère du Curé, que l'on appelle en conséquence, il *Fachino dell' Oglio Santo.*

Nous apprîmes à Foligni, mais trop tard, que, dans le village de Palo, d'où, en venant de Lorette, nous avions découvert le bassin de Foligni, on voit une grotte formée par la Nature, dans le flanc même de la montagne sur laquelle Palo est situé; que cette grotte très-vaste est remplie de congélations & de tous les jeux de la Nature, & qu'elle excite l'admiration de tous les Etrangers, à qui les merveilles de cette espèce sont les plus familières.

Nous étions alors (vers les premiers jours de Septembre) dans le fort de l'*Intempérie*, c'est-à-dire, de cette saison * où les Romains, à la

---

* Dans les vers cités ci-dessus, Horace l'appelle

*Rabiem Canis & momenta Leonis,
Cùm semel accepit Solem furibundus acutum.*

Ville & à la campagne, prennent les plus grandes précautions contre la Canicule. *Intempérié.*

Ces précautions font de choisir une habitation fixe, soit à la Ville, soit à la campagne, & de n'en point changer; de coucher toujours dans la même chambre & dans le même lit; de ne pas même changer le lit de situation; de se tenir clos & couvert au lever & au coucher du Soleil; d'éviter les fatigues du corps; d'écarter de l'esprit tous les sujets de tension & de chagrin; de prendre un régime humectant; de plus, si l'on arrive à Rome dans cette dangereuse saison, de ne point dormir en route, & de ne s'exposer à l'air, que par degrés; enfin, en tout état, de manger le soir le moins qu'il est possible. Les Etrangers, les François sur-tout, regardent ces précautions comme autant de miseres & de superstitions. Ainsi en pensoit un jeune Abbé qui avoit devancé à Rome M. l'Evêque de Laon, à qui on l'avoit donné pour Secrétaire d'Ambassade. En attendant l'arrivée de l'Ambassadeur, il crut pouvoir mener à Rome

Intempérie. la vie que l'on mene en Automne dans les environs de Paris. Visitant les Cardinaux & les Princes Romains dans leurs Terres, courant les Châteaux, changeant tous les jours de gîte & de lit, il *incaguoit* l'Intempérie, & prouvoit, par le bon état de sa santé, la frivolité des terreurs qu'elle inspire. Ce triomphe fut de courte durée: une fiévre, de l'espèce la plus meurtrière, enlevant cet Abbé, confirma les Romains dans leur préjugé, en faveur duquel ils citent mille exemples de cette espèce.

Toute la partie d'Italie, qui est au Nord de Rome, ressent plus ou moins les effets de la Canicule sur l'air. Ils sont très-sensibles à Venise, lorsque le *Sirocco* ou vent du Sud y apporte les exhalaisons de la campagne de Rome. Ce *Sirocco* casse les bras & les jambes, appesantit la tête, & jette tout le corps dans un malaise semblable à celui de la fiévre. Nous nous amusâmes d'abord de l'état des Vénitiens cloués comme des statues sur leurs grands siéges, suant beauconp plus qu'à l'ordinaire., & ayant à peine la force de lever les yeux au ciel pour répondre, lorsque nous leur demandions la cause de leur état: *Sirocco!* Nous sçûmes bientôt par nous-mêmes à quoi nous en tenir sur cet état, qui est précisément ce que l'on appelle *courbature*: j'y trouvai un assez bon reméde dans des bains que, de grand matin, nous prenions à la mer.

A Rome & dans tout le plat-pays qui l'environne, l'intempérie commence vers le milieu du mois de Juillet, & dure jusqu'aux premières pluies, qui se font quelquefois attendre jusqu'au milieu d'Octobre. Dans l'intervalle, le ciel est constamment d'airain; & la terre n'a d'eau qu'à la faveur d'abondantes rosées & d'orages assez rares, mais étonnans & par le fracas du tonnerre, & par les torrens d'eau qu'ils versent. Dans tout ce temps de sécheresse, sous un ciel très-serain, l'air de Rome est chargé d'exhalaisons enflammées, roussâtres & fétides en proportion du degré de chaleur. Les courses que je faisois à Rome dès le matin, me mettoient à portée de suivre le pro-

Intempérie.

grès de ces exhalaisons qui s'épaississent & montent avec le Soleil. Je ne les ai jamais mieux observées, que dans une course que je fis à Saint Jean de Latran, le matin d'une journée où la chaleur fut extrême. Au Baptistaire de Constantin, elles étoient aussi palpables aux rayons du Soleil qui y entroit par la porte du Midi, que pourroit être la poussière qu'éleveroit un balai dans un appartement où il n'auroit passé depuis très-long-temps. Quant à l'odeur, c'étoit celle d'un alcali volatil de la plus subtile espèce. Est-il merveilleux que des exhalaisons de cette nature ayent quelque influence sur les corps!

Des Médecins se sont occupés à rechercher les causes de cette intempérie, & les remédes les plus propres à rétablir la salubrité de l'air. J'ai parcouru, dans le Supplément aux Antiquités Romaines, quelques traités sur ses objets, que Salengre y a fait entrer. J'ai lu celui de Doni, *De restituendâ salubritate agri Romani*, imprimé à Florence en 1667, & celui de Lancisi, imprimé à Rome en

1711; mais je n'y ai trouvé que ce qui est dans la bouche de tout le peuple. Chacun regarde comme l'effet d'une cause particulière, ce qui sans doute est le résultat de la réunion des causes suivantes.

Intempérie.

1°. Les marais Pomptins ou Pontins, qui sont comme la porte méridionale de la campagne de Rome, y répandoient de dangereuses exhalaisons, dès le temps de la République Romaine. Le Consul Céthégus, & ensuite plusieurs Empereurs, s'occupèrent de leur desséchement *.

Cependant, cinquante ou soixante ans après Auguste, Silius Italicus appelloit la campagne qui les environne, *Pestiferos Pontinâ uligine campos*. Ils avoient sans doute été remis en valeur sous les Empereurs suivans, qui les avoient fait porter sur les rôles ou cadastres des impositions réelles. Le déclin de l'Empire

Lib. 8.

_____

* Les Commentateurs leur appliquent ces vers d'Horace:

Sterilis dudùm palus, aptaque remis, Vicinas urbes alit, & grave sentit aratrum.

les ayant fait retomber dans leur premier état, Honorius, par une Loi de la première année de son regne, adressé au Préfet du Prétoire d'Italie, déchargea de toute imposition cinq cents vingt-huit mille quarante-deux arpens tombés en non-valeur. Je vais rapporter cette Loi, que personne n'a encore appliquée à son véritable objet, & que les Commentateurs & tous les Historiens de l'Empire citent comme une preuve de la magnificence d'Honorius, & de son attention au soulagement des peuples.

Cod. Theod. Lib. 2. §. 2.

528042 *jugera quæ Campania Provincia, juxtà Inspectorum relationem, & veterum monumenta chartarum, in desertis & squallidis locis habere dignoscitur, iisdem Provincialibus concessimus, & chartas superfluæ descriptionis cremari censemus.*

Théodoric, l'un des Princes les plus magnifiques qui ayent jamais régné, rétablit, par d'immenses travaux, leur équilibre avec la mer. Quelques Papes ont formé des projets à cet égard, où infructueusement tenté quelques ouvrages qui leur

leur ont à peine survécu. L'intempé- *Intempérie.*
rie se faisoit sans doute peu sentir
dans ces premiers temps où, comme
Pline l'avance sur l'autorité d'anciens Médecins, ces marais étoient
bordés de trente Villes ou Bourgs.
Relativement aux exhalaisons qu'ils
répandoient dans la campagne de
Rome, un Poëte donnoit l'épithete de *plumbeus* au vent du Midi :
plumbeus Auster. Sous un ciel moins
ardent, que seroit aujourd'hui le territoire de la Hollande, si elle étoit
réduite à quelques Villages répandus sur les collines que leur situation
auroit mis à couvert de l'inondation ?

2°. La campagne de Rome seroit
moins ouverte à ces exhalaisons, si
les marais qui les produisent, étoient
masqués par quelque forêt qui pût
les intercepter. On rencontre, il
est vrai, quelques bois entre Véletri
& ces marais ; mais ces bois sont
des hautes futayes mal-tenues, &
exploitées de manière que presque
tous les arbres sont coupés à la
hauteur de la ceinture. D'ailleurs
ce sont des liéges ou des chênes

Intempérie.

verds, dont les tiges rachitiques & très-espacées ne font point obstacle à la circulation de l'air. Ce n'est pas que le sol ne pût porter des arbres de meilleure espèce ; mais dans un pays inhabité & sous un Gouvernement très-foible, on ne sent que le danger de ces forets, qui, si elles n'étoient pas à claire-voie, offriroient des repaires à des brigands de toute espèce.

3°. J'ai oüi des Romains attribuer la cause de l'intempérie aux vapeurs de la *Solfatara* de Pouzzoles, que le vent de Sud-Est porte à plein vol dans la campagne de Rome, depuis que Sixte V. a fait détruire une forêt qui les interceptoit. Ils assurent que, tant que cette forêt a subsisté, l'air de Rome n'étoit point chargé, dans la Canicule, de ces esprits sulphureux, alumineux & vitrioliques qui l'infectent aujourd'hui. La raison qu'avoit Sixte V. pour détruire cette forêt, étoit la même que celle qui a mis à claire-voie les bois d'entre Véletri & les marais Pontins.

4°. D'autres rejettent cette même cause sur l'usage où sont les cultivateurs des plaines, de mettre le feu aux chaumes des bleds, auffi-tôt après la récolte : ufagé qui a pour but de détruire les infectes & les reptiles établis dans ces chaumes, & d'engraiffer les terres par les cendres, qui font d'autant plus abondantes, que ces chaumes très-épais & très-forts ne fe coupent qu'à la hauteur de la ceinture, par les raifons qu'ont les bûcherons pour ne couper les arbres qu'à la même hauteur, c'eft-à-dire, pour ménager la peine des travailleurs.

Intempérie.

5°. Le baffin qu'occupe la campagne de Rome, étoit autrefois couvert de lieux de plaifance, ou l'art réuniffoit tous les agrémens dont les jardins font fufceptibles. Ces lieux appellés *Villæ fuburbanæ* *, étoient d'autant plus magnifiques, d'autant plus délicieux, que les Romains leur donnoient tous les inftans qu'ils pouvoient dérober aux affaires. L'eau étoit un agrément capital fous un climat fi brûlant ; & elle venoit

---

* Voyez les Lettres de Cicéron & de Pline, Strabon, &c.

<small>Intempérie.</small> des montagnes remplir des lacs, des canaux, des viviers, & fournir à l'usage des bains. Cette campagne étant depuis devenue déserte, l'eau suit encore une partie des pentes qu'on lui avoit anciennement ménagées: elle se répand dans la campagne, & n'y trouvant plus ni canaux, ni écoulement certain, elle s'arrête dans les inégalités du terrein, y croupit, s'y corrompt, & peut beaucoup contribuer aux influences pestilentielles de la Canicule.

Mais toutes ces causes en ont une première, qui en est comme l'œuf ou le germe : c'est l'entière dépopulation de ce beau pays. Rendez-lui une partie des hommes qui le couvroient autrefois, les eaux dirigées auront des écoulemens certains : on connoîtra d'autres engrais que celui que donnent les cendres de chaume; les bois remis en valeur, seront tenus & exploités de la manière la plus avantageuse pour le propriétaire ; ils présenteront à l'air des barrières & des masses impénétrables ; enfin ces marais Pontins, ces *pestiferi Pontinâ uligine campi*, offriront à la culture une source inépuisable de productions & de richesses.

Intempérie.

En un mot, ce beau pays est mal sain, parce qu'il est dépeuplé; & il est dépeuplé, parce qu'il est mal sain. Dans le physique, ainsi que dans le moral, il arrive ainsi souvent que les mêmes choses sont réciproquement causes & effets : ce qui est cause ou principe à certains égards, devenant effet ou conséquence sous d'autres rapports. De ceux qui se rencontrent entre la dépopulation & l'*intempérie*, on peut conclure que l'intempérie n'a de reméde que dans la population; que tous les autres remédes, que l'on pourroit tenter, sont insuffisans & de nul effet; enfin que ce reméde capital les renferme tous.

Lorette & son territoire prouvent l'excellence de ce reméde unique. Avant que Jules II. eut mis en vogue la *Santa-Casa*, Lorette étoit environnée de marais, où refluoient les eaux de la mer; ces eaux stagnantes corrompoient l'air, le pays étoit inculte & inhabité. Nous avons sur ces faits le témoignage oculaire

L iij

Intempérie.

du sçavant Baccius, originaire de Lorette même : il les atteste dans son Traité *de Vinis*, pag. 259. Comme cet Ouvrage est extrêmement rare, je rapporterai le passage dans les termes de l'Auteur*.

Tel est l'état actuel de ce *Latium*, à qui Virgile adressoit ces beaux vers :

Salve, magna parens frugum, Saturnia tellus,
Magna virûm, &c.

Georg. Lib. 2.

De ces titres, il ne lui reste que celui de *Saturnia*, eu égard & à son

---

* *Cùm à primis usque annis, ex imis maritimis convallibus, nebulosum aëris conciperet halitum tota regio ; succisis nostro tempore undique sylvis, non agri solùm ac vineta summo nitent studio, sed salubriori quoque gaudet aurâ ac rerum omnium ubertate. Sed quam majorem quærimus salubritatis causam, quam ex ipsâ incolarum frequentiâ ? Ubi enim hæc loca, præteritis sæculis, ab imâ usque planitie, squallida essent, & ex nebularum graviore halitu noxia & inhospita ; ex concursu posteà quem habuit Lauretum habetque in dies majorem, nulla prorsùs caret amœnitate, ubertate & gratiâ.*

air de décrépitude, & à la caducité qui se perpétue dans le Souverain sous les loix duquel il végete. De ces fertiles campagnes, il n'y en a plus de cultivées, que celles qui appartiennent à d'opulentes Communautés, ou à des Seigneurs en état de faire valoir des terres éloignées de toute habitation. Ainsi la cultivation s'y soutient par les grandes possessions, c'est-à-dire, par la cause même qui la détruit sous d'autres climats & sous d'autres gouvernemens. Le défaut de Cultivateurs, attachés à la *glébe*, est remplacé par les descendans des anciens Sabins, qui, de leurs montagnes, viennent par troupes donner aux terres la très-légère culture qui suffit pour leur procurer la plus grande fécondité. J'ai vu ces paysans au travail *. Arrangés sur une file de vingt, trente, & quelquefois de quarante à cinquante personnes de tout sexe & de tout âge, ils prennent un champ dans sa longueur ou dans sa largeur; & avançant sur une ligne toujours

Intempérie.

---

* *Sabellis ligonibus versare glebas.*

parallèle, ils égratignent la terre en cadence, & au chant lamentable d'antiques villanelles.

Ayant laissé à Lorette le dévot Voiturin qui nous avoit fourni des chevaux à Ferrare, nous en avions pris d'autres qui nous conduisirent de Lorette à Spolette, qui est à-peu-près le lieu où l'*intempérie* commence à se faire sentir. Là nous passâmes quelques heures au lit; & à notre lever, l'appartement que nous occupions étoit infecté d'une odeur beaucoup plus forte & plus perçante que celle qu'exhalent de vieilles latrines. Nous en demandâmes la cause, & l'on nous dit que c'étoit l'*aria*. Ayant en effet ouvert les fenêtres, pour prendre l'air, nous le trouvâmes pareil à l'échantillon que nous en avions senti dans notre appartement.

Nous prîmes la poste à Spolette; & vîmes lever le Soleil dans une plaine délicieuse qui sépare Terni de Narni, villes dont le plus grand mérite est d'avoir donné naissance, la première à l'Historien Tacite, la seconde à l'Empereur Nerva, à qui le

intempérie.

genre humain dut quatre-vingt-quatre années de félicité.

Terni étoit la dernière ville de l'ancienne Ombrie ; ensuite s'ouvroit le *Latium*, arrosé par le Tibre. Città-Castellana, la première ville que l'on y rencontre, est, suivant l'opinion commune, l'ancien *Fescennium*, d'où étoient venus à Rome les vers *fescennins*, espèce de style poissard que Rome avoit conservé pour certaines piéces destinées à l'amusement de la canaille. Le sçavant Dominique Mazocchi attaqua cette opinion dans un petit Ouvrage *in-4°*. publié à Rome en 1646 : il y établit que Città-Castellana est l'ancienne Ville de Veïes, si célèbre dans le premier âge de la République Romaine.

Le spectacle que nous offrit ce pays, étoit bien capable de fortifier les idées que l'on nous avoit données sur l'*intempérie* & sur ses funestes effets. Dans tous les lieux où nous changeâmes de chevaux, il n'étoit resté pour le service de la poste & d'une mauvaise auberge, que quelques gens des plus déterminés ; &

Intempéric.

ces gens, tous attaqués de la fièvre, régloient leur service sur l'intervalle des accès. La vûe de ces spectres pâles, livides, étiques, ou enflés, annonçoit mal ce beau pays de *Papimanie*, dont les heureux habitans se font reconnoître à leur face riante,

> Couleur vermeille & visage replet,
> Taille non pas de quelque mingrelet, &c.
>
> *Le Diable de Papefiguiere
de la Fontaine.*

Mais elle nous rappella le Croupignac du *Voyage de Chapelle :*

> Où cinq ou six faisoient le reste
> De cinq ou six cens que la peste
> Avoit envoyés devant Dieu.

Les cinq dernières lieues, pour arriver à Rome, traversent les plus belles campagnes & les moins cultivées. Elles ne sont en grande partie labourées que par les eaux, qui, abandonnées à elles-mêmes, & se répandant au hasard dans tous les lieux autrefois creusés de main d'homme, formeront un obstacle invincible à la cultivation, tant qu'on ne leur ouvrira pas des lits capables de les recevoir.

<small>Intempérie.</small>

Ces campagnes font jonchées des débris de la magnificence & du luxe des anciens Romains. Le terrein en est, pour ainsi dire, découpé par les desseins variés des jardins, dont on reconnoît encore les parties les plus marquées, telles que les grandes piéces d'eau, les buttes, les terrasses, les amphithéâtres en terres rapportées. A ces ruines font mêlées celles des bâtimens & des temples, qui n'offrent plus que des monticules & d'informes ruines.

Au sein de ce défert & de cette pestilence, Rome éleve un front altier, dont la grandeur & la majesté semblent encore annoncer la Reine des Nations & la Maîtresse de l'Univers. Ses avenues, formées par une continuité de palais, répondent à cette grandeur. Enfin le coup d'oeil qu'elle présente à ceux qui y abordent par la porte du Peuple, force les François eux-mêmes à rendre hommage au goût Romain pour les machines & pour les grandes déco-

ıtempérie*

rations. Nous y arrivâmes le 5 du mois de Septembre, vers les deux heures après-midi. Nous y apportions une faim qui fut encore augmentée par toutes les cérémonies qu'il nous fallut essuyer pour trouver à dîner. Quatre Traiteurs auxquels nous nous adressâmes successivement, s'attachèrent à nous, & nous suivirent chez un cinquiéme, qui se trouva enfin en état de nous donner à manger. Cette recrue lui aida à le préparer, nous servit, & prit des droits de présence sur le prix du dîner, que ces droits doublèrent.

ROME.

Rome ancienne & Rome moderne ont été l'objet de tant de recherches & d'examens, que l'on pourroit juger qu'il n'y reste plus rien à découvrir; cependant tout n'est pas encore épuisé. Je vais hasarder quelques considérations sur certains objets qui ont échappé aux recherches, ou que j'examinerai sous un nouveau point de vûe, & pour éviter la confusion, je les distribuerai sous différens titres. Ces considérations, au reste, ainsi que toutes celles que je me suis permises dans le cours de cet Ouvrage, sont, pour me servir des termes d'un Ecrivain François, *non la mesure des choses, mais la mesure de ma vûe.* Montagne, *L. 2. c. 10.*

ANTIQUITÉS.

On ne peut faire un pas dans Rome, sans y rencontrer quelques monumens ou quelques ruines relatives à des faits d'autant plus intéressans, que c'est sur eux que les yeux de l'esprit se sont ouverts dans les premières études.

Rome est le premier Monde que l'on ait connu, & un Monde à l'embellissement duquel l'Histoire, l'Eloquence, la Poësie, & tous les Arts les plus séducteurs ont à l'envi travaillé * : Monde où il n'y a d'Etrangers que ceux qui le sont dans les Lettres & dans toutes les connoissances sérieuses & agréables ; que ceux qui n'ont jamais oüi parler de ces grandes ames qui l'habitèrent, de ces Républicains libres, vrais, & de cœur vraiment Romain**.

Liv. 3. c. 9. » J'ai vu ailleurs, disoit Monta-
» gne, des maisons ruinées & des
» statues du Ciel & de la Terre ; &

---

* *Civitas in quâ nemo hospes nisi Barbarus.* Cicéron disoit d'Athènes : *Quàcumque ingredimur, in aliquam historiam vestigium ponimus.* De Fin. L. 5.

** *Di quelli Omaccioni che vi habitarono, di quei Republiconi liberi, sinceri e d' animo veramente Romano.* Annibal Caro Litter. *Movemur enim nescio quo pacto,* disoit Cicéron, *locis ipsis in quibus eorum quos admiramur, adsunt vestigia.* De Leg. Lib. 2. initio.

» si cependant ne sçaurois revoir le
» tombeau de cette Ville si grande
» & si puissante, que je ne l'admire
» & révère. J'ai eu connoissance des
» affaires de Rome, long-temps
» avant que je l'aie eue de celles de
» ma Maison : je sçavois le Capi-
» tole & son plan, avant que je
» sçusse le Louvre, & le Tibre avant
» la Seine. J'ai eu plus en tête les
» conditions & fortunes de Lucul-
» lus, Metellus & Scipion, que
» d'aucuns hommes des nôtres.....
» Me trouvant inutile à ce siécle, je
» me rejette à cet autre, & en suis
» si embabouiné, que l'état de cette
» vieille Rome libre, juste & flo-
» rissante, (car je n'en aime ni la
» naissance, ni la vieillesse), m'in-
» téresse & me passionne : parquoi
» je ne sçaurois revoir l'assiette de
» leurs rues & de leurs maisons, &
» ces ruines profondes jusqu'aux
» Antipodes, que je ne m'y amuse.
» Il me plaît de considérer le visage
» de ces Romains, leur port & leurs
» vêtemens. Je remâche ces grands
» noms entre les dents, & les fais
» retentir à mes oreilles : *Ego illos*

ROME ANCIENNE.

» *veneror, & tantis nominibus assurgo;*
» Des choses qui sont en quelque
» partie grandes & admirables, j'en
» admire les parties même commu-
» nes : je les visse volontiers devi-
» ser, promener & souper. Ce seroit
» ingratitude, de mépriser les reli-
» ques & les images de tant d'hon-
» nêtes gens & si valeureux, les-
» quels j'ai vu vivre & mourir, & qui
» nous donnent tant de bonnes ins-
» tructions par leur exemple, si nous
» les sçavions suivre. « Je me suis
imaginé que, malgré la longueur
de ce morceau du neuviéme Chapitre du troisiéme Livre des Essais de
Montagne, le Lecteur le verroit ici
avec plaisir.

Le Capitole. En effet, quelle imagination ne
remue pas la première vûe de ce Capitole qui fut si long-temps le siége
de l'Empire de l'Univers, où furent conduits en triomphe les Rois
& les dépouilles de ces Nations qui
se croyent aujourd'hui invincibles,
& qui jouit encore, à bien des
égards, de l'Empire & de l'éternité
attachés aux Destinées de Rome !

Le Capitole moderne que l'on voit aujourd'hui, a été élevé sur les fondemens de l'ancien. Michel-Ange, qui en a donné le plan, a sçu répandre dans les trois corps de l'édifice, dans leurs accompagnemens & sur leurs avenues, le caractère de grandeur & de majesté qui le devoit annoncer.

La nuit qui suivit le *Possesso*, je vis toutes les parties extérieures de ces bâtimens, & toutes leurs dépendances, illuminées comme on illumine à Rome, c'est-à-dire, en grands flambeaux de cire blanche. Les salles, la place & ses avenues étoient remplies du peuple de la Ville, & de celui des campagnes voisines que la cérémonie avoit attiré à Rome. Les descendans des Sabins, des Eques, des Volsques, &c. étoient-là avec leurs enfans & leurs femmes. Celles-ci parées de leurs plus beaux habits & d'atours aussi piquans par la variété, que par la singularité; animées de cette gaieté franche & naïve que l'on ne trouve ni dans le peuple Romain, ni en général dans le peuple des grandes Villes; lioient d'abord converſation avec ceux qu'elles s'imaginoient être le plus en état de leur expliquer les belles choſes qu'elles voyoient, la plûpart pour la première fois: preſque toutes grandes, bien faites, & ayant dans l'air & dans le maintien cette aiſance & cette liberté que l'art étouffe dans les Dames d'Italie.

Au jour que répandoit l'illumination, les deux aîles ou corps en retour qui embraſſent la place du Capitole, me parurent n'être pas exactement perpendiculaires au corps du milieu dont elles ſont détachées: il me ſembla qu'elles rentroient ſur la place, par leurs extrémités qui regardent la Ville, ces extrémités dérobant la vûe de l'illumination dans leur continuité. Cette légère irrégularité ne m'avoit point frappé à la lumière du jour: l'Architecte y a ſans doute été forcé par l'irrégularité du terrein; peut-être auſſi n'étoit-ce qu'une illuſion d'optique.

J'avois oüi dire, & j'avois lu dans quelques Relations, que le Mont Capitolin étoit aujourd'hui preſque de plein-pied avec le ſol de Rome.

Cela est vrai, quant à la partie qui regarde le *Forum Romanum* ou *Campo Vaccino*. Cette partie formée des *subs- tructiones* attribuées à Tarquin, a été rabaissée, & le sol du *forum* s'est beau- coup élevé : au moyen de quoi, ils se communiquent par un talus assez doux. La vraie roche Tarpéïenne a beaucoup conservé de son ancien escarpement : elle forme l'issue de la place entre l'aîle droite du Capitole moderne, & le corps du milieu. Cette issue conduit aux bords du Tibre, par une pente brute, très-roide, & qu'il est difficile de franchir sans le se- cours des mains. Enfin, quoique le sol en cet endroit, se soit aussi élevé, les criminels que l'on y précipite- roit, seroient encore en grand dan- ger de la vie.

ROME ANCIENNE.

Le Mausolée d'Auguste doit à la solidité de sa bâtisse, ce qui en existe encore : *mole suâ stat*. Il ressembloit, par sa forme circulaire, & par sa po- sition à l'égard du Tibre, au Mau- solée d'Adrien, qui est aujourd'hui le Château Saint-Ange. Les pyrami- des d'Egypte avoient donné aux Ro-

Mausolée d'Auguste.

ROME ANCIENNE.

mains la première idée de ces grands monumens funéraires, dans la plûpart desquels ils avoient aussi adopté la forme pyramidale. Auguste jugea sans doute la forme circulaire plus analogue à la majesté des Souverains de l'Univers.

Les débris de ce Mausolée annoncent un bâtiment dans lequel on avoit allié la magnificence à la solidité. Toute la carcasse en existe dans une tour ronde d'environ quarante pieds de diamètre, dont les murs sont encore revêtus, dans une partie de leur face extérieure, de ces pierres posées en losanges, que les Anciens appelloient *Opus reticulatum*. L'intérieur de cette tour est perpendiculaire & lisse dans toute sa hauteur. L'extérieur est encore partagé en deux étages, & le premier a un mur doublé d'une prodigieuse épaisseur. La saillie de ce mur formoit sans doute un socle continu, servant de base aux colomnes qui accompagnoient le second étage, lequel peut-être étoit simplement bâti en retraite avec des pilastres dont il n'existe aucun vestige. Le mur de ce second étage, qui est encore très-élevé, est couronné d'un berceau continu & ombragé par quelques seps de vigne, plantés dans l'intérieur du monument. Cette vigne, d'un plant choisi de muscat d'Alexandrie *, étoit chargée de raisins d'un goût exquis & d'une maturité parfaite.

Il seroit bien difficile de décider, par l'état actuel des lieux, si l'intérieur de ce monument étoit distribué en niches destinées à recevoir les urnes dépositaires des cendres d'une Maison qu'Auguste se flattoit sans doute devoir être éternelle comme l'Empire. En ce cas, sa disposition intérieure auroit été la même que celle de ce *Columbarium* ** de la voie Appienne, qui rassembloit les cendres de tous les Affranchis de la *Maison d'Auguste*. J'ai déja dit que le mur intérieur est perpendiculaire & lisse dans toute sa circonfé-

---

* Ce raisin est très-estimé des Italiens.
** Il fut découvert au commencement de ce siécle. M. Bianchini en a donné une sçavante description.

ROME ANCIENNE.

rence : mais au pied de ce mur, & sous sa double épaisseur, on avoit pratiqué des caveaux qui existent encore dans leur entier, & dont toutes les parties sont enduites d'une espèce de ciment ou de mastic rouge, qui n'a rien perdu de sa solidité, ni de l'éclat de sa couleur. Ces caveaux qui ont réuni les cendres des Marcellus, des Germanicus, des Agrippa, des Drusus, des Livie, des Octavie, des premiers Césars, c'est-à-dire, de tout ce que l'Univers eut jamais de plus grand, servent aujourd'hui de receptacle au fumier & à toutes les immondices qu'on y rassemble pour l'engrais du jardin pratiqué dans l'intérieur du monument. J'allois quelquefois sur la terrasse qui le couronne : j'y jouissois du coup d'œil de Rome & de la campagne que bat le canon du Château Saint-Ange ; & en mangeant le raisin exquis qu'elle m'offroit, je méditois sur la vanité des grandeurs humaines.

Les Artistes qui avoient eu part à la construction du Mausolée, eurent, par distinction, leur tombeau dans son voisinage, où l'on a trouvé cette Inscription :

D. M.
ULPIO MARTIALI,
AUG. LIB. A MARMORIBUS.

Je suis étonné que quelques Antiquaires ayent été chercher ailleurs que dans ce monument, le tombeau que Virgile avoit en vûe dans ces beaux vers du sixiéme Livre de l'Enéide :

Quantos ille virûm magnam Mavortis ad urbem
Campus aget gemitus, vel quæ, Tiberine, videbis
Funera, cùm tumulum præterlabêre recentem !

1°. Ce Mausolée faisoit face au champ de Mars, qui, sous Auguste, étoit encore hors de l'enceinte de Rome.

2°. Il étoit séparé du Tibre par la voie Flaminienne qui traversoit ce même champ de Mars.

3°. Auguste, ainsi que nous l'apprend Suétone, l'avoit commencé sous son sixiéme Consulat; & Marcellus mourut sous l'onziéme Consulat de son oncle, qui comptoit par les années ses Consulats intermédiaires. Or, en supposant que l'on eût employé quatre ou cinq années à la construction de ce Mausolée, il venoit d'être terminé, lorsque mourut Marcellus.

Ces ruines augustes, le lieu du tombeau des Scipions, les vestiges des monumens funéraires de tant de Héros qui firent la gloire de l'ancienne Rome, semblent concourir pour nous ramener à la réflexion qu'ils avoient fait naître à Lucrèce *.

Le Mausolée d'Auguste avoit, vers son entrée, deux Obélisques, dont l'un a été transporté & élevé par Sixte V. vis-à-vis la façade septentrionale de l'Eglise de Sainte Marie Majeure : l'autre, dit-on, est encore enfoui sous les décombres,

---

* *Tu verò dubitabis & indignabere obire,*
MORTUA cui VITA est jam vivo & pænè videnti !
Lucret. Lib. 3.

qui, sur-tout dans cette partie, ont prodigieusement exhaussé le sol de Rome. Ils étoient sans hiéroglyphes, & ce sont probablement ceux qu'Auguste, au rapport de Pline, avoit fait tailler dans les carrières de la haute Egypte.

Obélisques. Les monumens nombreux en ce genre, amenées d'Egypte à Rome, renversés depuis de dessus leurs bases, & relevés la plûpart par Sixte V. sont les témoins les plus singuliers de la grandeur de cette ancienne Capitale de l'Univers. Je vis avec étonnement qu'on les avoit presque tous placés dans le parvis des plus grands édifices, dont le voisinage les écrase & détruit une partie de leur effet. Celui de la place du Peuple est le seul qui conserve le sien : on eût pu procurer aux autres les mêmes avantages, en les répandant dans les places de Rome.

J'ai vû de très-près celui de ces monumens qu'Auguste, au commencement de son regne, avoit placé au milieu du champ de Mars, & dédié au Soleil. Renversé avec sa

Rome ancienne. base, il avoit été, pendant plusieurs siécles, enfoui sous des ruines, & ensuite sous des maisons bâties au milieu de ces ruines. Dans les unes, il faisoit partie des fondemens ; dans d'autres, il tenoit lieu de mur de cave ; & dans plusieurs, il servoit d'âtre ou de contre-cœur de cheminée. Ces derniers usages en ont dégradé toutes les parties exposées pendant des siécles à l'action du feu. Enfin Benoît XIV. l'ayant débarrassé de toutes ces entraves, se proposoit de le faire relever. Il est cassé en quatre endroits : malheur commun à ceux que Sixte V. a remis en honneur. La réparation de la partie calcinée offre une difficulté que n'a point rencontrée l'Architecte de Sixte V. Le rabattement de cette partie, & un placage que l'on y pourroit adapter, suffiroient peut-être pour cette réparation.

Les hiéroglyphes dont il est chargé dans toutes ses parties saines, sont de relief ; cependant au premier coup d'œil ils paroissent gravés en creux, l'espace qu'occupe chaque figure, étant évidé de manière que les parties les plus saillantes du relief sont débordées par la surface de la masse dans laquelle elles paroissent enchâssées: expédient sans doute imaginé pour mettre ces parties de relief à l'abri des frottemens qu'essuyoient ces masses énormes dans les manœuvres multipliées qu'exigeoient leur transport, leur élévation sur les bases, &c. Au reste ces hiéroglyphes sont du travail le plus fini.

Près de l'Obélisque du champ de Mars, on voit sa base, qui est un cube énorme du même granit que l'Obélisque. Cette base renversée sur son flanc droit, offre une inscription en lettres Romaines de la plus grande proportion. Cette inscription très simple annonce qu'Auguste, *Aigupto captâ*, dédia ce monument au Soleil. Je considérois avec complaisance cette base & son inscription: je croyois me trouver en société avec Virgile, Horace, tous les grands Hommes & tous les Beaux-Esprits de la Cour d'Auguste dont elles avoient réuni les regards.

ROME ANCIENNE.
Palais des Empereurs.

Le Palais que tant d'Empereurs avoient embelli & enrichi, est absolument enseveli sous ses ruines, dont la surface forme un parc planté d'ifs & de tristes cyprès. Il y a d'autant plus lieu de penser que cette surface cache encore des trésors inestimables aux yeux des Antiquaires, que c'est l'endroit de Rome qui a été le moins fouillé. Cet emplacement appartient à la Maison Farnèse, qui le tient de Paul III. par l'inféodation qu'en fit ce Pape en faveur de Pierre-Louis Farnèse, son fils. Soit négligence, soit jalousie des possesseurs, cette mine de richesses étoit demeurée intacte jusqu'en l'année 1720. D'après les découvertes que l'on fit alors, M. Bianchini donna l'Histoire du Palais des Césars, qui parut en 1738. Les deux Colosses de Basalte qui décorent aujourd'hui les jardins de Colorno, firent partie de ces découvertes*. Plusieurs statues de la même proportion ornoient un quarré long de cent cinquante pieds sur cent, qu

---

* Voyez l'article de COLORNO.

répondoit à la façade septentrionale du Palais. M. Bianchini a vu un sallon dans cet espace, qui n'étoit peut-être autre chose qu'une cour d'entrée & de distribution.

J'ai oüi dire à Rome, que c'étoit au milieu de ces ruines qu'étoit arrivée à M. Bianchini la funeste aventure rapportée dans l'éloge de ce Sçavant, par M. de Fontenelle, qui n'en avoit pas eu sans doute le véritable détail que voici. M. Bianchini, aussi recommandable par sa piété, que par l'étendue de ses connoissances, avoit présidé aux travaux & aux découvertes de 1720. La cessation des travaux ne fit qu'irriter en lui le désir de pousser plus loin les decouvertes. Plein de ce désir, il visitoit ces ruines, assisté de son Valet, qui armé d'un pic, lui aidoit à sonder, par des fouilles légères, les endroits qui promettoient le plus. Au milieu d'un pareil travail sur un endroit où le retentissement de la superficie annonçoit une cavité considérable, cette superficie se dérobant tout-à-coup sous les pieds de l'Observateur, il tomba perpendiculairement dans un soûterrein dont ses pieds ne sentoient point le fond, & sur les bords duquel ses coudes le soutinrent. D'une taille, d'un embonpoint, d'un âge qui lui laissoient peu d'agilité, ses efforts & ceux de son Valet pour le retirer, n'aboutirent qu'à élargir l'ouverture, en démantelant les appuis sur lesquels portoient ses coudes. Dans cet état violent, plein de courage à la vûe d'une mort qui paroissoit certaine, M. Bianchini dit sur lui-même les prières des agonisans; & les forces manquant enfin à son Valet, il tomba de la hauteur d'environ trente pieds sur un tas de décombres. De-là, il cria qu'il n'étoit point blessé; & demanda de la lumière pour mettre cet accident à profit, en examinant l'intérieur du soûterrein, qui étoit un vaste sallon orné de peintures à fresque. Il en fut quitte pour une contusion, en apparence fort légère, mais dont les suites le conduisirent à la mort, deux années après.

Le Palais des Empereurs bordoit au Sud-Ouest le *Forum Romanum*.

qui étoit terminé à l'Eſt par l'Arc de Tite, lequel forme encore aujourd'hui une des iſſues de cette place. La face intérieure d'un des montans de cet Arc, offre la repréſentation du chandelier à ſept branches qui avoit orné le triomphe de Tite, après la priſe de Jeruſalem. Pour s'épargner la vûe douloureuſe de cet objet, les Juifs ont acheté du Gouvernement l'ouverture d'un petit paſſage qui, côtoyant l'Arc, établit une communication entre leur quartier & les routes qu'abreuve le *Forum Romanum* ou *Campo Vaccino*. J'ai vu des gens aſſez injuſtes pour ſe faire, à l'égard de cette malheureuſe Nation, un titre de mépris, d'une délicateſſe qui a ſon principe dans ces ſentimens auſſi rares que ſublimes, qu'admirent les mêmes gens dans le Pſeaume, *Super flumina Babylonis*, &c.

Vis-à-vis les ruines du Palais des Empereurs, le *Campo Vaccino* a, au Nord-Eſt, celles du Temple de la Paix. Les ruines de ce Temple, qui fut peut-être le plus vaſte de l'ancienne Rome, étoient ſous Paul III.

beaucoup plus considérables qu'elles ne le sont aujourd'hui. Ce Pape ou ses Architectes en firent enlever une partie, pour aggrandir l'esplanade formée dans le *Campo Vaccino*, pour l'entrée de Charles V. lorsqu'il vint à Rome l'an 1536. Guillaume du Bellay a consigné ce fait au cinquiéme Livre de ses Mémoires, *fol.* 194. *verso* de l'édition *in*-12.

De grandes voûtes, qui forment la partie la plus considérable de ces ruines, ont été, depuis quelque temps, murées du côté de la place; & elles servent de repaire ou d'entrepôt au gros bétail, dont cette place est le marché. Ainsi le *Forum Romanum* est revenu précisément à l'état où Enée le trouva en arrivant chez Evandre *.

Toute cette partie de Rome en étoit la plus habitée dans ses beaux jours. On n'y voit plus que des Eglises & quelques Couvens; Rome a passé dans le champ de Mars &

---

* *Passim armenta videntur, Romanoque Foro & lautis mugire carinis.*

dans la plaine arrosée par le Tibre, dont ce champ faisoit partie. Non-seulement les Villes meurent : elles cheminent aussi. Parmi celles que j'ai vues, Lyon, Marseille, Ancône & quelques autres, ont, ainsi que Rome, quitté les montagnes où leurs Fondateurs les avoient établies, & qu'elles avoient long-temps occupées, pour s'étendre dans le plein-pied.

Discussion chronologique sur les Egoûts de l'ancienne Rome.

Juste-Lipse dit dans ses Considérations sur la grandeur des Romains: *ponimus cloacas inter magnifica, & sordes has inter illos splendores.* En effet, ces égoûts annoncent tout ce qu'a peut-être jamais imaginé de plus grand la magnificence dirigée au bien & à l'utilité publique. Distribués dans les vallons qu'enfermoient les premières enceintes de Rome, & rafraîchis sans cesse par des sources abondantes, qui y coulent encore aujourd'hui, ils venoient déboucher dans le Tibre, par le vallon qui sépare le Mont-Aventin du Palatin.

La solidité de leur construction a résisté aux ravages des siécles & à plusieurs causes de destruction, tant internes qu'externes. Quel meilleur témoignage en faveur de cette solidité, que celui de Pomponius Lætus qui nous apprend qu'une partie du Collisée a pour fondement les anciennes Cloaques qui le traversent*. J'ai vu la *Cloaca maxima* à son embouchure dans le Tibre : elle porte en œuvre douze à quinze pieds de largeur sur autant de hauteur. J'ai admiré la grosseur énorme des blocs dont est formée sa bâtisse, la stabilité de la voûte & la pureté du trait qui ne s'est démenti dans aucune partie, quoique les pierres soient jointes *à cru*, sans mortier ni ciment.

L'admiration croît, si l'on pense à la profondeur des fouilles & des tranchées qu'exigeoit ce genre de construction ; & si l'on se rappelle

---

* *Sub tanto ædificio subsunt Cloacæ ; adeo ut pars ædificii sustineatur à Cloacis.*

qu'elle fut l'ouvrage du second siécle de Rome, c'est-à-dire, d'un temps où Rome n'étoit encore qu'un amas informe de chaumières *.

Cependant, si l'on en croit les Historiens anciens & modernes, la *Cloaca maxima* ne fut qu'une partie des entreprises en ce genre, formées par Tarquin l'ancien. Car ce fut encore lui qui jetta les fondemens du Capitole, en doublant la roche Tarpéienne par un corps énorme de maçonnerie (*substructio*), dont la plus grande partie existe **; il resserra le lit du Tibre, par un quai qu'on appelloit dans l'état le plus florissant de Rome, le beau quai, *pulchrum littus ;* il environna Rome d'une enceinte de murs en pierres d'échantillon ; enfin, il commença

---

* *De cannâ staminibusque domos.* Ovid. Fast. L. 3.
** On avoit ménagé dans le corps de cette maçonnerie, le *Carcer Tullianus*, dont la partie encore subsistante forme une Chapelle sous l'invocation de Saint Pierre, qu'on dit y avoir été détenu. Cette partie est construite en blocs de même échantillon que ceux de la *Cloaca maxima.*

le grand Cirque, qui pouvoit contenir environ cent cinquante mille spectateurs.

Cependant, au premier cens fait sous le regne suivant, le nombre des habitans de Rome & de son territoire n'étoit que de quatre-vingt mille : tous Laboureurs vivans du produit de leurs terres & du travail de leurs mains : tous Guerriers sans solde, & occupés de guerres continuelles : tous Artisans par état ou par nécessité.

Dans beaucoup de pays, on tranche la difficulté sur quantité d'ouvrages de moindre importance, en les attribuant aux Fées, aux Enchanteurs, au Diable même. J'avoue aussi que j'aimerois autant leur faire honneur de toutes les constructions attribuées à Tarquin, sur-tout de celle des égoûts dont il s'agit, qu'à ce Souverain peu despotique d'un Etat naissant, mal affermi, & où l'on n'imagina de battre monnoie, que 300 ans après sa fondation.

Cette contradiction pouvoit-elle ne pas frapper les Romains des siécles éclairés ? Pline l'avoit sentie;

mais pour ne point détruire un des principaux fondemens du préjugé des Romains & des Nations qu'ils avoient subjuguées, sur la grandeur de *la Ville éternelle* dès son berceau, il suppose que Tarquin avoit employé à la construction de la *Cloaca maxima*, tout le peuple de Rome; & il appuie cette supposition, en prêtant à Tarquin pour ce peuple, une dureté dont on trouveroit à peine l'exemple dans les Etats les plus despotiques. « Ceux, dit-il, *L. 35. c. 15.* » qui, rebutés de la longueur & des » dangers du travail, s'abandon- » noient au désespoir, & se don- » noient la mort, Tarquin faisoit » mettre leurs corps en croix, & les » livroit sans sépulture aux vautours » & aux corbeaux : *In quo*, ajoute » Pline, » *pudor Romani nominis pro-* » *prius, qui sæpè res perditas servavit in* » *præliis, tunc quoque subvenit.* «

Mais ce fait accessoire, ce fait si peu analogue à la constitution de Rome, même sous ses Rois, ce fait qu'avant Pline personne n'avoit encore relevé, ne peut me persuader le fait principal,

Des détails plus lumineux que ceux que nous offre Denys d'Halicarnasse lui-même sur les premiers habitans du *Latium*, pourroient nous découvrir à qui Rome doit véritablement cette construction analogue à tant d'autres qui datent des temps les plus reculés : temps où l'Italie d'entre les deux mers, étoit couverte de Villes, d'habitations & d'habitans, avant qu'il y fût question des Romains.

Au moins est-il certain, par le témoignage de Tite-Live, qu'avant que les Troyens eussent transféré leurs Pénates dans le *Latium*, suivant la tradition des Romains, le Mont-Palatin étoit déja le siége d'une colonie d'Arcadiens : colonie de la même espèce, & qui datoit sans doute du même temps que toutes celles dont la réunion avoit formé la Grèce Italique, que les Grecs eux-mêmes appelloient par excellence *la grande Grèce*. La Philosophie, les Sciences & les Arts embellissoient à l'envi ce beau pays, avant que Romulus s'y fût fait connoître par l'asyle qu'il ouvrit, & par l'enlévement des Sabines.

Il est même très-vrai-semblable que des peuplades antérieures au passage des colonies Grecques, avoient précédemment formé, dans ces régions, des établissemens dont la magnificence annonçoit l'importance & l'état brillant. Le silence des monumens historiques sur ces anciens établissemens, est suffisamment suppléé par les édifices publics de l'ancien *Pæstum* sur le Golfe de Tarente, qui sont encore aujourd'hui sur pied. M. le Comte de Gazola, actuellement Grand-Maître de l'Artillerie d'Espagne, en a fait lever les plans & les élévations, & en 1758 on les gravoit à Naples sous ses yeux. Par le goût & par les proportions de ces édifices, par leur ressemblance avec ceux qui subsistent encore dans la haute Egypte, il est aisé de se convaincre que leur construction a précédé la naissance des Arts, même chez les Grecs.

Peut-être est-ce aux premières peuplades dont ils sont l'ouvrage, qu'il faut rapporter les monumens de l'architecture soûterreine, communs à la grande Grèce, à la Sicile, à la Phénicie, à l'Egypte : je veux dire, les cavernes pratiquées de main d'homme, qui tiennent le premier rang parmi les antiquités de Cumes & de Pouzzoles; les catacombes de Naples, de Méssine, de Syracuse & de la plûpart des Villes de Sicile*; les cryptes taillées dans le roc, qui bordent les côtes de la Phénicie, ces immenses galeries qui régnent sous une partie du sol de l'Isle de Candie & de l'Egypte, & tous les ouvrages de ce genre, dont les premiers hommes trouvèrent les modèles dans ces grottes merveilleuses que la Nature leur offroit parmi les ruines dont elle a formé la plûpart des Isles de l'Archipel. Les Myrmidons qui partagèrent les aventures du siége de Troye, & qui se disoient issus de fourmis qui habitoient sous terre, devoient peut-être & leur nom, qui, suivant Pline, fut dans les

―――――――――
* Voyez en particulier sur celle de *Cittadella*, anciennement appellée *Macharis*, du Phénicien *effodit*, *perfodit*, les *Mémoires de l'Académie des Inscriptions*, vol. 30. p. 420.

premiers temps un nom commun à tous les Grecs *, & cette tradition sur leur origine, à des ouvrages de cette espèce, dans lesquels leurs ancêtres s'étoient distingués.

Or c'est à l'un ou à l'autre de ces premiers âges que remonte la fondation de ces établissemens dont Evandre montroit les ruines à Enée, sur les lieux même que Rome occupa depuis **.

Aussi dans le cinquiéme siécle de l'Ere Chrétienne, regardoit-on communément Evandre comme le Fondateur ou le Restaurateur de Rome ***. Sous l'Empire du Paganis-

---

* *Hos eosdem (Græcos) tribus nominibus appellavit, Myrmidonas, & Hellenas, & Achæos.* Lib. 4. c. 7.

** *Disjectis oppida muris, Relliquias, veterumque vides monumenta virorum.*

*** Voyez Servius, sur le vingtiéme vers de la premierè Eglogue de Virgile : *Roma antè Romulum fuit, & ab eâ Romulus nomen adquisivit.* Voyez aussi la Dissertation de M. Boivin sur l'origine de Rome. *Mémoires de l'Acad. des Inscript.*

me, Rome n'eût osé abandonner l'opinion qui rapportoit son origine à Romulus * : opinion liée à la Religion, par une foule de cérémonies qui supposoient cette origine.

Ajoutons à ces indications, la foiblesse & l'incertitude de la lumière qui éclaire les premiers siécles de Rome ** ; les chimères adoptées par les Romains sur leur origine, & sur les temps d'où ils la datoient ; leur attention à rapporter à eux-mêmes & à leurs ancêtres, tout ce qui portoit un caractère de grandeur ; leur admiration constante pour ces mêmes égoûts que j'examine ; leur Déesse *Cloacina*, à laquelle ils en attribuoient la surintendance, & dont le culte remonte à Tatius, Collégue de Romulus. On pourroit encore ajouter le peu de rapport de l'alignement des rues de Rome, avec celui de ces égoûts ou cloaques : *Quæ*, dit Tite-Live, *primò per publicum ductæ*, nunc (de son temps) *pri-*

Lib. 5.

---

* Voyez les Fastes d'Ovide *passim*.
** Voyez l'*Antiquité expliquée par les usages*, Liv. 5. chap. 2.

vata passim subibant tecta, si Tite-Live n'attribuoit pas ce désordre à la reconstruction tumultuaire de Rome, après que les Gaulois l'eurent réduite en cendres. Or si Rome, alors très-considérable, fut rebâtie sur les anciens repaires, le témoignage de Tite-Live est pour moi, & du même fait il se déduit deux conséquences diamétralement opposées. Mais en réduisant le témoignage des Historiens Romains * à leur juste valeur, nous en conclurons seulement que la construction de la *Cloaca maxima* n'est pas postérieure au second siècle de Rome.

Contre la supposition d'une entreprise de cette importance, formée & exécutée par une Ville naissante & toujours sous les armes, je pourrois sans doute opposer, au moins comme raison de douter, la longue patience des Parisiens à souffrir dans un quartier qui fut long-temps le beau quartier de Paris, & sous la promenade de ce même quar-

---

* *Vid. Lact. de fals. Relig. c. 20. S. Aug. de Civit. Dei, L. 4. c. 23.*

ROME ANCIENNE.

tier, l'infection & toutes les incommodités d'un égoût découvert, non-abreuvé, perdu dans des terres mortes, & dont l'atmosphère empesté enveloppoit une partie du jardinage de cette grande Ville. Il étoit réservé à M. Turgot, Prevôt des Marchands de Paris, d'imaginer & d'exécuter un égoût en maçonnerie, qui ressemblât à ceux de Rome, au moins par l'eau courante qui l'abreuve & le rafraîchit : ce n'est que depuis vingt années, que Paris jouit du bienfait de ce respectable Citoyen : *tantæ molis erat!* &c.

Les raisons de nécessité qui exigeoient cette entreprise pour Paris, n'avoient point lieu pour la Rome de Romulus & de Tarquin. Peuplée d'hommes peu sensuels, elle étoit répandue sur des montagnes & sur des collines que côtoyoit le Tibre : montagnes dont les vallons offroient des égoûts naturels aux eaux & aux immondices qu'ils portoient dans le fleuve.

Thermes de Dioclétien.

Aux plus anciens morceaux d'Architecture, joignons le dernier de ceux qu'offrent les ruines de l'ancienne Rome: je veux dire les Thermes de Dioclétien. Le luxe des Empereurs, les grandes vûes de plusieurs d'entr'eux avoient soutenu l'Architecture; & elle avoit survécu à la Peinture, à la Sculpture (au moins à la statuaire), à la Gravûre, dont les médailles du bas-Empire constatent la chûte, & à tous les Arts qui, pour se maintenir, ont plus besoin que l'Architecture, d'une pratique constante & continue. Les Thermes dont il s'agit, soit par la magnificence du total, soit par la distribution des parties, soit par la beauté des détails dans celles que le temps a respectées, pourroient honorer les plus brillantes époques des Annales des Arts. Ils jettèrent leur dernier feu dans ce grand édifice, & dans ceux que Dioclétien éleva dans sa patrie après son abdication *. La Barbarie date du regne de Constantin. Ce regne commen-

---

* Voyez les *Ruines de Spalatro*, récemment données au Public par de sçavans Anglois.

ça la destruction des plus beaux monumens de l'Antiquité. Ces monumens pour lesquels la Cour avoit conçu une religieuse horreur, ne servirent plus de modèles, & leurs débris furent employés, sans régle & au hasard, dans la construction des nouveaux bâtimens élevés par Constantin & par Hélene sa mere, sur le plan des Basiliques Romaines : plan qui n'offrant que des Halles, soutenues par des colonnes, demandoit moins des Architectes que des Maçons. On en peut juger par l'Eglise de Saint Paul, encore subsistante, & qui doit aux siécles postérieurs tout ce qu'elle a de décoration extérieure. L'Arc de triomphe de Constantin, qui subsiste aussi, est pareillement un amas de débris d'Arcs de triomphe, précédemment élevés en l'honneur de divers Empereurs, & notamment de l'Arc de Trajan.

Les Antiquaires de Rome sont partagés sur la petite Eglise ou Chapelle de Sainte Constance, que l'on voit hors la *Porta-Pia*, vis-à-vis celle de Sainte Agnès: les uns croyent ce bâtiment moderne; d'autres le réputent antique. C'eſt une rotonde d'environ cinquante pieds de diamètre, environnée de collatéraux, & maintenant écraſée par un vilain toît qui enveloppe & collatéraux & coupole. L'enfoncement du collatéral en face de la porte, eſt occupé par un magnifique tombeau de porphyre, enrichi d'un bas-relief très-ſaillant, formé de pampres, de raiſins, & dont on trouve le deſſein par-tout.

Ceux qui penſent que cet édifice eſt un ancien Temple, le prouvent par ce tombeau. Les autres y voyent le baptiſtère qu'Anaſtaſe le Bibliothécaire dit, dans la vie de Saint Sylveſtre, avoir été élévé à Rome par Conſtantin, pour le baptême des deux Conſtances, dont l'une étoit ſa ſœur, & l'autre ſa fille. C'eſt l'opinion qui paroît prévaloir, malgré tous les caractères d'antiquité qu'offre cet édifice; & quoique, dans le baptiſtère de Conſtantin, qui eſt aujourd'hui celui de Saint Jean de Latran, on retrouve le même baptistère que celui dont parle Anastase.

D'une autre part, c'est aller trop loin, que de conclure, du tombeau de porphyre & des ornemens dont il est enrichi, que le Temple où on le voit aujourd'hui, fut anciennement consacré à Bacchus. 1°. Les ornemens des tombeaux étoient abandonnés au choix des Sculpteurs, qui les assortissoient communément à la profession ou au goût de ceux à qui ils étoient destinés : tel est le tombeau que l'on voit au Palais Colonne, où l'apothéose d'Homère est représentée. 2°. Il étoit absolument contre l'usage de l'antiquité de placer dans les Villes, & à plus forte raison dans les Temples, aucun monument de cette espèce. Celui dont il s'agit, aura été transféré où on le voit actuellement, pour servir sans doute de sépulture à quelque Chrétien de la première distinction, après avoir originairement servi ailleurs à celle de quelque Payen très-distingué ou au moins très-opulent. Peut-être est-ce à ce Temple, converti en Oratoire, qu'il faut appliquer le passage

passage d'Ammien Marcellin *, qui est échappé aux Antiquaires Romains. Ainsi, en séparant l'édifice du tombeau qu'il renferme, il le faut juger par lui-même.

Il a en petit toutes les proportions de cette belle Eglise élevée à Ravenne par Justinien **; mais que conclurre de cette ressemblance? Les Grecs ayant sous les yeux beaucoup de bâtimens antiques en forme de rotonde, avoient adapté cette forme aux premières Eglises qu'ils élevèrent, tandis que les Latins prirent, dans les Basiliques Romaines, le modèle de leurs édifices sacrés.

Pour décider définitivement sur l'objet de cet article, il faudroit, 1°. présenter aux Connoisseurs dont le jugement fixeroit la décision, des plans & des élévations de toutes les parties de l'édifice, tant inté-

―――――――――――――――――――
* *Julianus*, dit cet Historien, *Helenæ conjugis defunctæ suprema miserat Romam in suburbano viæ Nomentanæ condenda, ubi uxor quoque Galli, quondam soror ejus, sepulta est Constantina.* L. 21. initio.

** Voyez l'article de RAVENNE dans le Tome I. de cet Ouvrage.

rieures qu'extérieures, avec des copies exactes des mosaïques dont le sol & les voûtes sont encore en partie couvertes, & que l'obscurité actuelle du lieu permet à peine de démêler ; 2°. examiner, par des fouilles autour de ce bâtiment, s'il n'étoit pas anciennement environné d'un péristile, comme l'état de quelques parties extérieures semble l'indiquer.

Au reste, on voit dans cette Eglise deux candélabres antiques du plus beau marbre grec, du meilleur goût & du travail le plus fini : ils ont environ quatre pieds de hauteur, & leurs ornemens sont dans le goût que Michel-Ange s'étoit fait en ce genre, d'après l'antique. Une petite tête, finie comme les plus belles camées, sort du milieu de chacune des faces triangulaires du pied de ces candélabres. Une de ces têtes avoit été fraîchement cassée & enlevée : le Sacristain accusoit de cet attentat un jeune Artiste François.

Les ruines qui couvrent les parties inhabitées de Rome, ne peuvent intéresser que les Antiquaires, à l'imagination desquels ces ruines représentent divers monumens de la grandeur & de la magnificence de l'ancienne Rome. Le Vatican & le Capitole en rassemblent d'intéressans pour tous les yeux, dans un peuple de statues & de bustes échappés aux ravages du temps & de la piété des Fideles des premiers siécles. Les antiques du Vatican sont aussi universellement connues que Saint Pierre de Rome. Le *Musœum Capitolinum*, en donnant aux Amateurs une idée de celles que Benoît XIV. a réunies dans le Capitole, ne peut qu'enflammer en eux le désir de jouir de la vûe d'aussi belles choses. En formant ces collections, Léon X. & Benoît XIV. n'ont pensé qu'à en assurer la jouissance au Public; malheureusement des vûes si pures, si Romaines, ne se sont point trouvées dans cette foule de Papes & de Neveux qui n'ont pensé qu'à enrichir leurs maisons des dépouilles de l'ancienne Rome. Il seroit seulement à désirer que ces collections fussent absolument publiques, & que ceux à qui la garde en est confiée, n'en vendissent pas la vûe, & ne se fissent pas un revenu du besoin qu'ont les Artistes de les étudier. Un tel monopole ne répond ni à la magnificence, ni aux intentions d'un Maître qui a tant de moyens pour faire un état à cette espèce de gens.

Les vignes qui appartiennent aux Maisons Borghèse, Pamphile, Médicis, &c. les Palais Farnèse, Barberin, Verospi, Massimi, Albani, &c. ont aussi de très-grandes richesses en ce genre: mais rien n'égale, sinon pour le choix, au moins pour la quantité, celles du Palais Justiniani. Les appartemens, l'escalier, la cour, les murs & tous les coins de ce Palais sont remplis ou couverts d'antiques; enfin, sous une espèce de halle qui en dépend, & où l'on a entassé toutes celles qui n'ont pu trouver place, on en voit, d'un coup d'œil, plus que n'en posséde toute l'Europe, hors Rome & Florence. A la vûe de tant de richesses, on admire la magnificence du Prince, qui, en leur ouvrant cet asyle, a pourvu à leur conservation;

mais leur quantité étonne plus qu'elle ne satisfait.

D'ailleurs tous ces morceaux, quoique vrais antiques, ne sont pas également précieux. Tous les Ouvriers qui avoient contribué à remplir Rome * de monumens de cette espèce, n'étoient pas des Phidias & des Apollodores. Ils se bornoient, la plûpart, à copier bien ou mal les morceaux le plus en réputation : on trouve par-tout des copies, tantôt bonnes, quelquefois médiocres, souvent très-mauvaises de la fameuse Vénus de Médicis. J'en vis une à Rome, que l'on avoit depuis peu découverte & assez bien réparée : elle étoit exposée en vente dans un attelier voisin de la Trinité du Mont. La réparation que semblent exiger la plûpart des antiques, est pour elles une très-périlleuse épreuve, dans laquelle elles perdent toujours & ne gagnent jamais : il seroit peut-

---

* *Statuas Thusci primùm in Italiâ invenerunt, quas amplexa posteritas, penè parem populum Urbi dedit, quàm Natura procreavit.* Cassiod.

<small>ROME ANCIENNE.</small>

être à désirer qu'on eut pour ces morceaux la même réserve qu'eut Michel-Ange pour le fameux Torse du Vatican : il ne présuma pas assez de lui-même, pour entreprendre de le réparer. C'est vrai-semblablement d'après une fausse tradition, qu'on lui attribue la réparation du Laocoon : à peine les bras & les jambes de la seconde main, ont-ils quelque proportion avec les corps auxquels ils ont été adaptés.

<small>Palais du Cardinal Albani.</small>

Le Cardinal Alexandre Albani est actuellement le réparateur en chef de l'Antiquité. Les morceaux les plus mutilés, les plus défigurés, les plus incurables, reprennent chez lui la fleur du premier âge, *nova facit omnia :* le fragment d'un buste qui, même dans son entier, auroit été pour tous les Antiquaires, *una testa incognitissima*, reçoit de lui, avec une nouvelle vie, un nom qui fixe irrévocablement son état.

Pour loger ces morceaux, il faisoit bâtir hors de la porte *Salara*, un Palais dans le goût de ceux de l'ancienne Rome. La façade de ce Palais, couverte d'ornemens du plus grand relief, est coupée au rez-de-chauffée par un portique que domine le premier étage: disposition qui procure peut-être quelque fraîcheur aux appartemens du rez-de-chauffée, ombragés par ce portique, mais qui ne leur laisse que de faux jours. Cette façade regarde un parterre abreuvé par de très-belles eaux, rempli d'antiques, & terminé par un vaste portique en hémi-cycle, ouvert sur le parterre, couronné d'une balustrade continue, & fermé d'un mur dans sa partie extérieure. Ce portique a une ressemblance d'autant plus parfaite avec les xistes ou promenoirs couverts des Romains, que l'on y retrouve les objets dont un luxe érudit se plaisoit à les embellir; c'est-à-dire, les statues ou les bustes des hommes les plus célèbres dans tous les genres. Aux statues & aux bustes, le Cardinal Albani a joint des autels, des tombeaux, des bas-reliefs*

_____

* L'histoire de l'Art, par M. Winkelman, apprendra le vrai prix de cette immense collection.

ROME ANCIENNE.

& des monumens de toute espèce, ressuscités & refaits à neuf en partie. C'est dans les bustes, que ce renouvellement est le plus marqué par les nez, les oreilles & des parties entières adaptées à celles que le temps a respectées. On voit-là, ainsi retouchés, corrigés & augmentés, les Philosophes, les Orateurs & les Poëtes de la Grèce, dont chacun est annoncé par son nom récemment gravé sur le flanc en caractères grecs. Nous avions vu le Cardinal Albani avant que de voir son Palais; &, sur le désir que nous lui avions marqué d'admirer cet édifice & tout ce qu'il a rassemblé, il nous avoit répondu, avec un sourire malin : *Cela n'est pas fait pour des yeux accoutumés aux merveilles de l'Architecture Françoise. L'idée vous en paroîtra extravagante, & l'exécution détestable.*

Hermitage du Cardinal Passionei.

Avec moins de dépense & d'appareil, le Cardinal Passionei avoit formé & orné son Hermitage des Camaldules. Cet Hermitage, pratiqué sur le flanc de la montagne de Frescati, jouissoit de la vûe de Rome, d'une partie de sa campagne & de la mer qui la termine; & il avoit sous lui, à vûe d'oiseau, la *Rusinella* des Peres du *Giésu*. L'irrégularité du terrein avoit réglé sa distribution. Les appartemens formoient autant de pavillons isolés & répandus dans des bosquets qui se communiquoient par des sentiers tortueux ; & ces sentiers aboutissoient à la principale allée, qui n'avoit elle-même d'alignement que celui de la montagne dans laquelle elle étoit taillée en forme de banquette. Cette allée, ces sentiers, ces bosquets étoient bordés de monumens funéraires qu'égayoit la verdure qui leur servoit de fond. C'étoient des tombeaux antiques de toutes grandeurs, des urnes cinéraires de différentes formes, la plûpart très-singulières, des épitaphes Grecques & Latines de tous les âges. La piéce la plus considérable, au moins par son volume, étoit le tombeau d'un Empereur des bas-siécles. Le Cardinal Albani, auquel il appartenoit, l'avoit donné au Cardinal Passionei, sous la condition expresse qu'il le transfporteroit dans son Hermitage, jugeant cette condition impossible; mais le Cardinal Passionei l'avoit sçu remplir, à force de machines & de bœufs.

Parmi les épitaphes, brilloit celle d'une Comédienne Grecque: épitaphe très-étendue & en caractères du meilleur temps & de la plus belle conservation. Je voulois copier les incriptions qui me parurent les plus intéressantes ou les plus singulières; mais le Cardinal m'épargna cette peine, en m'apprenant qu'il en avoit adressé la collection complette à l'Académie Royale des Belles-Lettres de Paris.

La salle à manger étoit ornée d'une cuvette tirée des ruines de la *Villa* ou Palais d'Adrien à Tivoli. Cette cuvette quarrée, de quatre pieds de long, sur trois de large & un de profondeur, étoit percée dans son centre pour un jet, qui, jouant pendant le repas, donnoit pour boire & pour rincer les verres, de l'eau de la plus grande fraîcheur & de la meilleure qualité: c'étoit l'eau même qui arrosoit le *Tusculanum* de Cicéron,

& dont on avoit retrouvé les anciennes conduites. Je n'ai vu aucun morceau d'orfévrerie comparable à cette cuvette, par l'élégance de la forme, par le goût des ornemens, & par le précieux du travail. Dans le pavillon qu'il habitoit, le Cardinal avoit un Cabinet de Livres en petit nombre, mais choisis. Le lieu le plus apparent de ce Cabinet, étoit occupé par le portrait de M. Arnauld, Docteur de Sorbonne, & par un grand volume *in-8°*. relié en verd, sans titre: en l'ouvrant, on y trouvoit les Lettres Provinciales en cinq Langues.

Mais cet hermitage n'offroit rien d'aussi singulier que celui qui l'avoit formé. Vrai, franc, ouvert dans ses propos, dans ses démarches, dans tous ses procédés, le Cardinal Passionei étoit un véritable phénomène dans un pays & dans une Cour qui sont le centre de l'intrigue & du manége le plus délié*. Personne n'aima

---

* Les Jésuites ont dit depuis, par l'organe du Compilateur des *Nouvelles Observations sur l'Italie*, en 6 volumes *in-12*. que le

ROME ANCIENNE.

autant les Lettres que lui, ne s'intéressa plus chaudement à leurs progrès, & ne détesta plus cordialement les Jésuites. Cet amour & cette haine étoient les deux mobiles de ses vûes, de ses projets & de toute sa conduite. La vie lui a été arrachée par la violence faite inopinément à ses sentimens décidés. Il étoit âgé de quatre-vingt ans; mais son esprit & son tempérament avoient conservé toute leur vigueur.

Sa mort a entraîné la destruction de son hermitage. Les Camaldules, sur le terrein desquels il étoit bâti,

---

Cardinal Passionei *manquoit de jugement*. Il connoissoit ces hommes alors redoutables : il croyoit la destruction de leur Société aussi nécessaire que possible ; enfin, c'est de sa main qu'est partie la pierre qui a frappé les pieds du Colosse, & qui a déterminé son écroulement. Dans le vertige qui a précédé & accompagné leur chûte, les Jésuites ne voyoient de *jugement* que chez les gens qui leur paroissoient servilement dévoués. En les abandonnant, dès que la fortune les a abandonnés, ces faux amis ont fait voir que les Jésuites avoient eux-mêmes *manqué de jugement*, & qu'ils connoissoient également mal & leurs amis & leurs ennemis.

secondés par leurs voisins, se sont empressés de détruire un lieu qu'il avoit créé, & qui fut ses plus chères délices. J'ai même oüi dire que, pour en accélérer la destruction, on avoit jetté de la montagne en bas, la plûpart des monumens rassemblés par le Cardinal.

<small>ROME ANCIENNE</small>

Terminons cet article par des observations générales sur quelques débris de l'ancienne Rome.

Outre les colonnes sans nombre que l'on y voit, outre celle qu'on y découvre tous les jours, Rome est couverte de fragmens qui servent de bornes & d'appuis aux banquettes que les grandes rues ont de chaque côté. Dans une rue voisine du Palais Barberin, j'ai vu une moitié de colonne canelée, en albâtre oriental tranparent, employée à cet usage : le pavé même des rues & des places est mélangé de fragmens de granit & de porphyre.

<small>Colonnes</small>

Le monument le plus considérable en ce genre, est la colonne que les Empereurs M. Aurele & L. Vérus érigèrent à Antonin leur pere d'adoption, après que leur reconnoissance l'eut placé au nombre des Dieux.

Cette colonne de porphyre rougeâtre, dont le fust porte cinquante pieds de hauteur, sur six de diamètre, renversée depuis long-temps, étoit ensevelie parmi des ruines, d'où Clément XI. la fit tirer en 1705. Le piédestal, d'un seul bloc de marbre, ayant été depuis retrouvé, Benoît XIV. l'avoit fait mettre au milieu de la place de Monte-Citorio; & l'on avoit fait en même temps toutes les dispositions nécessaires pour y replacer la colonne, sur le chapiteau de laquelle on devoit placer pour couronnement cette pomme de Pin * d'une énorme proportion qui couronnoit le Mausolée d'Adrien, & renfermoit les cendres de cet Empereur. Mais le piédestal ne s'étant point trouvé d'à-plomb, & Benoît XIV. étant mort, l'entreprise a été abandonnée.

---

* On la voit dans un des jardins du Vatican.

Le piédeftal eft chargé fur trois de fes faces de fculptures du plus grand relief, relatives à l'apothéofe d'Antonin & de Fauftine. Elles fe joignent à celles de la colonne de Marc-Aurele*, pour prouver que les Anciens ou ignoroient ou négligeoient la dégradation des figures dans les bas-reliefs. La colonne eft encore couchée dans le voifinage du lieu où elle a été déterrée; on l'a réparée, & environnée en tous fens de barres & de cercles de fer deftinés à foutenir l'effort des machines que l'on employera pour la remettre fur fa bafe.

Rome ancienne.

J'ai examiné avec attention les brêches qu'offrent les arcs de triomphe & tous les monumens antiques encore exiftans à Rome. Ces brêches exactement quarrées & toujours parallèles entr'elles dans les

Brêches ouvertes à deffein dans les anciens monumens.

---

* Cette colonne, que les Romains appellent *Antonine*, fut érigée en l'honneur de Marc-Aurele, dont les expéditions & les victoires font l'objet des bas-reliefs qui l'ornent dans tout fon contour.

parties correspondantes des monumens, m'ont paru n'avoir été ouvertes que pour recevoir l'extrémité des solives qui formoient les étages des habitations que l'on pratiquoit dans ces monumens, ou que l'on y appuyoit. Dans les guerres particulières qui ont déchiré Rome, ainsi que toutes les autres Villes d'Italie, ces monumens servoient de citadelles, & l'on y logeoit des troupes. Sous le regne de l'ignorance & de la barbarie, on ne voyoit dans ces anciens édifices, que des masses dont la solidité invitoit à s'y ménager des logemens, ou à y emmancher des maisons, ainsi que cela se pratique encore à l'égard des amphithéâtres d'Arles & de Nîmes.

Il est un autre genre de dégradation, dont l'amour de l'antique a été le motif. C'est cet amour qui porta Laurenzin de Médicis à enlever les têtes des statues qui ornent l'arc de Constantin, à mutiler les morceaux les plus exposés, enfin à escamoter ce qui se prêtoit le plus au transport : tout cela est passé dans la galerie de Florence. Cet attentat n'est pas demeuré impuni ; il est l'objet d'une Philippique fortement écrite en Latin, qui fait partie des Œuvres du Molza, édition de 1750. *Tome II. fol.* 203. Cette piéce fit son effet : Laurenzin fut proscrit, & sa tête mise à prix. Pour se laver de cette infamie par quelque action d'éclat, il entreprit de rendre la liberté à la Ville de Florence sa patrie : ce qu'il exécuta en trempant ses mains dans le sang d'Alexandre de Médicis, son parent, son protecteur & son ami. Ces deux attentats sont réunis dans une Epigramme latine, de la composition de quelque Florentin qui excuse le premier par le second *.

<small>ROME ANCIENNE.</small>

La cour de l'aîle du Capitole, qui se présente à la droite, offre <small>Débris de Colosses de bronze.</small>

---

* Voici cette Epigramme :

Invisum ferro Laurens dùm percutit hostem,
  Quod premeret patriæ libera colla suæ :
Te nunc hic, inquit, patiar, qui ferre tyrannos
  Vix olim Roma marmoreos potui ?
    V. l'Hist. du Varchi, Liv. 14. & 15.

dans deux pieds de Colosses de bronze un monument précieux pour l'histoire de l'Art. Indépendamment de la beauté du dessein sur lequel ils ont été exécutés, le bronze d'un poli, d'un fini, & d'une mollesse qui exprime celle de la chair, peut servir de commentaire au Chap. 7. du trente-quatriéme Livre de l'Histoire Naturelle de Pline. L'Auteur parlant dans ce chapitre du Sculpteur Zénodote, qui avoit fait pour les Auvergnats un Mercure de trois cents pieds de haut, & ensuite pour Néron, son fameux Colosse de cent dix pieds, ajoute que l'on s'apperçut à ces ouvrages du dépérissement de l'Art*. Cependant ces morceaux ne le cédoient point à tout ce que l'Antiquité avoit produit de plus hardi dans le même genre : c'est donc dans quelques parties de l'exécution qu'il faut chercher ce dépérissement. Or je crois l'avoir apper-

---

* *Ea statua indicavit interiisse fundendi æris scientiam . . . . . . quantò major in Zenodoto præstantia fuit, tantò major deprehendi æris obliteratio potest.*

çu dans le poli, dans la molleſſe, dans l'eſpèce de flexibilité qu'offrent à l'œil, les deux pieds dont il s'agit, ſoit que les anciens Artiſtes euſſent pouſſé l'art de la fonte aſſez loin pour retirer du moule les morceaux ainſi terminés, ſoit qu'après qu'ils étoient ſortis du moule, ils ſçuſſent les réparer, les retravailler & les terminer, comme on termine les piéces d'orfévrerie les plus achevées. Quant à cette partie, la préciſion de l'art ne ſe retrouve plus dans les morceaux poſtérieurs au ſiécle de Néron. Le Marc-Aurele du Capitole offre une piéce de comparaiſon : ſa ſurface, preſque partout inégale, aigre & raboteuſe, eſt celle d'une plaque de fer coulé ; & c'eſt-là ſans doute où giſſoit, ſuivant Pline, le dépériſſement de l'Art, *æris obliteratio.*

<small>ROME ANCIENNE.</small>

Le petit Temple rond qui ſubſiſte encore ſur le bord du Tibre, vers l'embouchure de la *Cloaca maxima,* eſt, aux yeux des Antiquaires de Rome, l'ancien Temple de Veſta. Juſte-Lipſe, dans ſon Ouvrage inti-

<small>Temple de Veſta.</small>

tulé *De magnitudine Urbis*, prétend au contraire que ce Temple originairement bâti par Numa, dans le vallon qui séparoit le Capitole du Mont Palatin, avoit depuis été enfermé par Auguste dans l'enceinte de son palais. Horace disoit cependant :

> *Vidimus flavum Tiberim, retortis*
> *Littore Etrusco violenter undis,*
> *Ire dejectum monumenta Regis,*
>   *Templaque Vestæ.*

Si l'on voit dans les *monumenta Regis*, le quai appellé *pulchrum littus*, que l'on regardoit comme l'ouvrage de Tarquin l'ancien, on verra les *Templa Vestæ* dans le petit Temple encore subsistant, qui étoit à la tête de ce quai. Il est aujourd'hui dédié à *Santa Maria del Sole*. Suivant l'usage des siécles dont je parle dans l'article précédent, on y a emmanché une vilaine maison où un Maréchal tient sa forge : destination assez analogue à la consécration primitive de ce Temple à la Déesse du Feu.

Les vases Etrusques sont aujourd'hui connus & répandus dans toute l'Europe. Les Papes Clément XII. & Benoît XIV. ont enrichi la Bibliothéque du Vatican, d'une collection en ce genre auſſi intéreſſante par la prodigieuſe quantité & par la belle conſervation des morceaux qui la compoſent, que par l'élégance & la variété des formes. Cette élégance que les anciens Romains avoient empruntée des Etruſques & des Grecs, s'eſt perpétuée dans les vaſes les plus uſuels & les plus communs. Une Payſane revenant de la fontaine avec une cruche ſur la tête, reſſemble encore aujourd'hui à ces figures que les antiques les plus précieuſes repréſentent dans la même attitude. Que les vaſes de nos pays ſeptentrionaux ſont encore loin de cette élégance! Quelques bons modèles répandus dans les atteliers de nos Potiers & de nos Fayanciers, ſuffiroient pour l'y introduire à peu de frais : les côtes de Provence pourroient fournir une partie de ces modèles.

J'avois vu dans les Provinces mé- Urnes à vin.

ridionales de France, une espèce moins élégante de vases antiques, très-étroits pour leur hauteur, étranglés à un tiers de cette hauteur, ayant deux anses près de l'orifice, & terminés par un cône renversé. Comme on avoit trouvé dans quelques-uns, des cendres & des os calcinés, on en concluoit que tous les vases de cette espèce, étoient des urnes cinéraires. Mais Rome & tout le pays qui l'environne, sont remplis de ces vases que l'on y découvre tous les jours, & qui, par leur figure uniforme, s'annoncent pour ces *amphoræ*, dont les Poëtes Latins parlent si souvent. De leurs anses dérivoit leur nom *. Le cône renversé, qui les termine, étoit destiné à recevoir les parties les plus grossières de la lie qui s'y fixoient : leur orifice, plus épais & plus fourni que le reste du vase, recevoit un couvercle qui se scelloit hermétiquement avec du mastic. C'est dans ces vases que les Anciens conservoient leurs vins les plus précieux,

---

* Du Grec ἀμφὶ & de φέρω.

pendant un si grand nombre d'années.

Leur forme étoit peu avantageuse pour qu'on en pût tirer le vin sans qu'il se mêlât à la lie; mais, comme nous ignorons de quelle manière les Anciens préparoient leurs vins, & comment, pendant quarante, cinquante, ou soixante années de séjour dans des greniers, ces vins y acquéroient cette perfection si vantée par les Poëtes Latins, laissons aux Poëtes modernes le soin de célébrer l'invention des tonneaux que l'Antiquité ne connoissoit point, & qui nous donne tant de facilités pour toutes les manipulations qu'exige le vin. Au moyen du cône renversé qui terminoit les amphores, elles ne pouvoient se tenir debout * : autre inconvénient dont les Modernes n'ont point à se plaindre.

De ces anciens inconvéniens &

---

* Cela explique le *jacere* de la Fable de Phédre : *Anus jacere vidit epotam amphoram*. Le *nobilis testa* de la même Fable s'explique par le *Græca testa* d'Horace.

des facilités modernes, il semble résulter : 1°. que, dans les siécles du plus grand luxe, les Romains toujours bornés aux vins très-durs de leur crû, ou aux vins très-liquoreux de la Grèce, s'en étoient tenus aux découvertes des premiers temps, sur la manière de préparer le vin * & de le conserver ; 2°. qu'ils étoient très-sobres à cet égard dans la vie ordinaire, & dans la débauche même à laquelle ils se livroient quelquefois, plus par air que par goût ; 3°. que les rafinemens sur la préparation du vin & la découverte des ustensiles nécessaires à cette préparation, étoient réservés à des Nations, qui, après avoir planté des vignes, les eussent propagées en raison de l'analogie de leur climat & de leur tempérament, avec le vin.

Je crois avoir déja observé que la populace même d'Italie en use encore fort sobrement, & que, pendant tout notre séjour dans ce pays,

---

* Voyez sur leur manière très-compliquée de faire le vin, Columelle, L. XII. c. 21. Pline, L. XIV. c. 20. & Baccius, *de Vinis.*

nous

nous n'avons pas vu un Italien yvre. La pesanteur du vin presque toujours trouble & épais que boit le peuple, l'excite peu à en abuser. D'ailleurs, les maladies qu'occasionneroit l'excès, les querelles qui en naissent, l'indécence même de se montrer yvre au milieu de gens sobres, sont un frein suffisant pour un peuple dont toute la conduite est réfléchie & combinée.

Aussi fait-on encore le vin en Italie comme on l'y faisoit il y a deux mille ans, & à-peu-près avec les mêmes ustensiles. Les principaux sont des espèces de baignoires : on y remue le vin, on le tourmente, on y mêle de l'eau ; & cette manipulation occupe les deux mois qui suivent les vendanges.

Le vin cuit se façonne plus prestement. On l'apporte de la vigne chez le propriétaire, qui le distribue dans de grandes chaudières où il le fait bouillir : lorsqu'il est refroidi, on l'entonne & on le laisse tranquille. Terracine & les Villes de la Campanie que nous traversâmes en allant & en revenant de Naples, étoient occupées de cette opération, qui se faisoient dans les rues mêmes dont les murs servoient de cheminées. Je n'ai point vu faire les vins de Naples. On me dit que, pour en faciliter & hâter la fermentation, on y jette des animaux vivans & de la chaux-vive que l'on y éteint avec de l'eau : d'où ce vin contracte une épaisseur dont il ne se défait jamais. De tous ces vins, celui qui me plaisoit le plus, & dont je boirois volontiers le reste de ma vie, est le vin d'Orviette : il allie une couleur légèrement ambrée, & une liqueur qui est moins liqueur que parfum, à la plus grande légèreté. De tous les vins d'Italie, celui de Florence ressemble le plus aux vins de France, dont les Florentins imitent sans doute la préparation : c'est le vin de Bordeaux, mais avec plus de légèreté, plus de chaleur & un fond de liqueur que n'ont point les vins de France.

Ceux de Bourgogne qui passent en Italie, confirment les Italiens dans la manière de préparer le leur : ils y arrivent communément décolorés & presque décomposés *. Le vin de Champagne se soutient mieux: mais sa verdeur & sa mousse ne plaisent ni au palais ni au nez des Italiens, qui trouvent entre les qualités de ce vin, & le caractère du peuple chez lequel il croît, des ressemblances analogues à l'idée peu avantageuse qu'ils ont communément de ce peuple.

Le tombeau de Cestius, érigé au commencement du regne d'Auguste, & aujourd'hui enclavé dans le corps du rempart que coupe la porte Saint Paul, prouve que cette porte est plus moderne que ne le pense l'Auteur de la *Roma antica e moderna*, qui, d'après quelques Antiquaires, en rapporte la construction au regne de l'Empereur Claude. Sous les premiers Empereurs, les remparts & les portes de

---

* C'est moins sans doute par la faute du vin, que par celle des Marchands Bourguignons qui le fournissent. Plusieurs personnes m'ont assuré avoir bû à Rome d'excellent vin de Bourgogne.

ROME ANCIENNE.

Rome étoient plus d'ornement que de nécessité. Ces Empereurs, en qualité de Grands-Pontifes, étoient Chefs d'une Religion à laquelle tenoient les murs, les portes & le *Pomœrium* des Villes. Le rituel augural prescrivoit *les rites & les formes qui devoient s'observer pour la fondation des Villes, de leurs murs & de leurs portes**. Un tombeau enclavé dans un mur de Ville, eût été un attentat à ces loix, d'autant plus marqué, qu'elles attachoient aux tombeaux & à tous les monumens funéraires, une idée de souillure & d'impureté. Lorsqu'Aurélien forma autour de Rome l'enceinte qui subsiste, la Philosophie & sur-tout le Christianisme avoient éclairé les esprits sur la futilité de ces vieilles superstitions : on ne vit dans le tombeau de Cestius, qu'une masse dont on tira parti, en l'incorporant dans le nouveau rempart.

Cabinet de Monsignor Assemani.

J'allois souvent à la Bibliothé-

---

* *Quo ritu condantur urbes, quâ sanctitate muri, quo jure portæ.* Verrius Flaccus, *verbo* Rituales.

que du Vatican. La beauté du lieu, les richesses qu'il renferme, la politesse & les attentions des Sçavans à qui la garde en est confiée, tout se réunit pour y attirer l'Etranger. J'y rencontrai un jour d'assez bonne heure, un Cardinal aussi distingué par une piété éclairée, que par l'étendue de ses connoissances. Il étoit accompagné d'Evêques de la Propagande. Tout lui fut ouvert par Monsignor Assemani, Patriarche Latin d'Antioche, & l'un des Gardes en chef de la Bibliothéque. Monsignor Assemani nous fit ensuite passer dans un Cabinet où sont rassemblées les singularités qu'il a ramassées dans l'Arabie, dans l'Egypte & dans la Judée. Parmi les curiosités de l'art, nous admirâmes des pierres gravées en creux, des camées, & entr'autres, une Cléopâtre gravée en relief sur une agathe-onix du plus beau choix. Parmi les singularités naturelles, nous distinguâmes un morceau très-considérable d'une pierre d'un verd foncé & transparent, quoique brut. Monsignor Assemani nous assura que cette pierre étoit un fragment qu'il avoit fait détacher, sous ses yeux, d'une montagne de la haute Arabie, dont tout le noyau forme une émeraude pareille à cet échantillon qu'on avoit eu beaucoup de peine à séparer de la masse. A juger de ce morceau par le poids, il ne paroissoit ni verre ni matière de composition *. Le Cardinal le toucha avec un diamant taillé en pointe, qui ne put y mordre. Cependant j'ai vu depuis de pareilles pierres ; & l'on m'a appris qu'elles se forment dans l'âtre des fourneaux de forges de fer, par la réunion des parties métalliques qui s'y vitrifient.

Attentif à profiter des lumières que, dans de longs séjours en Judée, Monsignor Assemani avoit acquises sur la nature de ce pays fameux, je lui proposai une question que m'avoit faite autrefois un de mes Compatriotes. Elle avoit pour

---

* Un Juge, très-compétent en cette matière, m'a assuré que cette pierre qu'il avoit examinée, n'est autre chose qu'un simple verre.

objet : 1°. le Jourdain, qui est à la Terre-Sainte ce que le Pô est à la Lombardie ; 2°. la mer Morte qui reçoit cette rivière, c'est-à-dire, toutes les eaux que versent les pluies, les brouillards & les rosées sur toute l'étendue de la Terre-Sainte. Il s'agissoit de sçavoir : 1°. si ces eaux étoient absorbées dans la mer Morte, par sa seule évaporation, ou par quelque communication, soit extérieure, soit souterraine entre la mer Morte & la Méditerranée ou la mer Rouge ? 2°. Où pouvoient se rendre & se perdre ces eaux, avant la formation de la mer Morte, par l'affaissement du terrein qu'elle occupe aujourd'hui ?

Le Cardinal ayant saisi ces questions les tourna, les retourna & les poussa de manière, que Monsignor Assemani, après avoir avoué sur la première qu'il ne connoissoit aucune communication entre la mer Morte & les mers voisines * ; après, sur la secon-

---

* Le premier coup d'œil des Cartes de la Terre-Sainte semble offrir cette communication dans le Cison : torrent qu'elles repré-

de, avoir long-temps bataillé entre le fait & le droit; après avoir essayé d'expliquer l'un par l'autre, convint que ces questions étoient absolument neuves pour lui, & qu'il n'avoit point d'observations relatives à ces objets: ajoutant qu'il ne négligeroit rien pour s'en procurer, soit par lui-même, soit par gens en état de les bien faire.

Cette discussion fut suivie d'une autre sur la manière dont l'Eglise de Rome gouverne les Eglises des Indes Orientales & pays adjacens. Le

---

sentent comme liant la mer de Galilée avec la mer de Syrie; mais les relations rectifient cette erreur du coup d'œil. *La fuente di Cison*, dit le P. Rodrigues de Yepes, dans sa Relation de la Terre-Sainte, fol. 27. verso, *non mucho de alli corriendo al Septentrion topay se encuentra con el monte de Hermon, y se abre y divide en dos rios: el uno que camina à la mano yzquierda, hasta descargarse en el mar Syriaco, entre el Promontorio de Carmelo y la Ciutad di Ptolemeida, donde el Propheta Helias mato los Prophetas de Baal. El otro rio va à la mano derecha, hasta llegar al Lago de Genezareth, y entra en el, entre el Pueblo e Castillo di Magdalo, y la Ciutad de Tiberia.*

Patriarche & les Evêques soutinrent très-chaudement que le moyen le plus sûr de maintenir ces Églises dans la pureté de la foi, étoit de les maintenir dans une dépendance immédiate du Saint Siége : ce qu'ils prouvèrent par toutes les anciennes hérésies, qui n'auroient pas eu lieu, si cette dépendance eût été établie dès les premiers temps. Le Cardinal opposa la conduite des Apôtres dans l'établissement des Evêques, le renversement total de l'Eglise du Japon, qui subsisteroit encore, si on lui eût donné des Evêques Nationaux, enfin le sentiment de Benoît XIV. qui, disoit-il, pensoit sur cet article important, comme agissoient les Apôtres.

Aqueducs. Les ruines des Villes qui, dans toute l'étendue de l'Empire Romain, ont, même à titre de simples Colonies, joui de quelque considération, en nous offrant les vestiges d'aqueducs qui portoient, même à celles de ces Villes qui paroissoient en avoir le moins de besoin, (comme à Lyon, par exemple), des eaux pures & salutaires, annoncent ce que la magnificence Romaine avoit dû exécuter en ce genre pour l'embellissement de la Capitale de l'Empire, & pour la commodité de ses habitans.

Le Censeur Appius y avoit imaginé & construit le premier aqueduc. Son exemple dirigea le luxe public vers cet objet, & d'immenses travaux firent couler dans Rome des rivières & des fleuves. En rectifiant les premiers travaux, & en y ajoutant, Agrippa, dans l'année de son édilité, donna à Rome sept cens piéces d'eaux plattes, & cent cinq d'eaux jaillissantes; il construisit cent trente réservoirs, & mit le comble à la magnificence de ces ouvrages, en y répandant quatre cens colonnes de marbre, & trois cens statues de marbre & de bronze*. Les Dissertations

Plin. L. 36.

---

* *Si quis diligentiùs æstimaverit*, s'écrioit Pline, à la vûe de ces merveilles, *aquarum abundantiam in publico, balneis, piscinis, domibus, euripis, hortis, suburbanis villis spatioque advenientium extructos arcus, montes perfossos, convalles æquatas, fatebitur nihil magis mirandum fuisse in orbe terrarum.*

du sçavant Fabretti, *De aquis & aquæductibus*, offrent tous les détails que l'on peut désirer sur ce grand objet.

C'est sur-tout à cet égard que Rome moderne ressemble le plus à l'ancienne Rome. Elle en a la principale obligation à Sixte V. & à Paul V. qui ont disputé de grandeur & de magnificence avec les Maîtres du Monde. Par les travaux de ces deux grands Princes, Rome est aujourd'hui la seule Ville qui ait de l'eau. Celle qu'au moyen d'un aqueduc qui traverse une étendue de douze lieues, Paul V. a amenée sur le sommet de l'ancien Janicule, offre un des plus agréables spectacles dont on puisse jouir en ce genre.

De trois bouches ouvertes dans un grand corps d'architecture, coule une rivière qui fait tourner plusieurs moulins, &, qui, après avoir abreuvé une partie de Rome, va former les deux fontaines qui jaillissent dans le parvis de Saint Pierre. Ce superbe *Fontanone*, la célèbre Transfiguration de Raphaël, & la Chapelle construite d'après l'antique, par le Bramante, sur le lieu même où l'on dit que S. Pierre fut crucifié, dirigeoient souvent mes promenades vers le Janicule.

Plusieurs autres aqueducs amenent à Rome les eaux, qui, distribuées avec prodigalité entre les Palais, les jardins & les places publiques, sembleroient couler en pure perte dans les places, si la décoration qui en résulte, si l'air de vie qu'elles y répandent, ne devoient pas être comptés pour quelque chose. J'ai oüi dire à ce sujet, que, lors de la conquête du Royaume de Naples, Dom Carlos * étant venu à Rome *incognito*, Benoit XIV. voulut être son *Cicéron*, & lui faire voir lui-même les principales curiosités. En arrivant à Saint Pierre, ce Prince admira l'élévation, l'abondance & le bel effet des eaux que jettent les deux fontaines qui ornent cette place. Après avoir donné un temps considérable à l'examen des merveilles que rassemble Saint Pierre, Dom Carlos vit avec beaucoup de surprise que les deux

---
* Aujourd'hui Roi d'Espagne.

fontaines jouoient encore. Il en marqua son étonnement au Pape, qui le tira d'inquiétude, en lui apprenant que ces eaux jouoient sans intermission, la nuit pour la Lune, & le jour pour le peuple Romain.

Les Parisiens disent que, si la magnificence de Louis XIV. eût été dirigée vers cet objet, Paris n'auroit, en ce genre, rien à envier à Rome.

Au reste, les fontaines de Rome sont peut-être moins admirables par l'abondance des eaux, que par le goût, la magnificence & la variété de leurs formes qui ont épuisé l'art des plus célèbres Architectes. Rome les doit pour la plus grande partie à Innocent X. à Alexandre VII. & à Urbain VIII. Celle de Trévi est l'ouvrage de Benoît XIV. elle a l'air d'une décoration de théâtre, par la richesse de l'architecture qui en fait le fond, & par la singularité des différens grouppes, que forment les parties saillantes. Il manque une place à cette fontaine.

Aux antiques de Rome qui m'ont le plus frappé, je crois pouvoir en joindre une d'un genre très-singulier, qui avoit été découverte peu de temps avant mon arrivée.

L'Abbé Mazéas avoit accompagné à Rome M. l'Evêque de Laon, Ambassadeur de France. D'après l'idée fort superficielle que donne Spartien de la magnificence avec laquelle l'Empereur Adrien avoit rassemblé, dans sa maison de Tivoli, les productions les plus singulières des diverses Provinces de l'Empire, ce Sçavant François entreprit d'examiner le terrein sur lequel sont répandus les débris de cette maison. Parmi quelques plantes absolument étrangères au sol de Rome, & qui se sont perpétuées sur ce terrein, il apperçut un arbrisseau qui jette une espèce de gomme que les Paysans des environs employent à parfumer le tabac en poudre, auquel ils le mêlent. Les premiers arbrisseaux de cette espèce qu'il examina, étoient foibles & rachitiques; mais en avançant vers une colline qui intercepte le vent du Nord, il en apperçut d'autres très-vigoureux, dans lesquels il reconnut cet arbrisseau pré cieux sur lequel les Arabes recueillent le Baume de la Mèque, & que l'Empereur Adrien avoit transporté & cultivé dans ses jardins de Tivoli. Cette découverte peut occuper utilement les Botanistes qui se trouveront à portée de la vérifier.

Ce que j'ai dit de l'ancienne Rome & de ses restes, n'offre que quelques conjectures & quelques vûes indécises sur des objets, la plûpart fixés par une foule de Sçavans, qui, après en avoir fait une étude particulière, ont consigné leurs décisions dans des Ouvrages Latins, Italiens ou François.

Le dernier de ces Sçavans dans l'ordre des temps, & l'un des premiers par l'étendue & la précision de ses connoissances (M. Winkelman), a réuni dans son *Histoire de l'Art**, tout ce qu'un Etranger, un Voyageur, un Sçavant peuvent désirer de plus lumineux sur les monumens de l'ancienne Rome. On retrouve dans cet Ouvrage les vûes

---

* Elle a été traduite en François, & imprimée en 1766, en 2 vol. *in-12*.

ROME ANCIENNE. & les principes donnés par M. le Comte de Caylus, dans son *Recueil d'Antiquités*, & dans divers Mémoires qui font partie du Recueil de l'Académie des Inscriptions & Belles-Lettres. En claſſant ces monumens d'après les principes & les vûes de l'Antiquaire François, M. Winkelman a irrévocablement fixé leur état.

ROME MODERNE.

LE Gouvernement Papal est le plus absolu de tous les Gouvernemens de l'Europe. Par sa constitution, par la réunion du Sacerdoce & de l'Empire, par le préjugé établi sur l'infaillibilité, le Pape n'a rien au-dessus de soi; & son autorité théocratique sur ses Sujets, est la même que celle des Généraux d'Ordre les plus despotiques sur les Religieux de leur obédience. L'autorité des Rois de l'Europe, limitée par des loix fondamentales, par les Ordonnances de leurs Prédécesseurs, par le serment qu'ils prêtent à leur sacre, est balancée par des Puissances intermédiaires, telles que les Etats Généraux d'un Royaume, les premiers C... s de l'Etat, &c. Le Grand-... lui-même dépend autant ... est ...es, que les Empereurs ... ...oient de leur Mili-... ...oique placé de ... ...le *ad nutum*. ... ...le, qu'il

Gouvernement du Pape.

Il n'est aucune loi de leurs Prédécesseurs & d'eux-mêmes à laquelle les Papes ne puissent déroger : il suffit, pour la forme, qu'ils énoncent la loi dont ils veulent se départir. Le défaut de cette forme, sans empêcher l'effet actuel d'une nouvelle loi, ne serviroit qu'à ouvrir, pour l'avenir, un prétexte ou un moyen de recours contre elle. De-là ces dérogatoires amoncelées dans toutes les Bulles dont elles remplissent une partie. De tous les Sujets du Pape, les Jésuites sont ceux qui ont donné de plus fortes entraves à son autorité. Les Bulles dogmatiques, les Bulles encycliques, telles que celles des Jubilés, sont sans effet à leur égard, s'il n'y est expressément & nommément dérogé à leurs priviléges.

Le Gouvernement politique & civil de Rome est réparti entre des Congrégations toujours subsistantes, & qui ressemblent assez aux Cours Souveraines, ou plutôt aux
Conseils entre lesquels l'au

distribuée dans les Etats de l'Europe; mais cette distribution ne tient à Rome, que parce que la vieillesse des Papes les mettant hors d'état de s'appliquer aux affaires, ils pensent plus à jouir long-temps de leur dignité, qu'à se fatiguer par l'exercice de l'autorité qui y est attachée. Sixte V. a fait voir ce que peut un Pape qui veut se mettre à la tête de ses affaires. Il géra tout par lui-même, d'après les principes de despotisme qu'il avoit apportés du Cloître; & renversant les plus essentielles parties de l'administration établie par ses Prédécesseurs, il en établit de nouvelles que ses Successeurs ont respectées : ensorte qu'aujourd'hui Rome est encore gouvernée par les maximes & par l'esprit de Sixte V.

Il étoit si persuadé, ou au moins il vouloit tellement que les autres le fussent, de son infaillibilité, de la subordination de toutes les Puissances temporelles à la Puissance des Clefs, & des droits de la Thiare sur toutes les Couronnes, que, par une Bulle fulminante, il proscrivit l'Ouvrage où le Jésuite Bellarmin ne donnoit aux Papes que des droits *indirects* sur les Souverains. J'ai vu, dans la Bibliothéque du Cardinal Passionei, le seul exemplaire qui reste de cette Bulle imprimée *ex Typographiâ Apostolicâ*, sous les yeux de Sixte V. Le Roi Philippe II. qui souffroit de la part des Papes & des Théologiens mêmes de ses Etats, les assertions anti-régaliennes qui pouvoient servir ses desseins sur la France, réclama contre cette entreprise. Sur des plaintes très-vives de la part de ce Prince, Sixte V. lui-même & ses successeurs ont fait retirer les exemplaires de la Bulle contre Bellarmin.

Je ne puis imaginer que tous les Papes des derniers siécles ayent été aussi fortement persuadés de leur infaillibilité que l'étoit Sixte V. L'intérêt qu'a tout Pape de passer pour infaillible, est suffisant pour lui persuader qu'il l'est en effet : l'intérêt produit tous les jours des prestiges non moins étonnans, & l'effet des prestiges est d'autant plus sûr qu'ils tombent sur de plus grandes ames & sur des têtes plus fortement orga-

...isées. Au reste, l'infaillibilité n'est pas un article de foi pour tous les Italiens, ni même pour tous les Romains. Je demandois à Rome, à un Prélat très-sensé, ce qu'il en pensoit: *Si, me répondit-il, le Pape n'est pas infaillible, au moins seroit-il à désirer qu'il le fût; cela trancheroit tant de difficultés! cela abrégeroit tant de choses! cela seroit si expédient, si commode!*

Pour se faire une idée de ce que peut un Pape, qui veut & qui sçait gouverner par lui-même, il suffit de comparer ce que, dans cinq années de pontificat, Sixte V. a entrepris & exécuté pour l'embellissement de Rome, & pour y fixer le siége des Lettres & des Arts*, avec ce que,

---

* Le Cavalier Marin a ainsi exprimé cette idée dans le portrait de ce grand Pape:

Ornar piazze e teatri e fondar ponti,
Che non teman degl' anni insidie ò rischi;
Aprir le vene in più canali à i fonti,
E risarcir le membra à gli obelischi,
Spogliar di Ladri i boschi, e vestir Cristo;
Fanno che il Tebro ancor mormori SISTO.

dans un regne de quarante années, & Maître des richesses de l'Univers, Auguste a entrepris & exécuté dans le même genre : l'avantage dans cette comparaison sera pour le Cordelier devenu Pape.

La Cour du Pape.

Je n'ai point apperçu à la Cour du Pape, ni dans tout ce qui l'environne, ce faste qu'ont vu tant de Voyageurs. La Cour du plus petit Electeur Ecclésiastique en montre beaucoup davantage. Dans les Chapelles, aux Consistoires, & dans toutes les occasions où le Pape, à la tête du Collége des Cardinaux, paroît dans toute sa grandeur, je n'ai vu qu'un Evêque ou un Abbé, à la tête de son Chapitre. Il est vrai que ces cérémonies débutent par l'adoration que les Cardinaux vont, l'un après l'autre, rendre au Pape, à genoux & sans calotte ; il est vrai que, lorsqu'à l'occasion du sacre du Cardinal d'Yorck pour l'Archevêché de Corinthe, Clément XIII. mangea en public, événement très-rare, les Cardinaux ne furent servis que de la table du Pape qui mange seul,

& qu'ils se levoient à chaque fois que buvoit le Pape, tandis que toute la Prélature tomboit à genoux; mais cette étiquette sent plus le Cloître, qu'elle n'annonce la grandeur & la majesté : elle n'a rien de plus imposant que les deux grands éventails ou émouchoirs de plumes qui font une partie intégrante de la pompe papale.

Il en étoit autrement dans ces occasions où les Papes se rencontrant avec des Souverains, ces derniers, après leur avoir tenu l'étrier, conduisoient leur haquenée par les rênes : hommage d'autant plus singulier, qu'on le rendoit aux Papes dans des temps où, n'étant pas maîtres de Rome, ils ne pouvoient en imposer que par leur dignité, & qu'ils ont relâché de leurs droits ou prétentions à cet égard, en proportion de l'augmentation de leur puissance temporelle. Je trouve une note très-remarquable sur cette diversité de traitement dans la Relation très-détaillée de tout ce qui se passa entre Paul II. & l'Empereur Frédéric III. lorsque ce Prince vint à

Rome* en 1468. Fabiano Bencio, Clerc de la Chambre, & auteur de cette Relation, après avoir rapporté comment, à tous égards, Paul II. traita l'Empereur, non de Seigneur à Vassal, mais de Souverain à Souverain, ajoute : « Le Pape eut pour » l'Empereur des déférences & des » attentions d'autant plus étonnan- » tes, que l'autorité pontificale, » sans avoir rien perdu de son an- » cienne dignité, a acquis une puis- » sance & des forces qui lui man- » quoient autrefois. En effet, par » un arrangement de la Providence » qu'ont secondée les soins & les » travaux des Papes, l'Eglise Ro- » maine en est venue au point d'éga- » ler en grandeur & en puissance les » premiers Etats de l'Europe, tandis » que par des pertes insensibles, il » ne reste presque à l'Empereur que » le nom de la dignité qu'il repré- » sente **. « Il rappelle ensuite d'an-

---

* Voyez le *Musæum Italicum*, tom. 1. p. 270.

**. *Magna fuit humanitas quam Pontifex Cæsari ubique præbuit, & eo major est ha-ciens*

ciens exemples sur le traitement que plusieurs Empereurs reçurent à Rome : tels que ceux de Constantin, au-devant duquel le Pape Vitalien s'étoit avancé jusqu'à six mille de Rome, à la tête du Clergé & du Peuple ; du Pape Constantin, qui mandé à Constantinople par Justinien II, partit sur le champ ; du Pape Adrien, qui reçut Charlemagne, non encore Empereur, au bas des degrés de l'Eglise Saint Pierre ; du Pape Adrien IV, qui s'avança jusqu'à Sutri au-devant de Frédéric I, lorsqu'il vint prendre à Rome la Couronne Impériale.

» Alors, ajoute l'Historien, l'Empi-
» re Romain jouissoit encore d'une
» partie de son ancienne puissance,
» & les Empereurs avoient encore

---

bita, quò pontificalis autoritas nullâ ex parte priscis temporibus nunc est inferior ; potestas autem atque vires longè sunt superiores. Ecclesia enim Romana, Deo volente, imperio & divitiis, Pontificum diligentiâ, aucta, eò usquè processit, ut maximis quibusque regnis sit comparanda : contrà autem Romani Imperii potestas atque vires adeò sunt minuitæ, atque attritæ, ut, præter nomen Imperii, pænè nihil remanserit.

ROME.

» une prépondérance marquée dans
» toute l'Europe & dans l'Italie en
» particulier. Les Papes n'avoient
» d'autorité qu'autant qu'ils vou-
» loient bien leur en accorder : au-
» jourd'hui, tout étant changé, la
» plus légère différence doit être
» comptée pour beaucoup *. « Ces
anciens exemples qui règlent la
manière dont Paul II. en usa avec
Frédéric III. semblent ne laisser aucun prétexte à la hauteur avec laquelle, dans les temps intermédiaires, les Papes ont traité les Souverains, & à l'oubli que, dans ces occasions, ces Souverains ont paru
faire de leur dignité.

Les Troupes du Pape.

Les Troupes qui montent la garde aux portes du Palais pontifical,
qui forment l'escorte du Pape lorsqu'il se montre en public, & qui

---

* *Tunc magna erat Romani Imperii potestas, magnæ Imperatorum vires in Italiâ &
extrâ satis diffusæ ; tanta autem erat Pon-
tificis potentia, quanta à Principibus per-
mittebatur : nunc verò, cùm rerum mutatio
sit, parvulum quodque humanitatis officium
pro maximo reputandum est.*

gardent Rome, sont partagées en différens Corps d'Infanterie & de Cavalerie: sçavoir, un Régiment de Fantassins de douze cens hommes vêtus de rouge, paremens bleus; une Compagnie de Chasseurs de deux cens hommes habillés petit-gris, paremens rouges, & qui marchent avec haut-bois, bassons & cors-de-chasse; une Compagnie de cent Chevaux-Légers, avec uniforme rouge & parement bleu bordé d'un galon d'or; une Compagnie de cent Cuirassiers à cheval, habillés de bleu, avec boutonnières & galons d'or, ayant timbales & trompettes; enfin deux cens Suisses à pied cuirassés, avec uniforme bleu, jaune & rouge, mélangé par bandes perpendiculaires jusques aux culottes & aux bas, & portant des rabats au lieu de fraises: uniforme qui leur donne l'air de Bedauts de Paroisse. Je ne parle point des autres Troupes, tant de terre que de mer, répandues dans l'Etat Ecclésiastique: voyez-en le détail dans le Voyage du P. Labat, Tome IV.

Les places de tous les Soldats attachés à Rome, sont de vrais Canonicats. Habillés à neuf tous les ans, ils ont un paule de paye par jour, avec vingt-quatre onces de pain papalin, du sel, de l'huile, &c. L'Infanterie est composée de déserteurs de toutes les Nations. La Cavalerie l'est, pour la plus grande partie, de Domestiques de Cardinaux & de Seigneurs qui leur procurent cette retraite en récompense de leurs services. Les Chevaux-Légers reçoivent dix écus Romains par mois, leur cheval entretenu, & les Cuirassiers, quinze sols par jour. Les Capitaines, tous avec brevet de Colonel, ont cent écus Romains par mois, & les subalternes à proportion, avec le pain du Palais, la viande, &c. Il y a plusieurs Chevaliers de Malte dans ce service, d'autant moins agréable, que l'on y est aux ordres de Prélats, & que toute la Milice est cassée à chaque nouveau Pontificat.

Transtévérains. Rome a aussi sa Milice Bourgeoise distribuée par quartiers, sous des Capitaines & autres Officiers pris dans le Corps de la Bourgeoisie. Le jour du *Possesso*, je vis la Milice du *Transtevere* retourner dans son quartier, en défilant par le pont Sixte. Jamais Troupes ne ressemblèrent moins à celles dont les travaux & les combats acquirent à Rome l'Empire de l'Univers. Ces Transtévérains sont cependant la fleur de la Milice Bourgeoise de Rome, laquelle n'ose pas se comparer à eux. Laboureurs & Vignerons, pour la plûpart, ils se regardent comme les descendans des Troyens: les habitans des autres quartiers de Rome ne sont à leurs yeux qu'une canaille rassemblée au hasard. Lors de la dernière conquête du Royaume de Naples, dans le passage de l'armée Espagnole sous Rome, les Gardes Wallones logées dans ce quartier, y ayant commis quelque désordre, les Bourgeois s'ameutèrent, prirent les armes, & firent tête à leurs hôtes. Cette émeute répandit dans Rome une allarme qui alla jusqu'à Benoît XIV. Deux des Chefs condamnés à mort par contumace, passèrent au camp Autrichien, &

ROME.

offrirent au Général deux Régimens de leurs Camarades. Leurs offres furent acceptées; mais la paix empêcha de les effectuer. Les deux Condamnés revinrent chez eux, où on ne les a point inquiétés. Pour tenir leur bravoure en haleine, les Transtévérains provoquent de temps en temps d'autres quartiers à des combats à coups de pierres, & la victoire est le plus souvent de leur côté. Ils ont un langage ou patois particulier, avec des mœurs & des usages qui ne leur sont point communs avec le reste du peuple, dont ils different même par la figure.

Premières places de l'Etat.

L'autorité suprême, tant au spirituel qu'au temporel, réside dans la personne du Pape & dans son Conseil, composé de Neveux dont il manque rarement, & du Cardinal Secrétaire d'Etat. C'est-là que se règlent les affaires majeures, & que l'on prépare la décision de celles mêmes qui doivent passer par les Congrégations, toujours formées de manière que tout s'y règle suivant les inspirations du Conseil d'enhaut.

Par l'abrogation du Népotisme, il a cessé *in apparenza*, mais non *in sostenza*. Benoît XIV. est le seul des derniers Papes qui, se conformant littéralement à cette loi, n'ait point écouté *la chair & le sang*. Quoiqu'il n'eût aucun mécontentement de sa famille, il s'y intéressoit si peu, qu'à la réception du Courier qui lui vint annoncer que sa niéce étoit accouchée d'un fils, il dit en riant: *io credeva che la razza de' Cogl..... fosse finita.* L'excédent de ce qu'il tiroit par année de la Chambre Apostolique, pour sa *liste civile*, il l'employoit à l'amortissement de quelques capitaux du Mont-Saint-Esprit.

ROME.

Le Cardinal Archinto avoit remplacé auprès de ce Pape, le Cardinal Valenti dans le poste de Secrétaire d'Etat; qui lui avoit été continué par Clément XIII, mais il mourut subitement, lorsque l'affaire du Portugal commença à éclater. Nous fûmes témoins de ses funérailles, des regrets qui les honorèrent, des conjectures & des prédictions qui les accompagnèrent. Ses obséques,

Secrétaire d'Etat.

P iv

en qualité de Chancelier, formèrent un spectacle pareil à celui qui accompagne les funérailles des Papes.

Les places de Carmelingue, de Chancelier & de Vicaire sont à vie. L'autorité du premier embrasse toutes les parties de la finance; celle du second, toutes les affaires du Sceau, qui lui produisent un revenu de trois cens mille livres; celle du troisième, tout ce qui regarde la police Ecclésiastique, les Confrairies, les Hôpitaux, &c. J'ai même oüi dire qu'il avoit dans son département, les Filles publiques, qui vont, pour ainsi dire, faire entre ses mains profession de cet état, en lui déclarant la résolution qu'elles ont prise de *far lavorar in terreno*. On les éconduit d'abord, en leur représentant l'infamie & les horreurs de cet état: si elles persistent, si elles reviennent à la charge, on les enregistre, & on les renvoie au Barigel, qui leur donne un logement dans les rues assignées à ce métier. Le Cardinal Guadagni étoit encore Vicaire du Pape, lorsque nous étions à Rome. Ce bon Prélat étoit charitable au point qu'un Prêtre étant venu lui représenter sa misere, & pour en donner une idée, lui ayant découvert qu'il étoit sans culottes, il détacha les siennes, & les lui donna comme le seul secours qu'il pût à l'instant lui procurer.

La Secrétairerie des Brefs, pour laquelle Clément XII. a bâti sur la place de Monte-Cavallo un Palais qui s'annonce avec plus de grandeur que celui du Pape, est exercée par un Cardinal, ou par un simple Prélat. Cette place importante étoit remplie par le Cardinal Passionei, à qui le Pape Clément XII. l'avoit conférée. Benoît XIV. la lui avoit depuis confirmée, & y avoit ajouté celle de Bibliothécaire du Vatican. Aux Conclaves de 1740 & 1758, le Cardinal Passionei traitoit très-familièrement, & quelquefois avec hauteur & dureté, le Cardinal Rezzonico *, qui le précédoit immé-

Secrétairerie des Brefs.

---

* Il en usoit ainsi, plus ou moins, avec tous ses Confrères dans le Sacré Collége. Tout Rome sçait de quelle manière il traita, en plein Consistoire, le Cardinal de Tencin.

diatement dans le Sacré Collége. Ce dernier ayant été élu Pape en 1758, sans le concours de l'escadron à la tête duquel se trouvoit le Cardinal Passionei, celui-ci refusa constamment d'accéder à son élection, & y souscrivit pourtant peu de temps après. A l'adoration, le Cardinal, après l'avoir prêtée, présenta au Pape les Bulles de ses places, & lui dit : » TRÈS-SAINT PERE, je remets » à Votre Sainteté les titres des gra- » ces dont ses deux Prédécesseurs » m'ont honoré par pure courtoisie. » Votre Sainteté, qui ne me doit » rien, peut en gratifier quelqu'un » plus digne que moi. « Le Pape reçut les Bulles, & après y avoir jetté un coup d'œil, il répondit, avec un air de douceur : » Cardinal » Passionei, peut-être vous dois-je » plus que vous ne pensez ; mais » quand je ne vous aurois aucune » obligation, l'Eglise vous doit beau- » coup. Agréez donc de sa main, si » vous avez quelque scrupule de la » recevoir de la mienne, la confir- » mation des graces de mes Prédé- » cesseurs ; &, ajouta-t-il en souriant,

» continuez-moi vos avis avec cette
» franchise & cette candeur dont j'ai
» souvent fait l'expérience. «

Le For spirituel a deux Tribunaux *Inquisition.*
à Rome, celui de l'Inquisition établi
par Paul V, & celui de la Pénitencerie. Le premier, toujours présidé
par le Pape, est comme les rivières
à leur source, c'est-à-dire, d'une
foiblesse qu'il perd en s'éloignant de
sa source. On souffre à Rome, à
cause de l'argent qu'ils y apportent,
les Etrangers de toutes Religions,
sans les inquiéter sur leur créance,
& sans exiger d'eux aucun acte de la
Religion du pays. Ces Etrangers se
montrent impunément tels qu'ils
sont; & le peuple, dont l'intérêt est
le même à cet égard que celui de
l'Etat, se contente de dire d'eux, en
riant : *Questa gente non crede in Dio,
gran' malora per loro.* On n'agit qu'auprès des Domestiques qu'on engage
à se convertir, non par voie de menaces, mais en leur offrant des pensions, des places de Sbirres, &c. Je
voyois à l'auberge où nous étions des
Allemands, & entr'autres, un Suisse,

convertis de cette manière. Avec dix écus Romains de pension par mois, passant sa vie à boire & à fumer, il tenta la conversion d'un jeune Saxon que mon Compagnon de voyage avoit pris à Venise à son service. Ce jeune Saxon alla, avec d'autres Domestiques, baiser les pieds du Pape, qui, frappé de sa physionomie, lui demanda de quel pays il étoit, & de quelle Religion. ″ De Saxe, Monseigneur, répondit-il avec la franchise Allemande, ″ & d'une Religion qui n'est pas la vôtre. ″ Au moins, mon ami, lui répliqua le Pape avec attendrissement, en lui présentant un Chapelet, ″ recevez ceci de ma main, comme un gage de votre future réconciliation avec l'Eglise Romaine. ″

Cependant, si quelque Etranger étoit assez imprudent pour dogmatiser, l'Inquisition séviroit contre lui, mais après des avertissemens réitérés de se taire, ou de quitter Rome. Un jeune François qu'un de mes amis vit à Bologne en 1740, lui dit qu'il avoit été enfermé pendant huit jours dans les prisons du Saint-Office, pour avoir eu commerce avec une fille entretenue par un Prêtre qui la lui vouloit faire épouser.

Au reste, depuis plus d'un siécle, l'Inquisition de Rome n'a condamné personne à mort. Tout s'y passe *incognito* en peines spirituelles & pécuniaires. On ne sévit publiquement que contre des blasphémateurs choisis parmi la canaille. Le supplice qu'ils subissent, est d'avoir la langue serrée dans des morailles formées par deux morceaux de roseau réunis & liés par les deux bouts, & de passer en cet état, à la porte de leur Paroisse, le temps très-court qu'y dure la grand'Messe.

La censure des Livres qui s'impriment à Rome & dans l'Etat Ecclésiastique, forme le département du Maître du sacré Palais. Cette place est toujours remplie par un Religieux Dominicain. Elle l'étoit encore pendant notre séjour à Rome, par le P. Orsi, homme également distingué par sa naissance, par ses talens & par ses travaux, parmi lesquels il suffit de citer son Histoire Ecclésiastique. Il avoit dans son extérieur & dans tout ce qui l'environnoit, un air de simplicité, de candeur, d'affabilité & de modestie qui eût frappé dans un Novice *. Je fus présent, chez lui, à une scène qui mérite, par sa singularité, que je la rapporte ici.

Lors du *Possesso*, les Juifs établis à Rome sont soumis à une cérémonie fort humiliante, mais de rigueur. Vers l'Arc de Tite, dans un endroit paré & décoré à leurs frais, les Rabbins & les Anciens du *Ghetto* se présentent au passage du Pape dans sa marche à Saint Jean de Latran, & lui offrent à genoux le Pentateuque, dans un bassin rempli d'espèces d'or & d'argent. Le Pape suspendant sa marche, donne un coup de baguette sur le bassin, & ensuite un autre sur la tête ou sur les épaules du premier Rabbin: ce qui signifie qu'il accepte l'hommage des Juifs, & qu'il leur permet de demeurer à Rome pendant son pontificat. Mais pour rendre plus éclatant leur hommage éri-

———————————————
* Il est mort Cardinal en 1761.

vers Clément XIII, les Juifs avoient fait faire quelques Sonnets : ils les firent imprimer en placard, & en tapisserent une partie du quartier, dont la décoration étoit à leur charge. L'Auteur de ces Sonnets croyant pouvoir en tirer encore quelque argent, en avoit formé un Recueil, dont l'édition devoit être vendue pour son compte. Le Rabbin qui les avoit payés, jugeant de leur mérite par les espérances du Poëte, avoit fait saisir l'édition, en vertu des droits que l'achat lui donnoit sur les piéces qui en étoient l'objet. L'affaire portée devant le Maître du sacré Palais, il manda les Parties, que j'entendis disputer leurs prétentions avec toute la chaleur que l'espoir du gain pouvoit mettre dans l'action d'un Rabbin & d'un Poëte Italien à qui cette petite ressource paroissoit essentielle. Les Parties oüies, le P. Orsi adjugea l'édition, à charge d'en payer les frais, au Rabbin, qui fut aussi enchanté de ce jugement, que le Poëte en parut désespéré. Lorsqu'ils se furent retirés, épousant les intérêts du Poëte, je les liai à ceux

ROME.

de la Religion. » Et c'est précisé-
» ment en faveur de la Religion que
» j'ai jugé, me dit le P. Orsi en souriant. » Le Poëte auroit dépensé,
» pour l'édition de son Recueil, ce
» qu'il a tiré du Rabbin : il n'en au-
» roit pas vendu quatre exemplaires:
» il se seroit trouvé dans le cas du
» Chien de la Fable qui quitte sa
» proie pour courir après l'ombre de
» la Lune. En jugeant contre lui,
» j'ai jugé pour lui. «

A mon départ de Rome, le P. Orsi me chargea, pour un Evêque de France, d'un Ouvrage qui lui avoit paru tel, qu'il en avoit fait saisir & enlever l'édition *.

Pénitencerie.

La Pénitencerie est un port ouvert contre les poursuites de l'Inquisition : on y connoît & on y absout de tous les crimes possibles. Les Pénitenciers obtiennent, sur une supplique, la permission d'absoudre, qui leur est expédiée gratis, par un

---

* *De Delectationibus cælesti & terrenâ, auctore Josepho Carpani S. J.* grand in-8°. de 280 pages.

Bref où le nom du pécheur est en blanc. Quant aux peines satisfactoires, il n'y a que quelques Espagnols ou Portugais qui s'y soumettent. Ce sont eux que l'on rencontre dans l'escalier qui conduit au dôme de l'Eglise de Saint Pierre, en habits de Pénitens, faisant mouvoir des pilons de douze à quinze pieds de hauteur, au moyen desquels ils réduisent du marbre en cette poudre presque impalpable qui fait la base du stuc.

Ces permissions d'absoudre se payoient autrefois, & elles font encore actuellement partie de la Taxe de la Chancellerie Apostolique, dont on a fait tant de bruit contre l'Eglise Romaine. J'ai un exemplaire de ce Tarif, imprimé à Paris chez Galiot Dupré en l'an 1533. On y trouve, page 178, la taxe de l'expédition de l'absolution *pour celui qui a usé de sa mere, de sa sœur, ou d'une de ses parentes ou alliées,* fol. 181 ; *& pour celui qui a tué son pere, sa mere, sa sœur, sa femme, ou un de ses parens non attaché à l'Eglise ; car dans ce dernier cas, le meurtrier seroit obligé d'aller à Rome* recevoir l'absolution*. Ces expéditions sont taxées à sept ou huit gros, chaque gros valant quatre sols tournois, suivant le Tarif de la valeur des monnoies qui termine ce Recueil. Or peut-on raisonnablement conclurre de ces taxations qui ne désarmoient point la Justice séculière, que la Cour de Rome tint Bureau ouvert pour encourager tous les crimes, par la facilité d'en obtenir l'absolution? Cette accusation s'étendroit aux Chancelleries des Princes séculiers, où s'expédient les Lettres de grace, de rémission, de commutation de peine, &c. Tout le vice de cet arrangement est d'avoir établi, dans la personne des Papes, une autorité qui leur donne sur les Evêques & même sur les Conciles, la même souveraineté qu'ont les Princes séculiers sur leurs Officiers & sur

---

* *Pro eo qui matrem, sororem, aut aliam consanguineam vel affinem carnaliter cognovit*, fol. 181; *pro eo qui interficit patrem, matrem, sororem, uxorem, aut alium consanguineum, scilicet Laïcum; quia, si esset Clericus, teneretur interfector visitare Sedem Apostolicam.*

leurs Parlemens. Mais c'est l'affaire ROME.
des Evêques qui, aux droits les plus
honorifiques de leurs places, ont
préféré les bonnes graces des Papes
dans des siécles où il falloit renoncer à l'Episcopat, si on ne le vouloit pas prendre sur le pied où l'a-
voit mis la Cour de Rome, alors
souveraine en Europe du spirituel
par le temporel, & du temporel par
le spirituel.

  Les autres affaires spirituelles ou Congréga-
Ecclésiastiques sont distribuées en- tions.
tre différentes Congrégations composées de Cardinaux & de Consul-
teurs. Ces Congrégations, assez semblables aux différens Conseils ou
Bureaux établis dans les Cours de
l'Europe, ont des assemblées réglées,
dont le travail roule, pour la plus
grande partie, sur le Secrétaire-
Greffier toujours donné de la main
du Pape. Pour ne point sortir de
cette comparaison, les Cardinaux
sont à Rome ce qu'en France, par
exemple, sont les Conseillers d'Etat
& les Prélats, ce qu'y sont les Maîtres des Requêtes & les Conseillers

de Cour Souveraine : les Auditeurs sont près des premiers ce que sont les Secrétaires auprès des autres.

La plûpart de ces Prélats sont attachés à la Chancellerie, à la Daterie & à la Chambre Apostolique. Ils remplissent les Légations, les Nonciatures, & les places de la Rote. Plusieurs de ces places sont *Cardinalices*; c'est à-dire, qu'on ne les quitte qu'en devenant Cardinal : telles sont celles de Gouverneur de Rome, de Trésorier & de premier Auditeur de la Chambre, ainsi que celle de Doyen de la Rote. Un Pape du seiziéme siécle avoit joint cette expectative aux charges des Clercs de la Chambre, & il en avoit fixé la finance en conséquence, c'est-à-dire, à quatre cens cinquante mille livres monnoie de France, que les Titulaires perdoient en arrivant à la pourpre. Cette voie paroissant à Innocent XII. tenir quelque chose de la simonie, il l'a fermée, au grand regret des parens de quelques-uns de ses successeurs, lesquels ont trouvé d'autres chemins pour arriver au même but.

Les Tribunaux séculiers pour les affaires de Justice & de Police, sont: Monte-Citorio, la Rote, le Sénat, le Gouvernement & la Consulte. Presque tous ces Tribunaux sont composés de Juges Ecclésiastiques.

Le Monte-Citorio superbement bâti par Innocent XII. qui y a réuni tous les Tribunaux subalternes, est à Rome ce qu'est à Paris le Parc-Civil du Châtelet. Toutes les affaires s'y traitent par écrit, & se portent devant les Juges par *voie d'information*; elles sont ensuite jugées par écrit. J'ai quelquefois assisté à ces espèces d'audiences. Un ou deux Juges, en longues soutanes, sont assis dans des fauteuils vis-à-vis une table sur laquelle est un Crucifix. L'Avocat, en habit court, collet & petit manteau, est assis à côté de la table, où il déploie ses piéces. Il récite l'affaire du ton de la conservation, passe ensuite à ses moyens & à ceux de la Partie adverse, développant les uns & combattant les autres. Si, dans le récit du fait, le Juge entrevoit quelque obscurité suspecte, il s'en éclaircit avec l'Avo-

ROME.

cat, discute de même les moyens, propose des difficultés, fait des objections: en un mot, ces *informations* ont plus l'air de consultation entre Avocats, que d'une plaidoirie devant un Juge. Dans une séance, j'entendis un Avocat exposer ainsi & discuter cinq ou six affaires, avec une aisance, une netteté & une précision dignes des plus augustes Tribunaux de l'Europe. Les appels des Sentences de Monte-Citorio relevent devant un Auditeur particulier nommé par le Pape, & dont les jugemens se portent, sur l'appel, à la Rote.

La Rote. Ce dernier Tribunal, semblable au fameux Conseil des Amphyctions de la Grèce, est composé d'Auditeurs de toutes les Nations de l'obédience de Rome. Il connoît, par appel, de toutes les affaires civiles de l'Etat Ecclésiastique, &, en première instance, des contestations qu'y portent les Etrangers. On n'a pu me dire quelle sorte d'affaires y viennent de la France: il me semble que les Libertés Gallicanes s'accordent peu avec la compétence d'un pareil Tribunal. Il est composé de douze Auditeurs, sous la présidence du Pape. Les écritures & les procès y sont éternels. Les devoirs étrangers à la judicature que les Auditeurs ont à remplir; le besoin de faire leur cour; les vacances longues & fréquentes du Tribunal; les *feste va-cante*, pendant lesquelles les Tribunaux ordinaires sont fermés: tout concourt à détourner les Auditeurs de leurs fonctions capitales. Ajoutez que les affaires dont ils connoissent, soit en première instance, soit par appel, ne sont censées terminées que lorsque l'une des Parties a en sa faveur trois jugemens uniformes. Les jugemens sont d'autant plus aisés à attaquer, que les Juges sont obligés d'y insérer le motif & le *punctum juris* qui a réglé leur décision. D'ailleurs, tous les objets de demandes, soit principales, soit incidentes, sont jugés séparément. Le recours, sous le nom de révision, est ouvert par-devant le même Tribunal, qui est partagé en quatre Chambres ou Bureaux. Il est aisé d'imaginer combien une telle forme de procéder, en multipliant les écritures & les frais, éloigne la décision finale, qui ne l'est encore qu'autant que la Partie qui a succombé à trois jugemens uniformes, veut bien laisser passer trente ou quarante ans, sans se pourvoir devant le Pape lui-même en nouvelle révision, qui s'accorde assez aisément, par les raisons que je déduirai ci-après : raisons que n'avoit pas sans doute pressenties le Muratori, lorsqu'il s'est permis de blâmer les formes de la Rote*.

Les Auditeurs, quoique Conseillers de la Cour Souveraine de Rome, ne jouissent point des distinctions que l'importance de leurs places sembleroit devoir leur assurer dans les grandes cérémonies, telles que les Chapelles pontificales. A une de ces cérémonies, j'ai vu un Auditeur, Prêtre, Sous-Doyen de la Rote, très-riche en bénéfices, figu-

---

* Voyez le Chap. 9. de son Traité *De i Deferti della Giurisprudenza*, p. 85. Voyez aussi ce que dit Bouchet sur le même sujet, en ses *Sérées*, p. 331.

rant à Rome à l'égal des premiers de la Cour, faire la fonction de simple Acolyte, & porter humblement un chandelier : tant il est vrai que les extrémités se touchent !

Le Sénateur, Juge séculier & toujours Etranger, étoit un Gentilhomme Suédois, nommé M. Bielk, qui, par sa conversion à la Religion Catholique, avoit mérité cette place : elle est à vie, & lui donne rang de Prince, avec son logement au Capitole. Il juge sommairement & sans appel les petites causes & les rixes populaires. Il a pour Assesseurs, quatre Conservateurs qui changent quatre fois par an. Ces Conservateurs sont, ainsi que le Sénateur lui-même, à la nomination du Souverain, qui ne laisse pas même au Peuple Romain le reste de liberté dont jouissent encore les Villes dans les Monarchies, en se choisissant un Maire & des Echevins, comme cela se pratique en France. Dans ce Tribunal, est aujourd'hui concentrée la majesté *du Sénat & du Peuple Romain* : grands titres dont il se décore.

Tome II. Q

ROME.
Le Gouverneur.

La grande Police est dans le département du Gouverneur de Rome, lequel, assisté d'un Lieutenant & de quelques Assesseurs, juge aussi sans appel. Il a, tous les Mercredis, audience du Pape: il y marche en pompe, son carrosse précédé de douze Hallebardiers vêtus comme le sont les Gardes de la Manche, qui font partie de la Garde du Roi de France. La Chambre Apostolique lui entretient mille Sbirres commandés par un Barigel * ou Grand-Prevôt, cinq cents hommes de Guet-à-pied, & trois cents Espions qui l'instruisent journellement de tout ce qui se passe à Rome. Au moyen de ces secours, la Police est, depuis très-long-temps, à Rome sur le pied où elle n'a été mise à Paris que dans ce siècle: elle éclaire tout, sans se laisser voir, ni se faire sentir. Les Sbirres, ses Ministres, ne sont pas infiniment respectés; mais au moins en imposent-ils à la populace, ce qui

---

* Le Muratori paroît incliner à dériver ce mot de l'Arabe, par l'Espagnol *Baracchel*, qui a la même signification.

suffit : les honnêtes gens n'ayant communément rien à démêler avec la Police. Ils en imposent aussi aux Moines, dont ils sont les surveillans nés, soit pour les écarter des Couvens de Religieuses, soit pour leur interdire toute communication avec les quartiers & les maisons où les mœurs peuvent courir des dangers, soit pour empêcher leurs courses nocturnes : mais, en payant une légère pension au Barigel, tout Moine acquiert une entière liberté, & la protection même de la Police dans tous ces cas *.

Dans les salles de Spectacle, la loge du Gouverneur, quoique Prélat, est à Rome ce qu'est ailleurs la loge du Roi. A l'un de ces spectacles, l'Ambassadrice de France s'étant retirée, sur une difficulté qu'on

---

* L'indulgence du Barigel a sans doute son principe dans la vieille Glose sur le chapitre 14. quest. 3. Cause 11. de la seconde partie du Décret, *Clericus*, porte cette Glose, sur le mot *sinistram*, *alienam uxorem deosculans, præsumitur id facere causâ imprimendæ benedictionis, vel ad pænitentiam exhortandi.*

lui fit pour une loge, & le Gouverneur barguignant sur cette difficulté, l'Ambassadeur fit arborer les armes de France sur la loge même du Gouverneur, alla s'y établir en bonne compagnie, & y tint pendant tout le spectacle, sans réclamation de la part du Gouverneur.

Par un usage qui a sa raison dans les mœurs des Romains, les Citoyens & les Cardinaux eux-mêmes ne se font éclairer dans les soirées d'hyver, ni par des flambeaux, ni par des falots : on n'emploie à cet usage, que des lanternes sourdes. A l'approche d'une de ces lanternes, un homme, soit seul, soit en compagnie qui ne veut pas être reconnu, est en droit de crier à celui qui la porte, *Volta la lanterna ;* & faute de complaisance de sa part, on va sur lui avec l'épée ou le poignard : ce qui arrive rarement, vû l'intérêt commun en faveur de cet usage.

La Police de la Santé & de l'Abondance est partagée entre un Bureau & deux Prélats, dont l'un est Préfet de l'Annône, & l'autre de la *Grascia.* On va déclarer au Bureau de la Santé, tout ce qui meurt à Rome, hommes & animaux, les Chiens même & les Chats ; au moyen d'un droit fixé, le Bureau fait enlever les cadavres, & pourvoit à leur sépulture. Les parties les plus charnues des Chevaux morts de maladie non contagieuse, sont abandonnées à des *Faquins* qui les distribuent dans Rome pour le dîner des Chats : animaux que les Romains aiment beaucoup *, mais que la frugalité de leurs tables ne met pas en état de subsister. Cette distribution

---

* Les Italiens, en général, aiment beaucoup les Chats. Celui de Pétrarque qu'il a célébré, figure d'une manière distinguée dans la vie de ce Poëte ; le Tassoni prétend même qu'à Arquata, où il est mort, après y avoir passé les derniers temps de sa vie,

La sua Gatta in secca spoglia,
Guarda da i topi ancor la dotta soglia.
Secchia Rapita, Cant. VIII. St. 33.

Les Œuvres du Tasse, de Fuggioli, de Coppetta, & de la plûpart des Poëtes Italiens, offrent des piéces où chacun de ces Auteurs chante son Chat ou celui de quelque ami.

est un spectacle fort amusant dont j'ai souvent joui. Le Faquin, accompagné de deux gros Chiens de Boucherie, & muni d'un grand & large couteau, a, sur l'épaule, un gros bâton, aux extrémités duquel sont suspendues des longes de cheval, entre lesquelles il maintient l'équilibre, en faisant passer le bâton alternativement d'une épaule à l'autre. Les Chats, avertis par le cri du Distributeur, paroissent aux fenêtres, dans les gouttières & sur les portes, suivant la proximité ou l'éloignement de leur dîner. J'ai vu différentes fois, sur les portes de plusieurs maisons, cinq ou six Chats très-beaux rangés de front, attendre & recevoir, l'un après l'autre, leur pitance, sans querelle, sans désordre, sans confusion. Ceux des maisons suivantes s'avancent dans la rue, & les plus hardis, en attendant leur tour, viennent aux jambes du Pourvoyeur & de ses Chiens, qui reçoivent ces caresses d'assez bonne amitié. Un de ces Pourvoyeurs que je suivis une fois dans toute la longueur de la rue qui conduit de la place d'Espagne au pont Saint-Ange, amusé de l'intérêt que je paroissois prendre à la chose, fit tout ce qui dépendoit de lui pour augmenter cet intérêt, de sa part & de celle des Chats : à chaque morceau qu'il leur jettoit, après leur avoir un peu tenu la dragée haute, il leur disoit : *Piglia Monsou*, parce qu'il me croyoit François. Cette distribution est quotidienne; elle a un prix fixé.

Les morts s'enterrent à Rome, ainsi que dans toute l'Italie, à visage découvert. La famille ne forme point de convoi : elle reste dans la maison où, des fenêtres du premier, du second, ou du troisiéme, on la voit jetter au mort des baisers, & lui donner le dernier adieu, tandis que le Clergé & les Confrairies le transportent à son dernier gîte.

La Consulte connoît des plaintes du peuple contre les Gouverneurs, & des appels de leurs Sentences. Excepté les Villes qui ont des Légats, toutes les autres envoient les criminels à Rome pour y être jugés. A l'égard des Procès criminels, ainsi que des civils, la voie de révision est ouverte, & ensuite le recours au Pape; au moyen de quoi, les peines ne tombent que sur des malheureux destitués de toute protection. Mais des exécutions sont aussi rares que les crimes sont fréquens, parce que les plus grands criminels échappent à la faveur des asyles qui n'ont rien perdu de leurs anciens droits. Les peines afflictives sont la *corda* ou l'estrapade, le foüet, les galères, la potence & l'assommoir. Cette dernière s'inflige de cette manière. L'Exécuteur donne au Patient, sur l'une des tempes, un coup de massue qui le renverse sans connoissance; il l'égorge ensuite & partage son corps en quartiers, qui demeurent plus ou moins long-temps sur le lieu de l'exécution : supplice moins douloureux pour le criminel, mais plus cruel aux yeux des spectateurs, que celui de la roue. Les supplices capitaux n'auront point lieu sous le présent Pontificat, Clément XIII. en ayant fait un vœu ou promesse solemnelle. La question se donne par la simple extension des bras & des jambes de l'Accusé, dont le corps suspendu a pour tout appui un piquet sur la pointe duquel porte l'épine du dos. Au reste, quelque fortes & quelque claires que soient les preuves, l'Accusé n'est condamné au supplice, qu'après l'aveu de son crime.

Dans les premiers siécles de l'Eglise & sous les Empereurs Payens, l'Eglise de Rome étoit déja riche au point que l'état d'Evêque de Rome, maître absolu des richesses de son Eglise, imitoit la cupidité des premiers Seigneurs de l'Empire. Ces richesses étoient le fruit de la piété des Fideles excitée par de zélés Ministres auxquels on peut sans doute appliquer ce que dit un Historien Payen de Mammée, mere de l'Empereur Alexandre, & qui professoit la Religion Chrétienne : *Mulier sanctà, sed avara, & auri atque argenti nimium cupida.* *Lamprid. in Alex.*

La libéralité des Empereurs, devenus Chrétiens, augmenta encore les Domaines de l'Eglise de Rome. Elle en a depuis perdu une partie considérable ; mais elle s'est indemnisée de cette perte par la souveraineté

ROME.

qu'elle a insensiblement acquise sur les Etats qui donnent aujourd'hui au Pape le pas sur les Souverains de l'Europe.

Finances.

La Chambre Apostolique est au Pape ce que les Intendans sont aux Seigneurs, & les Procureurs aux Maisons Religieuses: elle administre les revenus des Domaines & de la Seigneurie temporelle de l'Eglise Romaine, sous une forme de régie dont le Pape est maître absolu. Ces revenus consistent dans le produit du Domaine non aliéné, des Douanes, des Gabelles & des Impôts sur les denrées. Les impositions réelles & personnelles qui n'ont point lieu dans l'Etat Ecclésiastique, sont remplacées par mille petites Gabelles, qui, sans toucher à la liberté des hommes & des terres, produisent des sommes fort considérables. Les épingles, par exemple, y sont en ferme, ainsi qu'à Naples; & les Fermiers ont attention, pour en augmenter la consommation, de ne les fournir que de la plus mauvaise qualité. Il faut cependant convenir que l'on ne trouve point à Rome ces impôts si multipliés à Venise & à Gênes, sur la consommation des auberges, & par conséquent sur les Etrangers. Les Romains payent, comme eux, celui qui se leve aux portes de Rome sur les voitures & sur les valises : impôt d'autant plus singulier, que les morts mêmes, loin d'en être exempts, en sont le plus important objet. Les Fermiers exigeoient mille écus Romains pour laisser entrer à Rome le corps d'un Prince Borghèse, mort à Frescati ; mais sa famille frauda la Gabelle, en le faisant entrer dans une voiture chargée de foin. On usa du même stratagême pour faire sortir en contrebande, le corps de la Duchesse de Saint Aignan, qui mourut à Rome pendant l'ambassade de son mari auprès du Pape.

Le Tabac a été en Ferme jusqu'au Pontificat de Benoît XIV. Vers l'année 1756, des Contrebandiers attroupés & armés, franchissant les frontières, apportoient du tabac & autres marchandises prohibées, jusques dans le cœur de l'Etat Ecclésiastique. Sur les plaintes des Fermiers, la Chambre prit enfin le parti de donner la chasse à ces Contrebandiers, & chargea de cette expédition, le Prélat qui étoit alors Préfet d'Urbin. Ce Général forma une petite armée de Sbirres commandés par les Barigels de la ville & de la campagne; & s'étant mis à la tête de cette armée, il tomba vers les frontières de la Toscane, sur une petite Ville qui étoit le centre des attroupemens. A son approche, tous les habitans s'évadèrent: il ne resta qu'un vieillard octogénaire & impotent, avec un homme qui, étant à l'article de la mort, n'avoit pû suivre les autres. Le Prélat choisit cette Ville pour son quartier général, en fit murer les portes, & travailla à se mettre à l'abri des insultes des Contrebandiers, qui demeurèrent maîtres de la campagne. Ces mesures prises, il fit pendre haut & court le vieillard & le moribond: en un mot, tant fut procédé, que cette pendaison à laquelle aboutit toute l'expédition, coûta deux cens mille livres à la Chambre Apostolique. Le feu

Pape Benoît XIV. en fut si mécontent, qu'il supprima la Ferme, & remit le Tabac dans le commerce.

Depuis cette suppression, les Marchands ont imaginé un mélange de foie de bœuf séché & pulvérisé, de sciure de bois & de poivre, qu'ils vendent pour du tabac, & aussi cher que le vendoit la Ferme. Il me fut impossible d'en trouver d'autre dans toute l'étendue de la Romagne, dont les habitans commencent à s'y accoutumer.

Les bleds sont l'affaire la plus importante de la Chambre, la plus utile en apparence pour l'Etat, mais en effet la plus ruineuse. Il fut un temps où cet Etat fournissoit de bled la Ville & les Etats de Gênes, & une partie de la Toscane. Venise en tiroit en même temps une partie du bétail nécessaire pour ses boucheries. Depuis qu'à titre de privilége exclusif, la Chambre s'est emparée du commerce & de la traite des grains; depuis que les Propriétaires & les Cultivateurs ne peuvent plus vendre leurs bleds qu'à la Chambre; depuis que les Boulangers ne peuvent se fournir que dans ses greniers, les traites des Génois ont cessé, les Colons ont négligé les nourritures, la cultivation & la population ont diminué à vûe d'œil ; en un mot, cette exclusion est vraiment une calamité perpétuelle *.

Comme les grains achetés par la Chambre sont récoltés & resserrés dans les plus grandes chaleurs, on prétend qu'aux premières pluies, l'eau dont ils s'empreignent, augmente leur volume au point que cette augmentation suffit pour assurer aux Gardes-Magasins un bénéfice assez considérable qui leur tient lieu de gages. Mais la différente façon de mesurer à l'entrée & à la sortie des greniers, contribue sans dou-

---

* Depuis la première Edition de ces *Mémoires*, la famine établie à demeure dans l'Etat Ecclésiastique, & dans les contrées dont il fournissoit la subsistance, a mis cette calamité sous les yeux de toute l'Europe. Quel en sera le reméde? La même calamité menace tout pays dont l'avitaillement tomberoit entre les mains du Gouvernement. *Vid. supr.* l'article *Intempérie*, & *infr.* l'article *Fonctions*.

te, plus que la pluie, au bénéfice de la mesure.

La Daterie

La Daterie, d'où partent toutes les expéditions pour les Bénéfices, est la source la plus sûre du revenu des Papes; & elle en seroit peut-être la plus considérable, si une très-grande partie de son produit n'étoit absorbé, sous le nom de *Propines*, par les titulaires d'une infinité de charges attachées à la Daterie.

On ne pense pas à Rome comme en France, sur les effets du Concordat par lequel le Roi François I. en donnant à Léon X. les Annates des Bénéfices Consistoriaux, reçut en échange le droit de nomination à ces mêmes Bénéfices. Ce n'est pas que les Romains en pensent comme en pensoient en France les Parlemens, la Sorbonne & les Universités: ils prétendent, au contraire, que le Pape a été très-lézé dans ce marché; que de deux droits dont il étoit également en possession, l'un s'est affoibli par la perte de l'autre; & que la situation des choses, dans l'état même où la Pragmatique les

ROME.

avoit mises, lui étoit moins désavantageuse. En effet, le Pape ne devoit aucune grace aux Titulaires élus par les Chanoines & par les Moines; & il ne peut refuser celles que le Roi lui fait demander pour les Sujets qu'il nomme, & qu'il gratifie, sans y mettre du sien, en leur procurant des remises sur le prix de leurs Bulles. Pour arrêter le cours de ces graces qui diminuent leurs propines, les Cardinaux avoient imaginé, sous le protectorat du dernier Cardinal d'Est, en 1670, de faire renoncer les Cardinaux Protecteurs des Couronnes, aux droits que ces places leur donnent sur le prix des Bulles, & ils y avoient réussi. Mais le Cardinal d'Est se refusa à cet arrangement : il soutint les droits de sa place, comme prérogative de la Couronne de France, & il l'emporta. Au reste, la France n'a jamais mieux été traitée pour ces graces, que sous le pontificat de Benoît XIV. qui ne pouvoit rien refuser au Comte de Stainville *.

_____

* Cet Ambassadeur demandant des choses

L'Espagne n'a pas moins à se louer du même pontificat. Pendant six mois de l'année, le Pape y nommoit *pleno jure* à tous les Bénéfices, même à charge d'ames, en prenant sur chacun de ces Bénéfices, une année & demie du revenu, lorsqu'il excédoit cinquante ducats; & cela se payoit sans remise & sans diminution, pour quelque cause que ce pût être. On dit même que, sous des noms interposés, les parens des Papes retenoient à leur profit des pensions sur ces Bénéfices. Pour trancher la racine de ces abus, & décharger la conscience de ses Successeurs des nominations qu'arrachoient les Patrons, l'intrigue & l'importunité, Benoît XIV. a mis à cet égard l'Espagne sur le même pied à-peu-près que la France. Cette

---

presque impossibles, pour en obtenir d'ordinaires, en usoit avec le Pape comme l'amoureux de la Mandragore avec le Frere Timothée, à qui il propose d'arranger un avortement, tandis qu'il ne s'agissoit que de déterminer la femme de Nicia Calfucci, à le recevoir dans son lit. Voyez *la Mandragola*, *Act. 3. Sc. 3.*

ROME.

innovation, dans la bouche des Romains, est un de leurs grands griefs contre ce Pape. Par-là, dit-on, il a chassé de Rome une foule d'Espagnols qui, pour obtenir, ou pour attaquer ceux qui avoient obtenu, ou pour défendre ce qu'ils avoient obtenu, venoient répandre dans la capitale de l'ancien Monde, une partie des richesses du nouveau. Par des arrangemens de même nature, le Roi de Sardaigne est aussi sorti de page.

Billets de Banque.

Presque toutes les richesses des Romains sont en papier de la Banque du Saint Esprit & des différens Monts de Piété, dont les noms sont à ce papier, ce qu'étoit le nom de la Compagnie des Indes aux Actions que Law mit en France sur la place. Quoique la Banque & les Monts ne passent l'intérêt qu'à quatre pour cent ; quoiqu'on n'en tire réellement que deux & demi à trois, des événemens vrais ou supposés, adroitement ménagés par un subtil *Agiot*, poussent quelquefois le cours des Actions jusqu'à douze. Innocent XI, saisit un instant de leur plus grande faveur, pour en offrir le remboursement aux Propriétaires qui refuseroient de les nourrir, en payant à la Banque trente pour cent qui n'accroîtroient point le capital. Presque tous les Propriétaires aimèrent mieux donner en pure perte ces trente pour cent, que de recevoir leur remboursement pour lequel le Pape s'étoit assuré de fonds à Gênes sur le pied de deux pour cent.

D'autres gens ont sçu depuis mettre en leurs mains tout l'argent monnoyé de Rome qu'ils faisoient passer à Gênes, où tous les payemens se faisoient en écus & en sequins Romains, tandis qu'à peine en restoit-il à Rome pour la circulation journalière. Rome se sent encore du plus grand coup qui lui ait été porté en ce genre. De toutes les espèces frappées jusqu'au pontificat de Benoît XIV, on n'y voit plus que des Testons & des Paoles, que l'on a négligés, moins par égard pour le Public, qu'à cause du fret qui en a beaucoup diminué le volume & la valeur.

Malgré ces manœuvres, le peuple se flatte que la Banque & les Monts ont toujours, en espèces réelles, la valeur de leur papier. Il regarde comme affaire d'économie, les difficultés qu'essuient les remboursemens : il se croit fort heureux, lorsque, portant à la Banque une action de deux cens écus, on lui en donne dix en espèces, & le reste en une nouvelle action de cent quatre-vingt-dix écus, payable à dix-huit mois.

Les fonds de la Banque & des Monts, sont formés par les biens immenses de l'Hôpital du Saint Esprit, qui y sont affectés ; par quelques parties des revenus de la Chambre, qu'en différens temps les Papes ont aliénés en faveur des Monts, de même qu'en France le Roi aliéne en faveur de l'Hôtel-de-Ville de Paris, des fonds pour les Rentes qu'il crée sur cet Hôtel ; enfin par les dépôts aussi nombreux que considérables qu'on leur confie tous les jours, sans en exiger d'intérêt.

Sur ces fonds, la Banque & les Monts font, sous apparence de charité, un commerce très-lucratif, en prêtant sur gages, pour dix-huit mois, sans intérêt, jusqu'à la concurrence de cent cinquante livres, monnoie de France. Faute de retirer le gage à l'expiration des dix-huit mois, il est vendu, à moins qu'on ne nourrisse le prêt, en payant l'intérêt des dix-huit mois, à raison de trois pour cent. Les dépôts de tous ces effets forment le garde-meuble commun de tout le peuple Romain *.

On tient dans ces lieux un encan perpétuel, où rien ne se délivre qu'argent comptant. Ce commerce, misérable en apparence, est néanmoins aussi considérable par les fonds qu'il occupe, que par la quotité & la sûreté du bénéfice. Il offre au Peuple une ressource qu'il trouveroit chez les Juifs ; & c'est sous ce point de vûe que le Concile de Trente a autorisé & encouragé un

---

* Ou plutôt :

Hoc miseræ Plebi prostat commune sepulcrum,
   Horat. Sat. 7. L. I.

établissement que Platon n'eût certainement pas admis dans sa République.

Il n'est donc pas aisé d'imaginer ce que les Juifs peuvent faire dans une Ville où l'Etat lui-même offre toutes les ressources qu'il ne trouve ailleurs que chez les Hébreux. Aussi y sont-ils très-misérables. Deux jours par semaine, la place Navone est jonchée de guenilles empestées qu'ils y étalent : c'est presque là tout leur commerce.

J'ai compté ces objets parmi les revenus des Papes, qui, maîtres absolus des fonds & de leur produit, peuvent y puiser *ad libitum.*

Charges. Les différens emplois de la Chambre Apostolique, de la Chancellerie, de la Daterie, de la Sécretairerie & des autres Tribunaux, sont érigés en charges. On en fait monter le nombre jusqu'à dix mille, dont la taxe ou finance originaire est depuis mille jusqu'à soixante mille écus Romains. Une même personne peut en posséder plusieurs, en faisant exercer, par des personnes interposées, celles qui sont incompatibles: elles produisent sept à huit pour cent aux Titulaires qui les exercent par eux-mêmes. C'est à Rome le meilleur emploi que l'on puisse faire de son argent.

Outre que ces différentes charges conduisent par dégrés à la Pourpre, la valeur de toutes, ainsi que des charges de Judicature en France, est toujours plus haute, souvent même double de la première finance. De-là, l'empressement pour celles de nouvelle création; de-là, l'attention des Papes à ne point frustrer cet empressement; de-là, le nombre prodigieux de gens oisifs dont l'Etat est chargé, & qu'il paye comme s'ils travailloient.

Ces charges tombent, comme en France, aux Parties-Casuelles du Souverain, mais avec des arrangemens différens de ceux de France. On les perd par mort; mais on en peut disposer jusqu'à l'âge de soixante & dix ans, pourvu que, lors de la résignation, on ne soit point attaqué de maladie incurable, telle que la pulmonie, la phthisie, &c. & que le Résignant survive de quarante jours à la vente. Au moyen de ces arrangemens, on compte qu'en chaque siécle il n'est point de charge qui ne tombe une ou deux fois aux Parties-Casuelles. On a souvent conseillé aux Papes de les rembourser, sur le pied de la première finance, comme Innocent XII. avoit remboursé autrefois celles des Clercs de la Chambre Apostolique. Ils auroient, par ce remboursement, soulagé les parties chargées des gages, de la différence qui se trouve entre le prix de ces gages & celui de l'argent au taux ordinaire ; mais les Papes, toujours pressés de jouir, n'ont pas voulu mettre en labour un pré qui donne tous les ans une abondante récolte.

Ajoutons aux revenus des Papes le produit très-considérable des Salines de Cervia, & celui de la Loterie que l'on tire huit fois chaque année. Cette Loterie, établie sur le même plan que celles de Gênes & de l'Ecole Royale Militaire de France, est suivie, par le peuple de Rome, avec toute la fureur qu'y peut

peut mettre l'espérance aiguisée par des besoins actuels, & par l'esprit de calcul : elle est pour ce Peuple ce qu'est la Sauterelle, qui consomme ce que la Chenille n'a pas dévoré.

C'est sur ces revenus que Sixte V, en fournissant aux dépenses ordinaires, & en les doublant par des entreprises dignes de l'ancienne Rome, trouva le moyen d'amasser, pendant les trois premières années de son pontificat, les trois millions d'or qu'il déposa dans le Château Saint Ange, en constatant ce dépôt par trois Bulles insérées au *Bullarium magnum*. Ce dépôt, dit-on, est demeuré intact jusqu'à présent.

Ce coup d'œil, sur le Gouvernement de Rome, suffit pour en découvrir les ressorts. L'amour & la crainte sont les deux grands pivots de tout Gouvernement, dont le but est, ou doit être, de diriger les actions des hommes à l'utilité commune. La nature singulière de celui de Rome, n'a ni cet objet, ni ces ressources. Défendu contre les entreprises du dehors par le respect de la Religion, dénué de forces suffisantes pour en imposer au-dedans, il lui suffit, pour se maintenir, que les Parties qui le composent, soient intéressées à ne pas désirer, à redouter même sa dissolution; & que les sentimens du cœur qui ne peuvent attacher les Sujets au Souverain, soient remplacés par des gages effectifs qui garantissent leur fidélité.

Il s'est nanti de ces gages, en faisant passer dans ses mains tous les biens de ses Sujets, & tous les objets de leurs plus chères espérances. C'est par-là que la Noblesse & le Peuple, Rome & tout l'Etat Ecclésiastique sont liés au Gouvernement Papal.

Il est maître de leurs biens, par la Banque, par les Monts de Piété, par les Charges: objets qui réunissent toutes les richesses mobiliaires de Rome & de ses dépendances. Il est maître des immeubles & des fonds, par la disposition de leur produit exclusivement attribué à la Chambre Apostolique, par les comptes que les Propriétaires & les Cultivateurs ont toujours à folder avec cette Chambre, qui a grand foin de n'être jamais en avance avec eux : enfin par les difficultés qui tiennent toujours en fufpens l'apurement des comptes. Si à ces entraves on ajoute l'interminabilité des procès, il fera difficile d'en imaginer de plus fortes & de plus multipliées.

Un Romain a un fils dans une Charge : elle peut le mener à des Emplois qui ouvriront à toute fa famille le chemin de la fortune ; il en avoit d'abord une moindre, dont il a touché le prix en billets de Banque qui font demeurés dans fon portefeuille. Toutes les affaires actives & paffives de ce Romain, font dans ce papier. Il a fur la Banque, ou fur les Monts, une autre partie de fon bien, que lui, fon pere, ou quelqu'un de fes ayeux y a placée : il a, pour une poffeffion, un procès en demandant ; il en a un autre en défendant, pour une fucceffion : l'un ne fait que de naître, & deux jugemens uniformes lui font entrevoir la fin prochaine de l'autre. Un tel homme peut-il penfer, fans frémir, à une révolution

<small>ROME.</small>

capable de renverser une constitution à laquelle il se trouve lié par tant d'endroits ? Le lierre désira-t-il jamais la chûte de l'arbre auquel il est attaché !

<small>Peuple Romain.</small>

Du petit au grand, ces liens sont communs au Prince & au Citadin qui jouit de quelque aisance. Quant au Peuple, il tient à Rome & au Gouvernement, par la modicité constante du prix du pain, par les fêtes, par les fonctions & par les places de Sbirre & d'Espion, ou par l'espérance d'y parvenir, par la facilité d'acquérir des Patrons, par la multiplicité des secours en faveur des pauvres, par des dots qui lui font espérer des établissemens pour lui-même & pour ses enfans; enfin, par toutes les ressources que la fainéantise peut désirer, & qui ne se rencontrent sous aucun autre Gouvernement.

La populace de l'ancienne Rome y étoit aussi retenue par les mêmes attraits : *Défendez*, lui disoit Cicéron, en combattant des projets de Colonies, *défendez la possession des* agrémens, de la liberté, des suffrages, de la Ville, du marché public, des fêtes, & de tous les avantages que réunit la qualité de Citoyen *. Quant aux autres ressources que je viens de détailler, le même Cicéron les apprécie ailleurs à leur juste valeur. Il dit, dans le Plaidoyer qu'il fit en faveur de Sextius, que C. Gracchus avoit proposé une distribution de bled : proposition d'autant plus agréable à la populace qu'en lui assurant sa nourriture, on la dispensoit du travail. Les gens aisés s'y opposoient, ne voyant dans cette distribution qu'un moyen de favoriser la paresse, en étouffant l'industrie **. Tacite ajoute quelques traits au tableau de la vie précaire & fainéante du peuple Romain. L'industrie languit, dit-il, la paresse triomphe, lorsque le

___

* *Retinete istam possessionem gratiæ, libertatis, suffragiorum, urbis, fori, festorum, cæterorumque omnium commodorum.* Cic. contrà Rullum.

** *Frumentariam legem C. Gracchus ferebat : jucunda res plebi Romanæ, victus enim suppeditabatur largè, sine labore. Repugnabant boni quod ab industriâ Plebem ad desidiam avocari putabant.*

peuple ne craignant point pour sa subsistance, & ne l'attendant point de son travail, inutile à soi-même, à charge au Public, compte sur des ressources qu'il sçait ne lui pas devoir manquer *. D'après ces titres, le peuple de Rome moderne peut dire : *Je suis gueux, mais c'est de race.*

L'état de tous les Citoyens de Rome est aussi singulier que la constitution sous laquelle ils vivent ; & c'est à cet égard que Rome moderne ressemble le plus à Rome ancienne. Dans les plus beaux jours de Rome, c'est-à-dire, jusqu'à l'an 650 de sa fondation, à peine y pouvoit-on compter, suivant Cicéron, deux mille peres de famille, *qui rem haberent* ; & il est très-douteux que l'on en pût trouver autant parmi les cent cinquante mille ames environ qui remplissent Rome moderne.

De Offic. Lib. 2. c. 21.

Les Grands-Officiers de l'Etat,

---

* *Languescit industria, intenditur socordia, cùm nullus ex se metus aut spes ; & securi omnes aliena subsidia exspectant, sibi ignavi, aliis graves.* Tacit. Annal. Lib. 2. p. 70.

huit ou dix anciennes Maisons, effacées par quatre ou cinq que la Tiare a enrichies & élevées, font, avec les Etrangers, tous les frais du luxe public. Des aumônes très-considérables entrent dans ce luxe. Nous avons vu le plus riche des Princes Romains, dépensant par jour vingt-quatre sols pour sa table, ayant une maison montée en raison de cette dépense, & répandant des millions en aumônes de tout genre. Cette abondance de charités qui sont à la fainéantise ce que le miel est aux Frelons, remplace les *Congiaria* des anciens Empereurs, & produit le même effet.

En vain chercheroit-on à Rome cet état mitoyen que forment partout ailleurs le Commerce & la Bourgeoisie : il n'y a point de milieu entre l'opulence & la pauvreté. *Les Riches*, disoit le Chevalier Sandys, *y sont les plus riches, & les Pauvres, les plus nécessiteuses créatures du monde :* excès inconnu en tout Etat bien réglé *. Les extrémités se touchent

---

* *Relation de l'état de la Religion*, ch. 7.

exactement : chaque Membre de l'Etat ou fait l'aumône, ou la reçoit. Sous le nom de *bonnes-manches*, de *bonnes-fêtes*, de *far-Agosto*, de *bonne-arrivée*, de *bon-départ*, l'aumône fait une partie des gages du nombreux domestique des Cardinaux & des Seigneurs. Le plus ancien de chaque famille, sous le titre imposant de *Decano*, est, à cet égard, l'Orateur, le Receveur & le Caissier de ses camarades : en un mot, disent les Romains eux-mêmes, il n'est point de Citadin de Rome qui ne vendît le Soleil pour trois Paoles.

Il ne faut point chercher une Bourgeoisie aisée dans la basse Prélature ; dans les gens de Palais qu'ils appellent *Curiaux* ; dans ces Marquis*, dans ces Comtes qui, sous

---

* L'Italie est couverte de gens qui portent ces titres. Le Tassoni fait tuer, par un de ses Héros, trente Marquis dans un seul combat :

Uccise di sua man trenta Marchesi:
Pero che i Marchesati in queste bande
Si venderano allor pochi tornesi ;
Anzi vi fù chi per mostrarsi grande,

les titres de Maîtres de Chambre & d'Ecuyers, sont aussi profonds dans la science de l'étiquette, que les Allemands dans la connoissance du Droit public; dans les Employés ou *Vacables*, attachés aux différens Bureaux de la Cour: tous ces gens vivent plus d'espérance que de réalité. La mort du Pape, & la vacance qui la suit, les met à l'aumône, par la suspension de toutes affaires & de toutes expéditions. Les Avocats Consistoriaux forment le seul état qui, dans une honnête médiocrité, jouissant des apanages de l'indépendance, soit de niveau dans la société avec tous les autres états. Benoît XIV. avoit passé, dans cet état, les vingt plus belles années de sa vie *, & il y avoit puisé ce

―――――――――――――――――

*Si fè investir d'incogniti paesi
Da un tal Signor che per cavarne frutto
I titoli vendea per un presciutto.*

Secchia Rapita, Cant. 7. St. 21.

* Clément VIII. (Aldobrandini) avoit débuté par l'état de simple Avocat. D'autres grands Papes ont tenu la même route: *Si che*

fond de gaieté, de plaisanterie, d'urbanité qu'il porta sur le Saint-Siége, & qui lui adoucit l'ennui de la Papauté. J'ai oüi dire que, jeune Avocat, il fit à Gênes un voyage de plaisir avec quelques-uns de ses Confrères qui vouloient retourner à Rome par mer. » Prenez » cette route, dit Lambertini, vous » autres qui n'avez rien à risquer ; » mais moi qui dois être Pape, il ne » me convient pas de mettre à la » merci des flots César & sa for- » tune. «

Enfin la peinture de la vie précaire de Rome, que le Mauro a tracée en deux mots, embrasse tous les états de la Cour & de la Ville * : peinture calquée sur celle que Juvenal nous a laissé en aussi peu de mots de la Rome de son siécle * *.

Roma, madre tanto parziale della fortuna, si mostra qualche volta madrigna della virtù.
Mem. del Card. Bentivoglio, cap. 4. & 5.

* *In Roma miseria e speranza.*

Capit. della Fava.

** *Hic vivimus ambitiosâ Paupertate omnis.*

Le goût du faste & de la représentation, est la marotte de la Rome d'aujourd'hui : tous les autres goûts lui sont subordonnés. Il régle & dirige la dépense des Riches & des Grands : ce qu'il économise sur le bien-être personnel, il le prodigue en fêtes, en équipages, en livrées, & dans tout ce qui paroît au-dehors. La pauvreté du Peuple n'est pas moins ambitieuse : les boucheries, les Bouchers & leurs étaux brillent par la blancheur des linges dont ils sont couverts; les boutiques de Fruitiers semblent arrangées par des Dessinateurs, pour faire spectacle : le Cordonnier, le Savetier même décore son attelier de lambeaux de cuir doré. Aux approches de quelque fête publique, toute une famille se prive, un ou deux jours par semaine, de bonne-chere, de pain même, pour pouvoir se montrer au Cours en carrosse. Les familles, à qui cet expédient ne suffiroit pas pour les mettre en équipage, prennent d'autres arrangemens. La mere, habillée en *Duégne*, escorte sa *Zitella* dans toutes ses parures : le pere suit, sous un habit de livrée, & les cheveux en cadenette: si quelque Appius jettoit des yeux de concupiscence sur cette Virginie, le Virginius qui la suit, ne renouvelleroit pas la Tragédie qui mit autrefois fin à l'autorité des Décemvirs. Ce goût pour le faste & pour la parure, goût aussi impérieux sur les parens que sur les filles, est une porte presque toujours ouverte aux bonnes fortunes. Il est tel, qu'il s'allie avec la plus grande pauvreté : toutes ces *Zitelles* si pimpantes quand elles paroissent au Cours, à peine habillées chez elles, n'ont qu'une chemise qu'elles quittent au lit, par raison d'économie ; &, tous les samedis, cette chemise est savonnée, & demeure étendue à la fenêtre, jusqu'à parfaite siccité.

Au reste, la parure sous laquelle ces *Zitelles* se montrent en public, a conservé la décence que, par une Ordonnance rendue le 30 Novembre 1683, le Pape Innocent XI. établit à Rome, en enjoignant aux filles & aux femmes, sous peine d'excommunication, dont l'absolution lui étoit réservée, même *in articulo mortis*, de se couvrir les épaules & le sein jusqu'au col, & les bras jusqu'au poignet, de quelque étoffe épaisse & non transparente. L'excommunication portée par cette Ordonnance, s'étendoit aux maris & aux chefs de famille, même aux Confesseurs qui présumeroient d'en absoudre.

Ce désir de voir & d'être vu, fait qu'à l'égard de la badauderie, le peuple de Rome est le premier peuple de l'Univers *. Les mêmes fêtes & les mêmes cérémonies rassemblent toujours la même foule de spectateurs.

Rarement offrent-elles quelque chose de nouveau ; mais s'il y paroît quelque nouveauté, elle est avidement & promptement saisie par tous les yeux. Sans y prétendre, sans même y penser, j'ai fait spectacle à Ro-

---

* *Etsi semper ubique vulgus ad res novas levissimum, tamen Romana Plebs imprimis, quæ ex magnâ variâque peregrinorum multitudine constat, longè cæteris mobilior est.* Herodian. Politian. Lib. VII.

me, avec un parasol de taffetas que je promenois dans mes courses. Les Artisans sortoient de leurs boutiques, pour jouir plus à l'aise & plus long-temps de ce spectacle nouveau pour eux ; ils étoient émerveillés qu'un homme à pied s'arrogeât les honneurs de l'ombelle, dont les Princes n'usent qu'aux plus grandes cérémonies. La couleur ajoutoit à l'admiration : tous les parasols de cérémonie sont rouges, & le mien étoit verd.

Du Peuple, passons au Souverain, c'est-à-dire, à celui qui, le premier de l'Etat par sa dignité, & souvent par son âge, est presque toujours le dernier instruit de tout ce qui se passe. Sa qualité de premier des Evêques, accable celle de premier des Souverains, sous une étiquette qui rend sa vie aussi ennuyeuse, aussi triste que la vie d'une jeune Reine d'Espagne. Toujours seul *per la Dignità*; accablé d'affaires temporelles, lorsqu'il veut s'y livrer ; surchargé de fonctions Ecclésiastiques & de Congrégations, dont la plûpart se tiennent chez lui *; environné d'une Cour dont la plus grande partie attend & désire sa mort, tous ses plaisirs se réduisent à quelques courses dans Rome, sous prétexte de Stations de dévotion, & à une ou deux audiences publiques qu'il donne par semaine aux Étrangers de toute espèce, parmi lesquels il entretient au hasard ceux qui lui plaisent le plus.

Tous les Papes n'ont pas été esclaves de cette gênante étiquette : Léon X. & Sixte V. sçavoient s'en affranchir. Innocent XI. lui-même,

---

* Ainsi l'on peut, avec le bon la Fontaine, dire des Papes les moins affairés :

La Papauté vaut-elle ce qu'on quitte,
Le repos, le repos, trésor si précieux,
Qu'on en fit autrefois le partage des Dieux!
              Fab. 135.

Ceux qui voudront connoître tout le poids de la vie d'un Pape qui veut vivre en Prince & en Prêtre, peuvent voir, dans les Mémoires du Cardinal Bentivoglio, *Liv.* 1. *chap.* 5. le détail qu'il y fait de la vie de Clément VIII.

que les Romains placent au nombre des Saints, fçut, pendant prefque tout fon Pontificat, fe dérober aux fonctions Eccléfiaftiques. Des rhumes & des fluxions le fervoient à propos dans les occafions les plus indifpenfables : toujours invifible, toujours inabordable, il gouvernoit fes Etats comme Dieu gouverne le Monde. La mélancolie de fon tempérament, l'auftérité de fon caractère s'étendant à tout ce qui l'environnoit, répandoient dans Rome une trifteffe à laquelle elle fut en proie pendant tout fon Pontificat.

Benoît XIV. avoit banni l'étiquette d'un petit appartement qu'il s'étoit fait conftruire dans les jardins de Monte-Cavallo. Il y paffoit prefque tous les jours, après fon dîner, pour le caffé ; & là, au milieu de fes familiers les plus intimes, & d'Etrangers choifis, il badinoit, il plaifantoit, il rioit comme s'il n'eût pas été Pape. Les courfes dans Rome, il les faifoit le plus fouvent à pied, une grande canne à la main, & fans s'aftreindre à fuivre le fable que l'on répand tous les jours dans les rues où le Pape doit paſſer : il ſe jettoit même quelquefois dans de petites rues détournées où jamais Pape ne paſſa. Il lui eſt plus d'une fois arrivé, en ſe jettant dans ces rues où on ne l'attendoit point, de s'arrêter à la porte de cabarets remplis d'une foule de peuple que le vin mettoit en gaieté, & de dire, *con guſto*, à l'Abbé Bouget qui l'accompagnoit ordinairement dans ces ſortes de promenades : à quoi il ajoutoit quelquefois, *Monſignor Bouget, que le vin eſt bon là-dedans!* Ces libertés, que ſe permettoit Benoît XIV, formoient un des griefs du peuple Romain contre lui. Ce Peuple, ſes Gardes mêmes diſoient de lui : *è un Birbante queſto Papa !* Je leur ai auſſi oüi dire, au ſujet des courſes quotidiennes de Clément XIII, faites au commencement de ſon Pontificat : *Sarà un Birbante queſto Papa, come l'altro.*

Rome ſe plaignoit avec plus de fondement de l'averſion décidée de Benoît XIV. pour les affaires, qu'il étoit plus en état que perſonne de conduire & de bien conduire, &

qu'il abandonnoit sans réserve au Cardinal Valenti *. En le prenant par cette aversion, on obtenoit tout de lui ; & c'étoit par où le prenoit l'Ambassadeur de France, auquel, en se levant brusquement de son siége, lorsqu'il se sentoit trop vivement pressé, il disoit quelquefois : *Eh bien ! dites donc à votre Roi que j'aime tant, & qui exige tant de moi, qu'il vienne se mettre à ma place.* L'assassinat du 5 Janvier 1757, est peut-être la seule affaire qu'il ait prise à cœur, qui ait passé jusqu'à son ame, & qui l'ait vraiment affecté. Il lui est arrivé plus d'une fois de rompre des audiences sur des affaires importantes dans lesquelles on vouloit qu'il entrât, en s'écriant avec dépit & colère : *Mi faranno morire !*

Les Romains font à ce sujet le Conte suivant. Un vieux Moine se présentant un jour à l'audience de Benoît XIV. s'exhala en doléances, en larmes, en sanglots sur un mal-

———
* Ce Cardinal descendoit d'un Valenti, fameux Banquier, dont il est parlé plus d'une fois dans les *Mémoires du Duc de Guise*.

heur qu'il difoit le plus grand de tous les malheurs poffibles. Le Pape l'ayant long-temps & inutilement preffé de lui apprendre ce dont il s'agiffoit : *Il m'a été révélé*, dit enfin le Moine, *que l'Ante-Chrift eft né. Quel âge a-t-il ?* reprit brufquement le Saint Pere. *Trois ou quatre ans*, dit le Vifionnaire en redoublant de fanglots. *Bon, bon*, répliqua le Pape, *ce fera l'affaire de mon Succeffeur* *.

Il n'ignoroit pas ce que penfoit le Public de fon averfion pour les affaires, & il s'en juftifie dans une Lettre d'amitié qu'il écrivoit au fçavant Muratori, en date du 18 Septembre 1746. *La malignité nous accufe*, difoit-il dans cette Lettre, *d'indifférence & de négligence pour tous les devoirs de notre état ; mais le témoignage de notre confcience fuffit & doit fuffire pour nous tranquillifer fur ces reproches* **.

―――――――――――――――――――

* *Bafta, bafta, farà l'affare del Papa che viene.*

** *Ci rimproverà la malignità di gli uomini che nulla curiamo ; ma bafta e doveci*

Benoît XIV. ne put cependant se résoudre à signer la Bulle au Cardinal Saldagna, pour la réforme des Jésuites en Portugal, que dans sa dernière maladie, & après que tous ses Médecins lui eurent positivement assuré qu'il ne pouvoit en revenir. Postérieurement à cette signature, il en donna une autre pour un Bref dans le procès de béatification d'un Jésuite; & il dit en la donnant, *Cùm dilexisset suos, usquè in finem dilexit illos.* Quoiqu'il n'aimât point ces Peres, ils ont obtenu de lui autant de faveurs & de sacrifices que d'aucun de ses Prédécesseurs, & à ce sujet il disoit quelquefois : *J'ai, pour vivre long-temps, une confiance toute particulière dans les prières de ces bons Peres* *.

Il étoit peu d'occasions qui ne donnassent lieu à des plaisanteries & à quelque bon mot de sa part. Pendant le dernier Conclave, (c'est-à-dire, celui de 1740, où il fut élu

---

bastare lo stato della coscienza nostra avanti Iddio.

* *Grandemente confido nelle preghiere di questi buoni Padri, per viver lontano.*

Pape), un Anglois en a formé un Recueil, dont il ne privera pas sans doute le Public. Il pourra mettre en tête, pour épigraphe, ce mot de Caton sur Cicéron : *Habemus profectò facetum Consulem;* ou ces deux vers d'une Epigramme attribuée à Pline le jeune, & insérée dans l'édition de Pétrone, donnée par Patisson en 1587 :

Humanis salibus, multo varioque lepore,
Magnorum ostendit mentes gaudere virorum;

ou enfin cette Sentence de l'Ecclésiaste : *Homini bono dedit Deus sapientiam & scientiam & lætitiam.*

L'enjouement, qui a égayé pour Benoît XIV. la tristesse de la Papauté, a communément son principe dans la paix d'une belle ame : il est aussi voisin de la candeur & de la droiture, qu'éloigné de la bassesse & de la fausseté. Aux qualités qu'annonce la gaieté*, Benoît XIV. al-

___

* *Gaudium hoc non nascitur nisi ex virtutum conscientiâ: non potest gaudere nisi fortis, nisi justus, nisi temperans. Quid ergò? Stulti ac mali non gaudent? Non magis*

lioit un désintéressement depuis fort long-temps sans exemple, & un mépris vraiment chrétien de tous les avantages temporels que lui offroit sa place pour l'établissement de sa famille. C'est sous ces traits qu'il se peignoit lui-même dans sa Lettre à Muratori que nous venons de citer. *Prosternés*, dit-il, *aux pieds de Dieu, nous le prions de tout notre cœur qu'il nous pardonne nos offenses, parmi lesquelles nous n'avons à nous reprocher ni duplicité, ni perfidie, ni procédés obliques, ni vûes ambitieuses, ni projets d'aggrandissement, ni aveugle attachement à notre famille & à notre sang: sa grace nous a heureusement sauvés de tous ces*

---

quàm prædam nacti leones. Senec. Epist. 59. Aussi l'enjouement a-t-il distingué tous les bons Empereurs & tous les grands Rois. A l'égard des derniers, il suffit de nommer Louis XII. & Henri IV. Auguste, Vespasien, Trajan, Adrien, Aurélien, &c. *erant dictis jocularibus festivissimi.* Voyez leurs vies dans l'*Histoire Auguste*. Jules-César avoit rassemblé & publié un Recueil de bons mots où il avoit donné place aux propos les plus plaisans & les plus agréables de ses illustres contemporains, tels que Cicéron, Pollion, Lucullus, Caton, &c.

écueils, & nous ne ceſſons de le ſupplier qu'il continue à nous en préſerver *.

Les Romains placeront peut-être Benoît XIV. ſinon parmi les plus grands Papes, au moins parmi les meilleurs, lorſqu'ils commenceront à lui pardonner d'avoir ſiégé dix-huit ans. Comme il n'eſt aucun Romain qui ne bâtiſſe des eſpérances de fortune ſur un changement de Pontificat, ils ne voyent rien de plus mauvais œil, que le long regne d'un Pape.

Pour évaluer le mérite des Papes qui ont régné avec le plus d'éclat, ils diſtinguent l'homme, du Prince & du Prélat. Pie V, par exemple, n'étoit, diſent-ils, qu'un bon Pré-

---

* In tanto proſtrati à i piedi del Croce-fiſſo, lo preghiamo con tutto il cuore à perdonarci i gravi peccati, che abbiamo commeſſi: non già quelli di ſeconde intenzioni, d'inganni, di fini ſecondarii, di pretenzioni, di conquiſte, di ſoverchio attaco al noſtro ſangue: havendo piena fiducia che eſſo colla ſua divina grazia ce ne habbia preſervato, e ſempre raccommandandoci, acciò continui à preſervarcene, ſino che viverano. Queſta è la pura verità della noſtra condotta.

lat : Sixte V, homme dur, fut grand Prince & mauvais Prélat : Paul V, homme ambitieux & avide, fut un Prince entreprenant, mais foible, & Prélat médiocre. Il n'en est que trois qui, à leur jugement, ayent été grands Princes, bons Prélats & gens de bien : Clément VIII, Clément IX, & Innocent XI, quelque dur qu'ait paru à leurs yeux le Pontificat de ce dernier. Ils commencent à leur associer Clément XI. Il faut s'attendre que Benoît XIV. aura son tour : il a, à leur estime, le même droit que Clément IX, dont le premier titre est d'avoir aussi peu fait pour les Rospigliosi, que Benoît XIV. pour les Lambertini.

Si, pour assurer l'immortalité de leur nom, les Papes consultoient l'exemple de leurs prédécesseurs, l'inutilité des efforts des plus ambitieux pour fixer dans leur Maison la grandeur & les richesses, les rameneroit au désintéressement, comme au chemin le plus sûr, quoique le moins frayé.

Lorsque nous étions à Rome, le dernier Prince de la Maison Pamphile

phile vivoit encore : il étoit sans enfans ; & sa mort devoit enfin procurer l'ouverture du testament par lequel Innocent X. avoit disposé en Souverain, du sort des biens immenses qu'il avoit mis dans sa Maison. Depuis notre retour, nous avons appris que le Prince Pamphile étoit mort ; que le testament d'Innocent X. avoit été ouvert ; & qu'en vertu des dispositions de ce testament, les biens de la substitution seroient partagés entre les Doria & les Colonnes.

Ces derniers avoient déja recueilli l'opulente succession des Barberins, malgré les précautions d'Urbain VIII, pour éterniser son nom. Ce Saint Pere les avoit portées jusqu'à ordonner par une Bulle *ad hoc*, qu'avenant l'extinction des branches masculines de son nom, ses biens qu'il substituoit à perpétuité, passeroient, à l'exclusion des filles légitimes, aux bâtards, même à ceux qui seroient nés de Religieux ou de Religieuses. Cependant la substitution n'a pas passé le second degré : son neveu n'ayant laissé que

ROME.

deux enfans, dont l'un étoit le Cardinal Barberin, mort en 1739, Doyen du Sacré Collége; & l'autre, une fille mariée dans la Maison Colonne. Le Cardinal-Doyen avoit un bâtard qui portoit le nom de Maffeo. Sans égard à l'extravagante disposition qui l'appelloit à la substitution, par préférence aux filles légitimes, il fut borné à une pension alimentaire; & tous les biens ont passé à la Maison Colonne du chef de la sœur du Cardinal. Le Prince, son fils, a bien voulu se soumettre à porter le nom de Barberin; &, par un *mezzo termine*, il a pris celui de Palestrine: Principauté qui faisoit partie de la substitution, à laquelle, par la suite, il suffira de l'honneur d'être entrée dans la Maison Colonne.

J'ai oüi parler d'une disposition très-singulière, mais plus sensée du Cardinal Salviati, Fondateur de l'Hôpital des Orphelins, & l'un des plus riches Prélats du seiziéme siécle. Au défaut d'enfant mâle, qui puisse recueillir les biens qu'il avoit mis dans sa Maison, un des Orphelins de son Hôpital, que le sort choifira, est appellé à la substitution : disposition qui rappelle celle de Cratès, lequel, laissant des enfans en minorité, ordonna que sa succession demeurant en séqueftre jusqu'à leur majorité, leur seroit remise, s'ils étoient sans talens, sinon qu'elle seroit distribuée entre leurs Concitoyens les plus ineptes.

Ces ambitieuses dispositions, très-communes à Rome & dans tous les Etats du Pape, y sont très-favorablement traitées. Les aînés & tous les enfans des meilleures Maisons, s'ils ont des talens ou de l'ambition, prenant l'unique chemin qui conduise à la considération, aux richesses & aux plus solides honneurs, c'est-à-dire, le parti de l'Eglise, abandonnent le soin de la perpétuité de leur nom à ceux de leurs freres qui sont incapables de mieux ; ou qui se sacrifiant volontairement, sont dans leur Maison ce que sont les Bourdons parmi les Abeilles, ou ce qu'étoient les gens de notre sexe parmi les Amazones.

Si les Papes eussent considéré le célibat des Prêtres d'une vûe politique; s'ils eussent réfléchi à quel point il est ruineux pour la population de leurs Etats; comme Princes, ils auroient fait pour le proscrire, ce que, comme Pontifes, ils ont fait pour l'établir & le maintenir.

Les substitutions sont aussi contraires à la cultivation, que le célibat l'est à la population. Le Grevé de substitution use des biens qui lui passent à ce titre, comme un Bénéficier de biens d'Eglise, comme un Fermier judiciaire de biens en Décret *. Il ne connoît ni ces dépenses extraordinaires qui mettent les biens en valeur, ni ces augmentations, ni ces améliorations auxquelles le goût de propriété peut seul fournir. Il est sans doute étonnant que, dans des Etats qui ont l'air de s'occuper de l'extension de la culture des terres, on n'ait pas profité d'un exemple si frappant, pour restraindre les substitutions aux seules Maisons qui, par des services éclatans, ont intéressé l'Etat à leur conservation,

---

* *Oves bis mulget in horâ,*
Et succus pecori & lac subducitur agnis.
      Virg. Eclog. 3.

Qu'importe en effet que des possessions acquises à tout titre, se perpétuent parmi les descendans d'un particulier souvent enrichi aux dépens du Public! Ces possessions, en demeurant dans le commerce, serviront d'aliment & d'aiguillon à l'industrie de nouvelles familles, qui, si elles se ruinent en les bonifiant, feront le bien de l'Etat. On a voulu y pourvoir dans quelques pays où l'on a borné les substitutions à trois degrés : on eût plus fait, si en excluant des substitutions les héritages qui en font l'objet capital, on les eût restraintes aux contrats & autres effets de cette nature, dont la mauvaise gestion & la dissipation même sont sans conséquence pour l'Etat.

Ainsi pensoit sur cet objet Aristote, qui, dans son *Traité sur les Loix politiques*, blâme les précautions prises par le Législateur des Locriens, pour perpétuer dans les familles la possession des héritages. « Ces précautions, dit-il, ne servent qu'à entretenir dans la fainéantise les possesseurs & leurs héritiers. » C'est sans doute par ces raisons & d'après l'expérience, que les substitutions, d'abord restraintes en Angleterre à deux degrés, deviennent sans effet, si, comme il arrive ordinairement, celui qui représente le second degré y donne son consentement, dès qu'il est majeur, c'est-à-dire, dès qu'il a atteint l'âge de vingt-un ans.

J'ai déja dit ci-dessus que Clément VIII. est un des derniers Papes dont les Romains conservent le plus chèrement le souvenir. Le portrait de ce Pontife *, peint d'après nature par un de ses Contemporains, offre des traits singuliers de ressemblance entre lui & Clément XIII. actuellement régnant. » Le Pape ac-
» tuel, disoit le Chevalier Sandys,
» est en réputation de prud'hommie
» & de naturel paisible, non trop
» fin, mais bien secret & fort te-
» nant, amiable à ses amis & dévot
» en sa Religion, de laquelle il pa-
» roît fort persuadé. Il pleure fort
» souvent : selon d'aucuns, par ten-

---

* Voyez la *Relation de l'état de la Religion*, ch. 32. p. 207. de la Trad. Franç.

« dreur de courage, à quoi il s'est
» habitué dès long-temps ; selon
» d'autres, par piété & dévote com-
» ponction. En ses Messes, Proces-
» sions, &c. les yeux lui nagent tou-
» jours en larmes : tellement qu'il
» ressemble un autre Héraclite le
» pleureux, comme le dernier Bo-
» lonois étoit un autre rieur Démo-
» crite. «

On sçait que Clément XIII. a été élevé sur le Siége pontifical aussi inopinément pour le Public & pour lui-même, que son prédécesseur ; mais tout le monde ne sçait pas qu'après l'exclusion donnée par la France au Cardinal Cavalchini, il avoit dépendu des Cardinaux François de mettre la tiare sur la tête du Cardinal Portocarréro. Ce Cardinal, le dernier de sa Maison & de son nom, en partageant la succession & en se dépouillant de son vivant, avoit rompu tous les liens nationaux qui l'attachoient à l'Espagne, & Rome étoit devenue sa patrie. Sous un extérieur peu avantageux, il joignoit au flegme Espagnol, toute la finesse Italienne. Ayant débuté dans le monde comme simple Chevalier de Malte, il eût pû parvenir par lui-même & par son mérite, à une très-haute fortune, quand il ne seroit pas devenu l'héritier de sa Maison. La maxime, *obsequium amicos, veritas odium parit*, étoit la régle fondamentale de sa conduite, de ses paroles & de ses démarches ; c'est pourquoi Benoît XIV. l'appelloit tantôt *lo Spagnoletto*, tantôt *laus perennis*. Dans le Conclave de 1758, chef de la faction Espagnole, à laquelle l'union des Couronnes avoit joint les factions Françoise & Autrichienne, il étoit l'ame des trois, & avoit à sa disposition trente-cinq voix, auxquelles se seroit joint l'escadron commandé par le Cardinal Passionei. L'exclusion inopinée du Cardinal Cavalchini fut un coup de foudre pour les Cardinaux François eux-mêmes qui, absolument neufs dans le manége du Conclave, s'étoient laissés aller à concourir à son élection. Ramenés au premier pas par cette exclusion, ils pouvoient offrir la tiare au Cardinal Portocarréro ; mais ils se contentèrent de lui demander ce qu'ils avoient à faire. *C'est ici le moment du Saint Esprit*, répondit le Spagnoletto, *terram intuens modestè*. Le sens de ce langage échappa à la sagacité du Cardinal de Luynes, & des démarches plus fermes & plus décidées déterminèrent à l'instant l'élection de Clément XIII.

Lorsqu'il fut porté du Conclave sur l'autel de Saint Pierre, un homme du peuple embrassant une des colonnes qui soutiennent ce bel escalier qui descend de la salle royale, cria d'une voix très-forte qu'animoit l'enthousiasme : *Della parte di Dio, Sanctissimo Padre, l'emendazion di questa Città piena di sceleratezza e d'abominazioni*; ce qu'il répéta impunément plusieurs fois.

Jusqu'au temps du Pontificat d'Alexandre VII, Rome avoit été le centre des négociations & des mouvemens politiques de toute l'Europe. Les Ambassadeurs choisis entre les meilleures têtes des différentes Cours, y formoient un Congrès perpétuel, & les Nationaux, atta-

-chés à chaque Ministre, s'efforçoient à l'envi d'honorer leur Nation, par la décence de leur conduite. Aussi l'attention sur le choix des personnes qui composent une ambassade, étoit-elle un des points sur lesquels le célèbre Marquis de Bédemar insistoit le plus fortement dans l'instruction * qu'il dressa pour son successeur à l'ambassade de Venise.

Quoique Rome ne soit plus un aussi grand théâtre qu'autrefois, elle est cependant toujours fréquentée par des Etrangers de toutes Nations. qu'y attirent la curiosité, la dévotion & les Conclaves. Ces Etrangers y vivant sur leur bonne foi, l'Anglois s'y montre tel qu'à Londres, l'Espagnol tel qu'à Madrid, l'Allemand tel qu'à Vienne, enfin le François tel qu'à Paris. Les airs de ces Nations ne sont pas également analogues à celui de Rome ; & c'est d'après ces airs, que les Romains jugent les différentes Nations.

Les Conclaves amenent à Rome

---

* J'ai vu cette Instruction manuscrite dans le Cabinet de M. le Marquis de Paulmy.

un grand nombre de jeunes Seigneurs, qui, n'ayant la plûpart, pour ce voyage, que des raisons d'intérêt & de fortune, le regardent du même œil dont Ovide regardoit son exil de Rome. Dédaignant les hommes, la langue & toutes les choses qui pourroient & devroient les amuser, ils témoignent quelquefois ce dédain d'une manière d'autant plus désobligeante pour les Italiens, qu'il est peu de Nation aussi sensible à l'estime des Etrangers. Cette jeunesse jugeant les Romains sur le sérieux qu'ils portent en public, croit retrouver en eux celui des Gouverneurs & des Maîtres des mains desquels elle sort, & elle oppose à ce sérieux, les airs, la légèreté, l'étourderie. Enfin réduite à se cantonner, & ne trouvant point chez elle de ressources qui puissent suppléer à celles que Rome lui offre, elle s'abandonne à l'ennui qui, augmentant par la communication, la chasse de Rome, aussi mécontente des Romains, que les Romains sont peu contens d'elle.

» Indiscrette Nation! disoit Montagne de la sienne, » nous ne nous » contentons pas de faire sçavoir » nos vices & folies au monde par » réputation, nous allons aux Na- » tions étrangères, pour les leur fai- » re voir en préfence. «

Cet Auteur exalte ailleurs la fageffe des loix de Platon, en ce qu'elles défendent de voyager avant l'âge de quarante ou cinquante ans.

Il ne faut point chercher ailleurs la source de l'injuste préjugé des Romains contre les François : préjugé auffi ancien que Rome même, & d'après lequel Cicéron difoit des ancêtres de ces derniers : *Aux yeux de quelqu'un qui se connoît en hommes, le perfonnage le plus important des Gaules, ne peut entrer en comparaifon, je ne dis pas avec les premières têtes de Rome, mais avec le plus petit Bourgeois de cette Cité* *.

Rome avoit confervé ce ton de hauteur, dans les fiécles mêmes de

---

* *Si homines ipfos fpectare convenit, non modò cum fummis Civitatis noftræ viris, fed cum infimo Cive Romano quifquam ampliffimus Galliæ comparandus eft.* Pro Fonteio.

sa plus grande décadence. Aurélien, après avoir triomphé de Tétricus, qui, avec le titre d'Empereur, avoit régné environ six ans dans les Gaules, le fit Gouverneur de la Lucanie, l'une des Provinces qui composent aujourd'hui le Royaume de Naples. *Apprenez*, lui dit-il, en lui donnant ce Gouvernement, *qu'il est plus beau, plus grand, plus glorieux de commander à une Province d'Italie, que de régner au-delà des Alpes*.

Dans ses négociations à Rome, la France n'en impose à ce préjugé, dont parle Cicéron, que par la magnificence ou par la hauteur. *Est besoin, Sire*, disoit à François I. l'Evêque de Tarbes, dans une Dépêche du 27 Mars 1530, *vous souvenir que ce lieu est de grant importance. Est donc très-à-propos pour votre service, qu'y envoyiez homme d'autorité, & qui soit pour faire despense: car, entre les autres follyes des Italiens, je vous prometz qu'ils font grand cas de cela.*

---

* *Aspergens hominem eleganti joco, sublimius habendum regere aliquam Italiæ partem, quàm trans Alpes regnare.* Aurel. Vict. in Aureliano.

ROME. Les Cardinaux d'Est * qui, sous François I. & Henri II, faisoient à Rome les honneurs de la France, employèrent le premier moyen pour éblouir les yeux des Romains, à l'envi des Ambassadeurs de Charles V, qui ne vouloit pas, même en magnificence, souffrir d'égalité entre lui & son Rival. Le Cardinal de Lorraine enchérit à cet égard sur les Cardinaux d'Est; ce faste entroit dans le plan qu'avoit formé ce Prêtre ambitieux pour la grandeur de sa Maison.

Rome n'eut point à s'appercevoir du déplorable état où la France étoit tombée sous Henri III. Le Cardinal de Joyeuse, Ministre de ce Prince qui l'avoit accablé de bienfaits, soutint aux yeux des Romains toute la magnificence du Cardinal de Lorraine.

Dans ces derniers temps, aucun Ministre étranger n'a autant brillé à Rome, que le Cardinal de Rohan. Il se surpassa lui-même dans sa négociation pour le Chapeau du Cardinal

---

* Voyez leurs Vies dans Brantôme.

Dubois : il la soutint de bijoux pour la valeur de quarante à cinquante mille livres. Il en avoit plusieurs tables couvertes dans son cabinet : il les distribuoit, les yeux fermés, à tout ce qui étoit Romain ; & en partant de Rome il se plaignoit de n'avoir pu tout distribuer. De pareilles libéralités, si elles étoient continues, acquéreroient enfin les Romains à la France, si elle daignoit les acheter à ce prix. Rome est toujours ce qu'elle étoit, lorsqu'en la quittant, Jugurtha s'écrioit : *O Ville vénale ! il ne te manque qu'un acheteur* *.

On en impose plus sûrement aux Romains, par la hauteur. Celle que mit Louis XIV. dans ses démêlés avec le Saint-Siége, leur a imprimé, pour la mémoire de ce Prince, un respect & une vénération qui l'égalent dans leur esprit, aux Antonin, aux Constantin, aux Charlemagne. Ils ne connoissent Henri IV. que par l'humiliante absolution à laquelle le soumirent volontairement des raisons d'Etat qu'ils ignorent,

---
* *Urbem venalem ! si emptorem invenerit !*

& par le monument de cette humiliation que ses Ministres* eurent la foiblesse de laisser ériger dans un des lieux de Rome les plus fréquentés (c'est-à dire, dans la place de Sainte Marie-Majeure), avec cette inscription, qui a subsisté jusqu'au dernier Pontificat :

D. O. M.
CLEMENTE VIII. PONT. MAXIMO
AD MEMORIAM
ABSOLUTIONIS HENRICI IV.
FRANC. ET NAVARR. REGIS CHRISTIANISSIMI.
Q. F. R. D. XV. KAL. OCTOB. M. D. XCV.

J'ignore ce que l'on a voulu faire signifier aux quatre lettres initiales de la dernière ligne. On croit qu'elles peuvent s'entendre ainsi, *qui filium Religioni dedit,* ou *qui filium reddidit Deo,* ou *qui fidem Romæ devovit.*

Le Cardinal Bentivoglio place au 17 Août 1595 cet événement,

---

* Ce fut principalement l'ouvrage du Cardinal du Perron, qui depuis, en combattant l'Article proposé par le Tiers-Etat, en l'an 1614, fit voir tout ce qu'il pensoit sur la matière des deux Puissances.

qu'il regarde comme l'un des plus importans qui soit jamais arrivé dans la Chrétienté.

Les raisons qu'avoit le Pape Clément VIII, pour la réconciliation de Henri IV, étoient contrebalancées par les préjugés Romains contre les Hérétiques & les Relaps: préjugés autorisés & légitimés par des Bulles fulminantes de plusieurs Papes contre Henri IV. personnellement. En un mot, il falloit reculer à la face de Rome & de toute l'Europe Catholique & Protestante dans une affaire qui ne pouvoit être terminée, qu'autant qu'elle le seroit avec des solemnités * qui n'y lais-

---

* Par une suite sans doute de cette condescendance, au sujet de laquelle le fameux Arétin écrivoit à François I. en ces termes: *Ecco il relligiosa costume de i vostri Predecessori, che vi facendo consentire à la richieste de i Pontefici, non vi lascia scorgere in che modo le lor lingue di mela, mosse da i cori d'assentio, sono simili à le passioni delle femine, le quali hanno in un' occhio, pianto di duolo, e nel' altro lagrima di insidia.* Ces reproches peu mesurés se lisent au Tome II. des Lettres de l'Arétin, imprimé à Paris en 1609, pag. 12.

seroient aucune équivoque. Le pas dans cette circonstance étoit très-délicat. Clément VIII. connoissoit toutes les ressources de sa place; il les employa pour le franchir. La chose résolue & les paroles données, le jour même où tout devoit être consommé, on vit, de grand matin, le Pape aller du Quirinal à Sainte Marie-Majeure, pour demander à Dieu des lumières & des secours. Il fit le chemin à pieds nuds, quoique podagre, & dans les douleurs qui accompagnent cet état. Des torrens de larmes couloient de ses yeux *; & Rome, où le Cardinal d'Ossat avoit concilié à Henri IV. une foule de partisans dans tous les états, vit avec édification la réconciliation de ce Prince. Les

---

* *Andò di gran mattina, in privatissima forma, del Quirinale à S. Maria-Maggiore, co' i piedi nudi, e che erano così debilitati dalla podagra, e con gl' occhi che, in tal occasione, gli si disfacevano in lagrime, per implorare più intesamente il favor celeste, nel risolversi un' si alto e si importante negocio.* Mem. del Card. Bentivoglio, Lib. 2. cap. 2.

gens, dont elle choquoit les intérêts ou les vûes, n'eurent rien à opposer à une action si sainte.

Rome possede un autre monument du Roi Henri IV : c'est sa statue pédestre, en bronze & très-ressemblante, placée dans le parvis de l'Eglise de Saint Jean de Latran, qui, par la concession de ce Prince, jouit en France du revenu de l'Abbaye de Clérac. En reconnoissance de ce bienfait, le Chapitre lui érigea ce monument, au sujet duquel le Cavalier Marin a conservé une anecdote singulière *.

---

* *Arrigo Re di Francia e di Navarra.*
   Statua di bronzo da Gio. Bologna.

    Bombarda fulminante
Fù già quel bronzo : indì stemprato e fuso,
Presa altra forma, altr' uso,
Del Gran HENRICO *espresse il sembiante.*
O metallo fatale! hor dal fato
Pur così trasformato,
Nume del ciel representando in terra,
Altro non è che un fulmine di guerra.
                Rittrati, pag. 299.

ROME.

Un des derniers Ambassadeurs de France a fait une heureuse expérience de ce que peuvent sur les Romains une franchise mêlée de dignité, un ton ferme & soutenu, quelquefois même un peu de hauteur dans les cas les plus épineux. Emportant par-là tout ce que n'eussent pu obtenir le manége & l'intrigue, il avoit établi sa Cour & le nom François dans une considération qui se répandoit sur tous les objets de son ministère. J'ai ouï dire que, dans un instant d'embarras avec le Palais, un grand Seigneur de sa Nation lui étoit tombé sur les bras, avec un nombreux cortége formé de tous les jeunes Aventuriers que le désir de voir Rome avoit mis à sa suite.

L'Ambassadeur devenu par état le Préfet de cette jeunesse, loin de lui recommander toujours la circonspection, l'exhorta à vivre & à se conduire *al suo bel agio*, sans s'embarrasser des suites qu'il prenoit à son compte. Les imprudences de cette jeunesse, abandonnée à elle-même, firent dans Rome l'éclat qu'il avoit prévu, & y répandirent une allarme qui trancha la difficulté sur laquelle on l'arrêtoit.

Aussi ce Ministre étoit-il *un de ces braves & galans Ambassadeurs d'Epée,* que, par une foule d'exemples bien choisis, Brantôme prouve devoir être préférés aux Gens de Robe longue, même pour l'ambassade de Rome, *où il va souvent de l'honneur du Prince, par faulte de quelque bravasche & présomptueuse réplique de l'Ambassadeur* *. Sans entrer même dans les cas présentés par Brantôme, les objets les plus ordinaires de négociation y sont presque toujours infiniment épineux pour un Prélat. " Vous qui êtes Evêque, lui dit-on, " vous qu'attend la dignité de Cardinal, mettez-vous à notre place, " ou plutôt à la vôtre : voyez vous-" même ce qu'il nous est possible de " faire sur votre proposition ; pesez" la au poids du Sanctuaire, &c. " Quelle fermeté peut-on attendre d'un Ministre en qui le personnage

___

* Voyez le *Thuana* au mot *Bourdaisière,* & la Vie de François I. par Brantôme.

de Prêtre se trouve compromis à chaque pas avec le caractère d'Ambassadeur !

Il faut excepter de cette régle Jean du Bellay & le Cardinal d'Ossat. Ils traitèrent, l'un pour François I. l'autre au nom de Henri IV. des objets qui touchoient au vif les plus chers intérêts de la Cour de Rome, & ils les traitèrent avec cette intrépidité, cette franchise, cette dignité qui nous intéressent encore à leurs négociations; tandis que celles des Duperron, des Pellevé & autres gens, qui, pour être mauvais François, n'en étoient pas meilleurs Prêtres, sont restées dans le mépris dont elles furent accueillies par leurs contemporains. Les Lettres du Cardinal d'Ossat sont dans toutes les Bibliothéques & dans tous les Cabinets. Celles de Jean du Bellay, d'abord Evêque de Bayonne, ensuite de Paris, & enfin Cardinal, *lequel, dit Brantôme, estoit un autre maistre homme, quelque Prélat qu'il fust,* font la partie capitale des *Preuves de l'histoire du Divorce de Henri VIII. Roi d'Angleterre, par l'Abbé le Grand.* Ces

Lettres très-intéressantes par les choses qui en font l'objet, le sont encore, en beaucoup d'endroits, par la tournure dont la naïveté & la gaieté semblent déceler la plume de Rabelais, que l'Evêque de Bayonne s'étoit attaché en qualité de Secrétaire. Si ces Lettres sont de l'Evêque lui-même, il étoit digne d'avoir Rabelais pour Secrétaire & pour ami. Il pensoit sans doute, que l'enjouement ne gâte rien aux affaires ; & l'effet a prouvé qu'il pensoit juste.

Il est peu de pays où l'on sçache aussi promptement & aussi sûrement qu'à Rome, apprécier la véritable valeur des Arrivans *. L'intérêt & l'habitude qu'ils ont de s'étudier mutuellement, les forme à cette connoissance : elle régle leur conduite à l'égard de tous ceux avec qui ils ont à vivre ou à traiter. Un air froid ou avantageux, ne leur en impose pas long-temps : c'est le masque tra-

---

* *Gens emunctæ naris, natura cui verba non potuit dare,* disoit un fameux Jésuite, des Romains modernes. *Vavassor. de ludicrâ Dictione.*

ROME.

gique (*personam tragicam*) entre les mains du Renard. L'air ouvert, un ton léger les désoriente, & les embarrasse d'autant plus, qu'il est moins analogue à la gravité dans laquelle ils s'enveloppent, pour empêcher les autres de les pénétrer.

Fin du second Volume.

ERRATA du second Volume.

Page 3 à la note & notes suivantes, eff. *Note du Traducteur.*
 15 lig. derniere, eff. rien.
 39 lig. 18, eff. à une certaine hauteur.
 42 lig. 7, eff. qui veut dire en François.
 51 lig. derniere, eff. du quinziéme siécle.
 80 lig. 16, lis. Salerne.
 100 à la note, lis. seiziéme siécle.
 133 lig. 10, lis. monument d'autant plus singulier.
 137 lig. 9, lis. & dans le vôtre.
 145 lig. 8, eff. pour lors.
 153 note, lis. tre miglia.
 195 note, lis. fumant.
 203 lig. 7, lis. passe.
 205 note, lis. *PONTIFEX*.
 233 lig. 8 *du dernier alinea, voyez sur ce fait les Remarques de M. Guillaumot sur l'Architecture, pag.* 66, *& les Mémoires de Messieurs Mouton & Natoire.*
 241 lig. 5, lis. Mémoires.
 248 lig. 21, eff. scuti.

Pag. 254 ligne derniere, virgule après
    statues.
256 lig. 22, eff. celles-ci.
328 lig. 18, eff. d'un Royaume.
363 note, liſ. finiſtram.
369 lig. 13, liſ. irritoit.
379 lig. penultiéme, liſ. du Frai.
401 lig. 12, eff. à quoi il ajoutoit
    quelquefois.
    lig. 21, eff. faites.
404 à la fin, eff. la parentheſe.
421 lig. 14, eff. dont parle Cicé-
    ron.
425 lig. 16, eff. qu'autant qu'elle
    le feroit.
428 lig. 20, virgule après ſuite,
    & rempliſſez la ligne.

www.ingramcontent.com/pod-product-compliance
Lightning Source LLC
Chambersburg PA
CBHW070619230426
43670CB00010B/1586